# A CHANGING INTERNATIONAL MONETARY SYSTEM:
## THEORY AND CHINA'S PRACTICE

# 变化中的
# 国际货币体系
## 理论与中国实践

高海红 ◎ 著

中国财经出版传媒集团

经济科学出版社
Economic Science Press

**图书在版编目（CIP）数据**

变化中的国际货币体系：理论与中国实践/高海红
著 . —北京：经济科学出版社，2021.9
ISBN 978 - 7 - 5218 - 2880 - 1

Ⅰ. ①变…　Ⅱ. ①高…　Ⅲ. ①国际货币体系 – 研究
Ⅳ. ①F821.1

中国版本图书馆 CIP 数据核字（2021）第 188365 号

责任编辑：杨　洋　卢玥丞
责任校对：刘　昕
责任印制：王世伟

**变化中的国际货币体系：理论与中国实践**
高海红　著
经济科学出版社出版、发行　新华书店经销
社址：北京市海淀区阜成路甲 28 号　邮编：100142
总编部电话：010 - 88191217　发行部电话：010 - 88191522
网址：www. esp. com. cn
电子邮箱：esp@ esp. com. cn
天猫网店：经济科学出版社旗舰店
网址：http://jjkxcbs. tmall. com
北京季蜂印刷有限公司印装
710 × 1000　16 开　18.5 印张　260000 字
2021 年 9 月第 1 版　2021 年 9 月第 1 次印刷
ISBN 978 - 7 - 5218 - 2880 - 1　定价：55.00 元
（图书出现印装问题，本社负责调换。电话：010 - 88191510）
（版权所有　侵权必究　打击盗版　举报热线：010 - 88191661
QQ：2242791300　营销中心电话：010 - 88191537
电子邮箱：dbts@ esp. com. cn）

# 序

　　高海红教授是"60后"国际金融专家中的代表人物之一。她是中国社会科学院世界经济与政治研究所国际金融研究中心的联合创建人，一直是世界经济与政治研究所的国际金融研究的领军人物。我与高海红教授共事26年，经常同她探讨国际金融问题。高海红教授概念清楚、思维缜密、视野开阔，在同她的学术交流中我受益良多。高海红教授严谨治学和低调谦虚受到学界同侪的广泛好评。

　　高海红教授的新著《变化中的国际货币体系：理论与中国实践》是她长期研究国际货币体系的总结与概括。该书包括了中国学界在过去几十年中所讨论过的与国际货币体系相关的几乎所有重大问题。由于我们是长期合作者，我十分认同她在书中所阐述的主要观点。如果有什么分歧的话，很可能是我在一些问题上的观点更极端一些，而她则坚持一种更为平衡的立场。

　　中国的开放过程很大程度是加入国际贸易和国际货币体系的过程。长期以来，中国基本上是现存国际秩序的接受者而不是建立者或改革者。但自全球金融危机爆发以来，形势已经发生根本性变化。一方面，经过40多年的艰苦奋斗，中国已经成为世界第一大经济贸易国、世界第二大经济体、世界第一大美元外汇储备国（有时被日本超过）、世界最大债权国之一（2019年拥有2.3万亿美元海外资产）、国际货币基金组织（IMF）的第三大股东；人民币国际化也取得长足进步，人民币成为IMF的特别提款权（SDR）篮子的第三大构成货币。中国有权要求国际货币体系能够更多倾听包括中国在内的发展中国家的声音。另一方面，长期以来，特别是2008年以来，尽管美元始终是国际货币体系（包括后布雷顿森林体系）的本位货币，美国政府却越来越不愿意承担相应的国际责任。特朗普执政时期所实施的政策更是公然打出"美国第一"的旗帜。在这种情况下，美国的财政、货币政策必然会动摇美元的本位货币地位。如果以往的经济理论还有存在价值，我们就不能不对美国的极度扩张性财政政策和无限量货币宽松政策对国际货币体系的可能冲击深感忧虑。在"尼克松冲击"之后，我们是否还会面对"拜登冲击"？

改革开放之前，无论国际货币体系发生何种动荡，中国基本上不会受到严重冲击。现在，作为国际货币体系的最重要参与者之一，国际货币体系的任何动荡和变革都可能会对中国经济的可持续增长造成难以估量的重要影响。中国不仅需要在现存体系中趋利避害，而且必须积极参与国际货币体系改革。

长期以来中国的国际金融学者对国际货币体系的沿革、现有国际货币体系的弊端、可供选择的改革路径已经进行过相当深入的研究。在当前的复杂形势下，我们有必要对这些问题进行更为深入细致的研究，并尽快在此基础上形成中国的国际货币体系危机应对预案和中国自己的国际货币体系改革方案和路线图。我相信，高海红教授的新作将对这一努力做出重要贡献。

任何国际货币体系都必须能够行使两大功能：提供足够的国际流动性（liquidity）和调整（adjustment）国际收支平衡。而为了能够行使这两大功能，任何国际货币体系都必须首先回答三个基本问题：选择什么货币作为本位（standard）、如何决定汇率以及如何管理资本的跨境流动。对这三个问题的不同解决方案，定义了不同的国际货币体系。

19 世纪 70 年代到第一次世界大战，国际货币体系以黄金为本位。在金本位下，一国货币和黄金按货币的法定含金量自由兑换，黄金在国家之间自由流动。一国黄金产量和贸易盈亏决定黄金储备量（存量），而后者则决定该国货币发行量。换言之，在金本位下，货币发行量存在由黄金储备量决定的上限和下限。在金本位时期，英国在绝大多数年份保持贸易逆差。但由于投资收入始终是顺差，直到 20 世纪 30 年代之前，英国一直都是经常项目顺差国。由于黄金储备充足，英镑成为金本位下的主要国际支付手段，英格兰银行成为世界的银行。当时的金本位制实际上也是英镑本位制。

1914 年第一次世界大战爆发，英国暂时中止实行金本位。按英镑和美元的法定含金量，战前英镑对美元的汇率是 1 英镑兑换 4.86 美元。由于战争期间英国通货膨胀严重，而美国的通货膨胀较轻，战争接近尾声时，英国政府让英镑对美元贬值到 1 英镑兑换 4.7 美元。1920 年外汇管制解除之后，英镑对美元贬值到 1 英镑兑换 3.44 美元。在第一次世界大战后一心希望恢复金本位的英国政府实行了货币紧缩政策。在第一次世界大战后的两年之间，英国信贷增速下降了 20%，物价下降了 34%。1922 年，在付出失业率高达 14% 的代价后，英镑对美元汇率回升到 1 英镑兑换 4.61 美元。1925 年丘吉尔宣布恢复金本位，同时让英镑对美元汇率保持在战前的 1 英镑兑换 4.86 的水平上。

理论上，金本位具有恢复国际收支平衡、遏制通货膨胀或通货紧缩的自动调节机制。例如，如果国家 A 的财政赤字货币化政策导致物价上涨，相对物价稳定的国家 B，A 对 B 出现经常项目逆差，黄金由 A 流入 B。为保证金本位要求的货币兑换黄金比率不变，A 必须紧缩货币供应，而 B 则可以增加货币供应。其结果是：A 物价下降、出口增加；B 物价上涨、进口增加。这个调整过程要一直持续到国际收支恢复平衡。在此过程中，A 的通货膨胀被输出到 B。金本位得以实行的前提条件是各国都遵守"金本位的游戏规则"。如果 B 担心本国物价上升，在黄金流入的同时，阻止本国银行扩大货币供应量。则金本位的自动调节机制就会失效。以英美两国为例。第一次世界大战后，当英国采取货币紧缩政策以恢复金本位的同时，美国拒绝执行更为扩张性的货币政策。一方面，英国黄金储备不断减少；另一方面，美国黄金储备不断增加。除非采取进一步的货币紧缩政策，英国将无法维持 1 英镑兑换 4.86 美元的汇率（同时也意味着英国政府无法维持原定的黄金 - 英镑平价）。其实，英国在恢复金本位的时候，把英镑的含金量定得低一些（对美元的汇率定得低一些），情况可以会有所不同。但教条主义的英国却认定：维持英镑原有含金量不变是金本位应有之义，不肯改变英镑的含金量。黄金储备的减少迫使英国在 1931 年宣布放弃金本位。随后其他国家也纷纷退出金本位，世界进入了无序的竞争性贬值时代。大国之间的"以邻为壑"的贸易和汇率政策大大加剧了 1929～1939 年的"经济大萧条"。

第二次世界大战后的布雷顿森林体系的最基本特征是以美元为中心的金汇兑本位制和固定汇率制度。根据国际货币基金协议条款，各国货币与美元保持固定汇率，其波动幅度上下不得超过百分之一。而美元同黄金的兑换比率则固定为 35 美元兑换 1 盎司黄金。其他国家货币同美元而不是同黄金直接挂钩，可以用美元储备代替黄金储备，从而缓解了这些国家黄金储备不足的问题。

国际货币基金组织成员方只有在当其国际收支出现"根本性失衡"（fundamental disequilibrium），并得到国际货币基金组织的批准之后，才能实行货币进行贬值。对什么是"根本性失衡"，并没有明确定义。一般的理解是，如果国际收支不平衡已无法通过调整国内政策加以纠正，国际收支不平衡就是根本性的。国际货币基金组织会对国际收支暂时失衡的当事国提供信贷便利，以尽量减少贬值的必要性。各成员方必须根据自己的经济实力把一定数量的黄金和本国货币存放在国际货币基金组织，以帮助出现国际收支困难的国家。成员方从基金借款（通常是借美元）时必须以本国货币交换，然后再在三五年之后用美元将其买回。一般认为，布雷顿森林体系存在三大问题。

第一是特里芬问题。在布雷顿森林体系下，美元是国际贸易中唯一的交易媒介、结算工具。为了满足国际贸易的需要，美国必须为国际货币体系提供足够的"美元流动性"。1960 年比利时经济学家特里芬指出，布雷顿森林体系能否维持取决于海外美元持有者对美元的信心，更确切地说，取决于他们对美国政府能否履行 35 美元兑换 1 盎司黄金承诺的信心。但是，对美元流动性的需求将随国际贸易量的增长而增加，而黄金产量的增长却是有限的。这样，海外居民美元持有量对美国黄金储备的比例将越来越高。这种趋势最终将动摇美元持有者对美国政府遵守 35 美元兑换 1 盎司黄金承诺的信心，进而导致布雷顿森林体系的崩溃。

特里芬关于黄金储备不足导致布雷顿森林体系崩溃的预言从根本上是正确的，但布雷顿森林体系走向崩溃的实际路径与特里芬的预期并不尽相同。事实上，随着欧洲和日本经济的复苏，出口竞争力的提高，美国货物品贸易顺差减少，而服务贸易逆差（包括海外军事开支）则持续增加。在经常项目顺差逐渐减少的同时，美国的资本项目（政府海外贷款、海外援助和私人资本流出）始终维持逆差，而且大于经常项目顺差。国际收支状况的不断恶化迫使美国不得不越来越多的依靠输出美元来平衡国际收支[①]。第二次世界大战后的"美元荒"变成 20 世纪 50~60 年代的"美元过剩"。可见，最终动摇布雷顿森林体系的原因并非特里芬所预言的贸易增长导致的美元供给相对黄金供给增长过快，而是美国的持续国际收支逆差导致的美元泛滥。

美国的持续国际收支逆差说明美元高估。20 世纪 60 年代末到 70 年代初，在非官方市场上黄金的美元价格持续出现上涨趋势。投机者在官方市场出售美元购买黄金，在非官方市场出售黄金购买美元以牟取价差。1949 年底美国黄金储备超过对外国短期负债（包括债券和证券）的数额为 182 亿

---

① Federal Reserves (1961). The United States Balance of Payment, 1950–1960［J］. Digitized for FRASER, Federal Reserve Bank of St. Louis vol. 43, no 3, March.

美元；而到 1958 年底，上述数额不足 50 亿美元。1950~1957 年，美国黄金储备平均每年减少 13 亿美元，仅 1958 年就减少了近 30 亿美元[①]。随着美元对黄金贬值预期的加强，投机者抛售美元、抢购黄金的风潮一浪高过一浪。1948 年，美国拥有全球货币储备的 2/3。到 1960 年底，美国黄金储备额下降至 194 亿美元，而包括短期和长期在内的对外流动负债为 189 亿美元，美国的黄金储备尚能弥补外国机构和私人对美元兑换黄金的需求，但两者之间的差额只有 5 亿美元。到 1970 年，美国黄金储备进一步降至 145 亿美元，同期美国对外流动负债高达 402 亿美元，其中仅短期流动负债就已超过了黄金储备，达 234 亿美元[②]。1971 年，相对于外国官方和私人分别持有的 400 多亿美元和 300 多亿美元，美国持有的黄金储备只有 100 多亿美元[③]。1971 年 8 月法国已经把 92% 的外汇储备换成黄金。同年 8 月英国政府要求美国财政部把价值 30 亿美元的黄金从诺克斯堡转移到美联储在纽约的金库。面对黄金储备的急剧流失，1971 年 8 月 15 日，尼克松总统宣布关闭"黄金窗口"，撕毁 35 美元兑换 1 盎司黄金的承诺，布雷顿森林体系轰然倒塌。

第二是国际收支失衡纠正机制失灵问题。布雷顿森林体系允许成员方在国际收支出现"根本性失衡"时，作为最后手段，可以对汇率进行调整，以恢复本国的国际收支平衡，但调整到幅度仅为 1%。在金本位制度下，国际收支失衡可以通过黄金的跨境流动得以调整。但在布雷顿森林体系的固定汇率制度下，纠正国际收支失衡只能由当事国采取紧缩或扩张货币政策加以纠正。而维持国际收支平衡的政策目标往往同国际收支失衡国的其他宏观经济政策目标相矛盾。例如，1962 年英国首相麦克米伦曾建议美国把美元贬值到 70 美元兑换 1 盎司黄金，遭到肯尼迪总统拒绝。肯尼迪认为这将释放

---

① ［美］罗伯特·特里芬：《黄金与美元危机》，商务出版社 1987 年版。

② 根据美国圣路易联储的历史统计数据计算而得。资料来源：Banking and Monetary Statistics：1941-1970 Federal Reserve Bank St. Louis, Digitalized by FRASER.

③ 《余永定长文剖析国际货币体系演变与中国定位》，中国金融四十人论坛，2021 年 9 月 1 日。

美国经济状况不佳的信号，但他同时也不想采取紧缩政策。1960 年后期国际收支平衡恶化，与此同时美国的就业和通货膨胀形势也在恶化。为了减少国际收支逆差，美国本应采取货币紧缩政策（如升息），而其他国家则应采取货币扩张政策。但美国各界已形成充分就业（失业率不超过 4%）是最重要政策目标的共识，美联储难于实行紧缩政策。美国也尝试通过资本管制抑制资本外流。例如，1963 年美国开始征收利息均等税（IET）以阻止美国居民在海外购买金融资产。在尝试过各种办法都无济于事，或代价太大的情况下，尼克松政府选择了美元贬值。先是美元对黄金贬值 7%，而后各国汇率波幅的允许范围扩大到 2.5%。1973 年 3 月，各国汇率开始自由浮动，布雷顿森林体系彻底终结。

第三是戴高乐问题。法国总统戴高乐指出，建立在任何单个国家货币基础之上的货币体系都是危险的。在布雷顿森林体系中美元被自动视为等同于黄金。戴高乐认为事实上的美元本位使美国可以过上入不敷出的生活（to live beyond its means），并强迫欧洲国家为美国承担建立海外军事帝国的费用①。

在布雷顿森林体系下，由于美元几乎是唯一的可以在跨境贸易和投资中充当交易媒介、结算手段和价值贮存的货币，其他国家都不得不持有一部分美元外汇储备。这样，美国就可以印刷的"借据"换取外国资源，而不用担心外国会使用这部分美元，即凭借这些"借据"向美国索取产品、劳务和金融资产。换言之，作为向全球提供流动性的交换条件，布雷顿森林体系允许美国向全球征收铸币税。

如果各国增持的美元储备同国际贸易增长相对应，应该不会出现通货膨胀，美元的国际购买力不会下降。在 20 世纪 60 年代初期，美国物价水平相对稳定。1960~1965 年，美国消费者价格指数上涨了 6.54%。但是在 20 世

---

① Francis J Gavin (2002). The Gold Battles within the Cold War: American Monetary Policy and the Defense of Europe, 1960 – 1963 [J]. Winter, 26 (1): 69 – 94.

纪 60 年代中期以后，由于越南战争、约翰逊的"伟大社会计划"，美国财政赤字急剧增加，物价开始加速上涨。1965～1970 年，美国消费者价格指数增加了 23.07%，年均上涨 4.25%[①]。美元国内实际购买力下降意味着美元对黄金和其他国家汇率的高估。海外居民持有注水的美元意味着他们还要向美国缴纳通货膨胀税。

在布雷顿森林体系初期，美国是通过资本项目逆差（马歇尔计划等）为国际货币体系提供流动性的。但随着经常项目由顺差转变为逆差，美国开始通过增加负债来提供流动性。法国著名经济学家鲁夫（Rueff）借用裁缝和客户之间的关系解释了这种变化的实质："如果我的裁缝（顺差国）希望和我（美国）达成协议——只要我把买衣服的钱付给他，他在当天就会以贷款形式把钱返还给我——我是不会反对从他那里订制更多衣服的。"[②] 这样，裁缝（顺差国）不断为客户量体裁衣，积攒下越来越多的借条；客户（美国）为了得到新衣服，唯一要做的事情是开借条。这些借条最终能够兑现什么？兑现多少？没人知道。

自 1973 年布雷顿森林体系崩溃以来，一个"没有体系的体系"，即"后布雷顿森林体系"成为当今世界的国际货币体系。后布雷顿森林体系存在三大特点：第一，多种国际储备货币并存，但美元依然是主要国际储备货币；第二，多种汇率制度并存，但绝大多数国家实行浮动汇率制度；第三，资本自由流动，但不禁止实行不同程度的资本管制。

后布雷顿森林体系的最根本特征是美元本位（不是黄金－汇兑本位制）。在后布雷顿森林体系下，美元不再有黄金支持。对外国持有者来说，美元仅仅是由美国政府开出的、以国家信用担保的借条（IOU）。布雷顿森林体系下，美元有黄金支持尚且崩溃，同黄金脱钩后，没有任何内在价值的

---

① 《余永定长文剖析国际货币体系演变与中国定位》，中国金融四十人论坛，2021 年 9 月 1 日。

② Rueff, Jacques and Fred Hirsch（1965）. The Role and Rule of Gold：An Argument ［J］. Princeton Essays in International Finance，No. 47，Princeton University International Finance Section，June.

美元为何依然能够充当本位货币呢？这一问题的回答是：布雷顿森林体系的崩溃并非是市场对美元的不信任票，而是对美国政府35美元兑换1盎司黄金承诺的不信任票。美元与黄金脱钩后，投机空间大幅缩窄，特里芬问题消失。布雷顿森林体系崩溃后，尽管美元对黄金的价格剧烈贬值①，美元对其他货币的贬值则相对温和，且有双向波动。这说明，美元的本位货币地位本身并没有发生根本的动摇。尽管美元不再有黄金的支持，但由于有强大的政治、经济、金融和军事力量为后盾，美元信用并未丧失。

在后布雷顿森林体系下，跨境资本的狼奔豕突，各国之间的双边汇率变动频繁且剧烈，货币危机、债务危机、国际收支危机以及金融危机的发生频度大大超过布雷顿森林体系时期。但是，不可否认的是，在后布雷顿森林体系下，全球贸易得到迅猛发展，全球金融一体化大大加强，世界经济平均增速虽然明显低于布雷顿森林体系下的增速，但全球经济毕竟并未发生金本位下的长期衰退。因而，尽管有种种不满，但直到2008年全球金融爆发之前，后布雷顿森林体系的合理性并未遭到过根本性挑战。

2008年全球金融危机的爆发，结束了这种状况。2009年联合国授权建立的"斯蒂格利茨委员会"指出，后布雷顿森林体系存在三大缺陷：通货紧缩倾向、不平等性和不稳定性。而这些缺陷的根源则是：作为一种国别货币的美元充当了国际储备货币。

所谓通货收缩倾向是指为了避免经常项目逆差导致货币危机、金融危机和经济危机，非储备货币国往往要积累相当大量的外汇储备。而外汇储备的积累，意味着购买力的"冷藏"。如果经常项目顺差国不相应增加支出（这意味着经常项目顺差的减少甚至经常项目逆差的出现），全球的总需求就会因经常项目逆差国的单方面调整而减少，全球经济就会陷于衰退。

---

① 其结果，1969~1980年，黄金价格从每盎司35美元（1.125美元/克）上升至每盎司500美元（29美元/克）。

所谓调节国际收支不平衡的机制缺失是指在后布雷顿体系中，资本的自由流动实际上抵消了汇率调节机制的作用。特别是短期投机资本的跨境流动更是给国际收支的平衡带来很大不确定性。以美国为例，自 1980 年以来美国几乎每年都是经常项目逆差，但是，美元汇率在更大程度上却是由资本流动的方向决定的。当美国国内利息率较高之时，尽管美国的经常项目逆差，由于资本的流入，美元往往不但不会贬值，反而会升值。汇率错位（misalignment）可以长期存在。

所谓不平等是指在后布雷顿森林体系的浮动汇率制度下，非储备货币国必须积累大量外汇。持有外汇资产仅仅能得到很低的回报。非储备货币国，特别是发展中国家大量积累外汇储备造成了全球资源配置的极大不平等。持有大量外汇储备对发展中国家来说是对美国支付铸币税。

后布雷顿森林体系的支持者在早期声称，实行浮动汇率之后，各国对外汇储备的需求会降低到最低限度。当充当交易媒介和结算手段的"国际流动性"不足的时候，一国可以从国际货币市场借到足够的美元，只要借款国有足够的资信。但亚洲金融危机彻底证伪了这种观点。由于短期资本流动的"顺周期性"，发展中国家越是需要美元流动性，就越难以得到美元流动性。在后布雷顿森林时期，全球外汇储备不断增加。在布雷顿森林体系崩溃之前的 1970 年，全球外汇储备仅为 450 亿美元，1979 年上升到 3000 亿美元。1973～1979 年，全球外汇储备的增速为 17%，明显高于 20 世纪 60 年代的 9%①。

亚洲金融危机之后，为了预防投机资本的攻击，作为一种保险，发展中国家中央银行不得不大大增加美元外汇储备的积累，这些美元储备已经同满足"国际流动性"需求毫不相干。1990 年发展中国家外汇储备对 GDP 之比

---

① 从 1973 年至今，外汇储备的累积在全球范围内十分广泛。在此期间，工业国的外汇储备累积从 660 亿美元增加至 1500 亿美元；石油输出国的外汇储备从 120 亿美元增加至 570 亿美元；非石油输出发展中国家的外汇储备从 440 亿美元增加至 940 亿美元。

为 5%，2018 年这一数字上升到 30%①。2020 年底全球外汇储备总额高达 12.7 万亿美元②。在外汇储备中，美元外汇储备的比例在 1999 年高达 71%，2020 年是过去二十多年来的最低值，但依然高达 59%③。无论积累外汇储备的目的是什么，其结果都是使发展中国家浪费了大量本应该用于消费和投资的实际资源。而硬币的另一面则是，美国消耗了大量发展中国家提供的实际资源，却不用担心还本付息。

当前国际货币体系的最根本的问题是，一方面，没有任何内在价值、完全靠信用支撑的美元是本位货币，或者如一些经济学家所说的"锚"；另一方面，根据美国国会预算办公室预测，2023 年美国国债占 GDP 之比将达到 103%，超过第二次世界大战以来的峰值；到 2050 年这样比例将达到 250%。国债的持续增加将使美联储难以改变低利息率政策，而低利息率政策又使美国难以改变已经持续近 50 年经常项目逆差状态。经常项目逆差的长期累积使美国的海外净负债超过 14.1 万亿美元④，占美国 GDP 的 67% 左右。这一比例在可以预见的将来还将继续增长。与此相对照，在 20 世纪 60 年代末期布雷顿森林体系崩溃的时候，美国是净债权国。在 1973 年布雷顿森林体系崩溃之后的近 50 年中，鲁夫的裁缝并不在乎日复一日地给顾客缝制衣服，尽管所得到的仅仅是客户开出的借条，裁缝对客户是否能够最终还钱似乎并不在意。而顾客则落得享受不断得到新衣服，而无须操心把借条变成"真金白银"偿还债务的好日子。裁缝还要等到什么时候才会要求客户把借条"变现"为实际资源？裁缝的超强耐心可以说是当代金融的最大难解之谜。

应该看到，中国在后布雷顿森林体系中扮演着关键的角色。中国其实就

---

①③ 《余永定长文剖析国际货币体系演变与中国定位》，中国金融四十人论坛，2021 年 9 月 1 日。

② 国家外汇管理局：截至 2020 年 12 月末我国外汇储备为 32165 亿美元 [EB/OL]. 新浪财经，2021 - 01 - 07.

④ 资料来源：美国经济分析局 BEA 数据，2021 年 3 月 31 日。

是鲁夫比喻中的那位超级耐心的裁缝。中美之间关于贸易不平衡之争，很像是一幕荒诞剧：一方面是我要把钱借给你，而且情愿不收（或少收）利息；你不肯借，但我偏要借给你。另一方面是我想借钱，但偏说我不想；而且说你把钱借给我是害了我。美国政客表面抱怨中国对美国的贸易顺差，私下却乐得看见中国购买美国国库券以积累外汇储备。

十几年来我曾不厌其烦地引用美国前总统办公室主任，现任美国国会预算办公室主任菲利普斯·斯威格尔（Phillips Swagel）先生对这种奇怪现象的解释。他的解释虽然是针对人民币升值问题的，但却点破了美国政府对中国维持对美国的贸易顺差，积累美元外汇储备的真实思想。斯威格尔（Swagel）先生说[1]：

"如果真的像某些人所说的那样，人民币被低估了27%，美国消费者就是一直在以27%的折扣得到中国所生产的一切；中国就是在购买美国国库券时多付了27%的钱。对此，美国人为什么要抱怨呢？升值将使中国停止大甩卖，美国人将要为他们所购买的一切东西，从鞋到电子产品，付更多的钱。其他国家固然会买下中国不再愿意购买的国库券，美国人也可能会多储蓄一些，但财政部和公众必须支付较高的利息率。人民币升值不但意味着美国政府的融资成本将会上升，而且意味着美国的房屋购买者必须为只付息式按揭花费更多的钱。不要指望人民币升值会给美国带来更多的就业。人民币低估确实造成了失业，但那是马来西亚、洪都拉斯和其他低成本国家的失业。如果中国的出口减速，美国就要从那些国家进口成衣和玩具。"斯威格尔先生接着说：

"既然人民币升值会给美国造成短期痛苦，为什么还要逼中国升值呢？决策者当然懂得人民币升值对美国经济的不利影响。他们肯定也知道，大张旗鼓地施压只能使中国人更难于采取行动。但这会不会恰恰是问题的所在？

---

[1] Phillips Swagel. Yuan Answers? Jnne 10, 2005.

一个有心计的人（a cynic）可能会希望（实际情况是）：压中国升值不是（美国政府）对不明智政治压力的回应，而是一种狡猾的图谋（devious attempt）。其目的是在牺牲中国利益的基础上，延长美国从中国得到的巨大好处。当然，这一切也可能是无意的。但是，不管动机如何，美国行政当局找到了一个十分漂亮的办法，使美国的好日子得以延续下去。"

顺便说明一下，我本人认识菲利普斯·斯威格尔先生，我认为他是一个诚实的人。

客观说，当前的国际货币体系早已是千疮百孔。但没人知道一辆年久失修的破车可以继续走多远。对于大多数国家来说，他们没有选择，只能一直留在车上，直到车辆倾覆。中国不是这些大多数国家的中的一员，中国有自己的选择。在过去数十年中，特别是在1998年亚洲金融危机爆发之后，中国和周围邻国就开始了种种尝试，但这些尝试都无果而终。2009年后中国开始走自己的路，但很快就发现没有道路是平坦的。高海红教授的新著相当详细地记录了中国和邻国已经走过的曲折道路。但是，正如高海红教授在她的新著中所表明的，面对畏途巇岩，只要中国坚持尝试下去，就一定能够走出一条坦途。

居安思危，为国分忧，国际金融学者责无旁贷。预祝高海红教授在探索国际货币体系改革的研究道路上取得更大成绩。

余永定

中国社会科学院学部委员

2021年5月于北京

# 总　论

1944 年 7 月，45 个国家代表在美国的新罕布什尔的布雷顿森林达成协议，决定成立国际货币基金组织和国际复兴开发银行（之后称为"世界银行"）。次年 12 月，参加会议的 29 国代表签署了《布雷顿森林协议》，这标志着以布雷顿森林体系为代名词的"二战"后国际金融秩序正式建立。美国凭借世界第一强国和拥有全球 70% 黄金储备，确立了美元在这一秩序中的核心地位：美元作为唯一的法币与黄金挂钩，其他成员方的货币与美元保持可调整的固定汇率关系。与此同时，美国作为重要的顺差国，为国际货币基金组织提供最大份额的资金，相应也获得了一票否决权。在随后的 20 多年间，由可调整的钉住汇率制、资本管制和国际货币基金组织（IMF）这三个要素配合运转的国际货币体系，在"二战"后全球经济恢复和国际贸易增长中发挥了重要的作用。然而，也正是这一安排为体系的崩溃埋下了隐患。

1971 年 8 月，当美国无法履行其按固定平价以黄金兑换其他国家中央银行手中的美元的义务时，尼克松政府关闭了黄金兑换窗口。1973 年 3 月，欧洲共同市场国家宣布对美元联合浮动，英国和意大利等国的货币对美元单独浮动，以黄金——美元本位为基石的布雷顿森林体系就此解体。1976 年 4 月，国际货币基金组织通过了《国际货币基金协定第二次修正案》，正式承认成员方在汇率制度选择方面的自由，国际货币体系进入浮动汇率时代。在缺乏全球汇率制度性安排下，这一时期的国际金融体系运转主要依靠如下两个主要支柱。一是国际货币基金组织和世界银行等国际金融机构，行使全球金融治理职能；二是美元作为主要国际货币，是顺差国主要储备资产，也是多数发展中国家和新兴市场汇率制度中的钉住货币。

布雷顿森林体系从成立到崩溃仅 20 多年时间，却为国际货币体系建设留下了太多未完成的使命。这不仅是因为该体系建设是一个长期的过程，还因为贯穿于国际货币体系演进之中的，是一系列的重要理论探索和政策变化。换言之，国际货币体系的演进与国际金融学说的沿革是一个并行的过程。

国际货币体系的主要功能有三项：为国际贸易和投资活动提供稳定的价值尺度、充足的流动性和国际收支的调节机制。作为提供稳定价值尺度的汇兑安排是国际货币体系的核心要素之一。第二次世界大战后 70 多年国际货币体系演变历史，两次危机对汇率制度的研究产生了重大影响：一是 1973 年布雷顿森林体系崩溃，使汇率制度从全球设计转向国家选择。汇兑制度的目标，从通过提供稳定的价值尺度实现全球贸易和投资的增长，转变为国家层面的收支调节、国内就业、价格稳定及经济增长等多重目标。而固定汇率下的收支调节理论也曾向汇率决定和汇率制度选择研究过渡。二是 1997 ~ 1998 年亚洲金融危机使汇率理论的"角解"假说再受关注。根据这一假说，那些金融市场相对开放的国家，在汇率制度选择上要么实行完全固定、要么实行完全浮动，任何中间制度都不可持续，且最终都会向两端移动。"角解"的重要依据是开放宏观经济学中的"三角难题"。围绕三角难题产生诸多争论，因为在三个极角点之间可能存在无限个组合和无限个"中间解"。

汇率灵活程度一直是具有争议的议题。经过相当长时期的争论，经济学家只在一点达成和解：没有一个汇率制度在任何时候适合任何国家。但在决策层，汇率水平和汇率制度安排是一国经济政策组合的重要部分。这不仅因为汇率与国际收支和贸易政策密切相关，还因为它与货币危机密切相连。亚洲金融危机就是一次经典的演示。债务国出现的"浮动恐惧"和债权国面临的"美德悖论"都表明，对于发展中国家而言，成为债务国则需要应对货币和期限双重错配；成为债权国需要不断外汇储备累积。从实践看，汇率制度理论设计的最大实践是欧元的建立。尽管欧元区自成立以来经历了数次危机，但欧元区至今未散。

国际储备货币是国际货币体系的另一个支柱。其核心是充足性问题，这是因为国际储备货币的职能是为国际贸易和投资提供国际支付手段。关于国际储备货币，特里芬难题揭示了法币承担储备货币下国际货币体系运行存在的内在矛盾。1959 年 10 月 28 日，美国经济学家特里芬在第 87 届国会经济联合委员会上发表题为"美国的国际货币地位和政策"的发言①。特里芬在发言中指出，美国国内政策对国际清偿力和调节机制有影响，他建议建立一个国际化的可兑换的储蓄方式，存入国际货币基金组织以作为清偿力的补充。这一发言主要针对 1958 年在西欧出现的清偿力危机以及随之发生的美元储备的大幅度下降。尽管到 1959 年"美元荒"已经缓解，但美元和黄金的清偿力不足问题并没有解决。几十年过去了，特里芬难题的核心矛盾并没有解决，国际货币体系的不稳定性与信心问题仍然存在。更进一步，储备货币发行国的国内货币政策具有全球的外溢性，以及储备货币发行国的预算赤字是全球流动性供给的重要根源，也同时成为国际货币体系不稳定性的新来源。而储备货币难题对寻求有效的收支调节机制形成了重大障碍。

作为国际货币体系的另一个支柱——国际货币基金组织，在过去多年间也经历了数次改革。1997～1998 年亚洲金融危机和 2008 年全球金融危机，其成为国际货币基金组织改革的催化剂。比如全球金融危机推动了国际货币基金组织贷款职能的改革，这包括：增加贷款形式，使之更具差异化特征；增加贷款条件的灵活性，改革其量化标准，如货币信贷总量、国际储备规

---

① ［美］罗伯特·特里芬著，陈尚霖、雷达译：《黄金与美元危机——自由兑换的未来》，商务印书馆 1997 年版。

模、财政余额和外部负债等；调整结构性标准。放弃"华盛顿共识"可以说是国际货币基金组织顺应发展中国家需要的最重要的一项改革。在治理结构方面，2008年和2010年的两次改革增加了总份额，调整了份额分配，保护低收入国家份额，对执行董事会和组成进行改革，并采用新的份额计算公式，同时考虑GDP规模、经济开放度、经济变量和国际储备来确定成员方的份额分配比重。

中国参与国际货币体系改革与20世纪90年代以来的两次金融危机密不可分。第一次是1997～1998年爆发的亚洲金融危机。中国在1996年12月刚刚接受了国际货币基金组织第8条款，承诺解除对经常项目下交易的汇兑限制。而在资本项目方面，中国遵循谨慎和渐进的原则，仍保持相当程度的资本项目下的管制，国内的金融市场基本处于封闭的状态。在汇率制度方面，1994年中国将官方汇价与调剂价格并轨，实现单一的、有管理的浮动汇率。然而在现实中各国仍然紧紧钉住美元。在泰国、马来西亚和韩国等危机国家出现大幅度货币贬值的情况下，中国保持人民币汇率稳定，这一不贬值承诺在相当程度上避免了竞争性贬值，减弱了危机的传染程度，这也使中国感受到其在维护区域金融稳定的重要作用。

亚洲金融危机的另一个重要结果是2000年东盟与中国、日本和韩国建立了区域金融救助机制：清迈倡议（CMI）。在亚洲金融危机时期，泰国、马来西亚以及韩国等国家都出现了大规模的资本抽逃、银行挤兑，使得他们的货币急剧贬值，外汇储备瞬间耗尽。在当时，唯一能为危机国家提供救助的是国际货币基金组织。但当时正处于华盛顿共识盛行时期，资本项目开放被认为是解决一些国内问题的良药。亚洲国家普遍采用的是资本自由流动与固定汇率组合的模式。这一模式是导致危机爆发的重要原因。在发生亚洲金融危机后，这些国家向国际货币基金组织提出贷款需求。结果是国际货币基金组织同意提供救助，但前提是必须接受严格的贷款条件。可以说，对国际货币基金组织不满是亚洲国家寻求建立区域救助机制的重要原因。2000年

CMI 正式建立。2010 年 CMI 建成为多边机制（CMIM），目前拥有 2400 亿美元的外汇储备基金，其中中国和日本是最大的两个出资方。更为重要的是，2011 年，东盟 10 + 3 宏观经济研究办公室（AMRO）正式成立，成为亚洲区域重要的行使政策对话和经济监控的区域金融机构，是亚洲区域金融合作制度化的重要里程碑。

2008 年全球金融危机的爆发为中国进一步深度参与国际货币体系改革提供了契机。在危机爆发之前，中国已经开启了资本项目开放进程，深度参与国际分工，在出口导向政策下迅速扩大贸易顺差。这一时期也是全球失衡快速恶化的时期。介于中国在全球失衡版图中的特殊地位，中国不得不面对各种来自美国等发达市场包括过度储蓄、重商主义、汇率操纵等的责难，在全球债权与债务、顺差与逆差等关系中寻求立足之地。然而，当时中国在全球多边金融机构中处于弱势，中国的话语权十分有限。2008 年这场危机，不论其后果有多坏，在另一方面却以一种破坏性的方式在强制纠正全球失衡。为了应对危机，二十国集团（G20）的作用迅速提升。原有的七国集团（G7）作用相对减弱，中国抓住了这一时机，通过 G20 这一平台，以发展中新兴市场大国的身份，参与协商和决策。

中国参与国际货币体系改革的另一个阶段性成果是推动国际货币基金组织的治理结构改革。在 2013 年国际货币基金组织的第 14 次份额评估后，包括中国在内的一些新兴市场经济体在国际货币基金组织中的份额和投票权得到了提升，使得基金组织的份额分配更接近于成员方的经济实力布局，这既体现了新兴经济体的诉求，也提升了国际货币基金组织的合法性。2016 年，人民币缴入了特别提款权（SDR），成为特别提款权篮子货币，这是人民币成为储备货币的重要里程碑，也是人民币参与国际储备货币多元化进程的重要体现。

人民币国际化是中国参与国际货币体系改革最令人瞩目的举措。它不仅与国际货币格局的变迁有关，更主要的是与中国改革开放进程有关，与中国

的资本项目管理、汇率政策、国内金融市发展等进程息息相关。人民币国际
化受多重因素推动。首先是国际储备货币多元化的需要。长期以来美元是各
国主要的官方外汇储备，而美元在全球储备资产的比重远超于美国在全球经
济中的重要性。全球金融危机爆发以来，有越来越多的国家和地区认识到以
美元为主导的国际储备体系不可持续，增持非美元储备货币不仅可以提高储
备资产投资的多样性，还有助于储备资产保值以及分散持有储备资产的风
险。同时，由于人民币是国际市场上的新兴货币，人民币产品为各国提供了
新的投资机会。其次是中国资本项目渐次开放，提升了人民币的可使用性。
2016 年人民币正式成为国际货币基金组织的特别提款权篮子货币，这一成
果基于两点共识：一是中国已经跃居为全球第二大经济体和贸易大国，国际
货币基金组织成员方在官方持有的外汇储备货币构成中应该反映出这样的实
力变化；二是人民币作为外汇储备货币要具有并保持其可使用性。

在过去若干年，中国先后开放了资本项目下风险程度相对可控的大部分
交易项目，比如，直接投资已基本无汇兑限制；中国银行间市场已全面开
放；与此同时设立的沪港通、深港通以及内地与中国香港地区的债券通为外
国投资者进入中国股市和债市提供了更多的渠道。人民币境内、外金融交易
品种不断增加，熊猫债和点心债市场初具规模；中国国内股票、债券市场的
合格机构投资者（QFII）的额度管理以及居民通过合格机构投资者（QDII）
对外国股票和债券市场投资额度管理经历了从提高上限到彻底取消的过程；
中国的 A 股纳入摩根士丹利国际资本（MSCI）指数，人民币债券纳入彭博
巴克莱全球综合指数等，这些都推进了中国金融服务业的开放。

值得特别提出的是，中央银行之间的合作是人民币官方持有的重要推
手。2008 年以来，中国人民银行与其他国家和地区的货币当局签署了一系
列的人民币双边货币互换协议。这是一项双赢举措，一方面伙伴国在金融系
统出现问题时可以借助人民币的流动性支持，并可以将人民币用于其贸易融
资。另一方面中国人民银行借以签署人民币双边互换协议来提升人民币的国

际认知度。

在过去的几年间，人民币国际化经历了快速发展，也出现了一定的停滞。尽管人民币国际化取得了一定的成就，人民币的国际使用也基本涵盖了价值储藏、交易媒介和计价单位这三项主要功能，但从使用程度和市场份额看，与包括美元、欧元在内的成熟的国际货币相比较，人民币国际化程度非常有限。人民币国际化并非没有成本。由于货币国际使用要求资本项目开放以及货币的充分可兑换性，使得在国内金融机构缺乏竞争力、国内金融市场发育不足以及存在金融体系脆弱性条件下，过快的金融开放会加大资本外流的压力，从而对金融稳定形成不利影响。人民币国际化成本和收益并存，很难对其进行量化测度。此外，在考虑人民币国际化时，外部因素同样重要。换言之，其他国家是否乐意接受人民币国际化同样是决定人民币能否称为国际化币的重要因素。

人民币国际化的推进需要中国保持资本项目的开放，也需要汇率政策和国内金融市场发展相配合。而金融开放将使中国不得不面对资本流动对国内金融稳定性的冲击。客观理解人民币国际化，需要认识到这样的事实，即中国金融改革和开放的节奏决定人民币国际化的进展。中国金融开放需要平衡各种风险，而人民币国际化则应是顺理成章。

从政策组合看，亚洲金融危机带来诸多的教训，其中重要的一条，是过早的资本项目开放与固定汇率制度这两项有毒的政策组合。一方面，快速的资本项目开放引致大规模的资本流动。在当时主要表现为资本流入。资本流入助燃国内资产价格，形成通货膨胀压力。另一方面，固定汇率使得汇率丧失了收支调节的功能，在通货膨胀压力上升之时，无法对改变货币价格进行相应的调节；与此同时，固定汇率本身为危机爆发埋下了隐患。在浮动恐惧盛行之下，央行通过稳定汇率为国内银行借贷提供了隐形担保，这却造成银行业大面积的双重错配，在外债不断累积的同时，国内金融体系的脆弱性不断加大。当危机发生时，银行挤兑，资本瞬间出逃，货币急剧贬值。可以说危机前普遍实行的资本自由流动与固定汇率组合，对危机爆发有不可推卸的责任。

中国有幸避免了亚洲金融危机，这并不是因为中国经济有多么健康。中国在当时将人民币严格钉住美元，是一种硬钉住制度。这一制度实际上是将人民币美元名义汇率①作为货币政策的名义锚，这与当时多数亚洲国家所采取的汇率制度相似。所不同的是，在当时，中国资本大门仍然关闭。简言之，中国当时的资本管制与固定汇率的组合有效地将中国与世界市场隔绝，使中国免受危机冲击。二十年过去，中国经济不断与世界经济融合，人民币国际化战略也开始推进。这一进程与资本开放和汇率灵活性的不断提高相辅相成，正逐步形成一个新的组合：较为灵活的汇率政策和较为开放的资本流动管理。

2020 年暴发的新型冠状病毒肺炎疫情（以下简称"新冠肺炎疫情"）对未来国际金融格局产生重大影响，也为中国参与国际金融治理提供契机。新冠肺炎疫情使得国际金融市场剧烈动荡，尤其是在初期新冠肺炎疫情走势的不明朗以及各国政策反应存在高度不确定性的情况下，金融市场恐慌情绪不断加剧，这一变化的直接表现是国际资金市场上美元融资成本增加、美元出现短缺。在这种情况下，美联储迅速启动美元互换安排，首先是调低与五个发达国家建立的中央银行无限额互换的融资成本，其次是与其他九个中央银行新签署有限额的临时美元互换安排。这些举措缓解了美元流动性危机，可以说，新冠肺炎疫情使得全球对美元的过度依赖得以延续。新冠肺炎疫情过后相当一段时期，美元仍将主导全球贸易和融资。但美元主导的这一格局并没有缓解长期以来国际货币体系存在的诸多弊端，甚至会产生新的风险。比如，全球对美元的需求依靠美国的贸易逆差以及美国国债发行所提供的供给，这本来已经构成了美元国际货币地位的悖论，即负债货币是否能够长期

---

① 这里的名义汇率指没有扣除价格因素（通货膨胀）的汇率。

维持其高级别的安全资产品质。针对这次新冠肺炎疫情，美国出台了超大规模的财政刺激政策，这意味着美国在不断地发行债务，并扩大融资渠道。目前，外国持有美国国债占其总发行额的 1/3 左右，谁给美元借债买单以及美元借债是否安全便成为维系美元地位的重要支柱。与此同时，另一个隐含条件并没有被广泛关注，这便是国际货币的无替代效应。换言之，各国对美元的依赖更主要来自缺乏美元替代。这种无替代效应会持续多久，是否会出现其他选项，这些问题将随着时间的推移而更加清晰。

实际上，国际货币体系多元化努力较早始于欧元的诞生。尽管欧洲中央银行没有明确鼓励欧元扩大国际使用，但作为全球第二大货币，欧元使用也从欧元区延伸至周边国家。2008 年国际金融危机给人民币带来契机，过去十多年间人民币国际使用也得到长足发展。伴随着国际环境的变化，人民币的使用将更主要取决于中国自身的改革和开放进程，取决于建立货币信任这一长远目标的保障，而人民币的市场功能扩大将更借助人民币清算体系的完善。

国际金融领域的另一个挑战是如何确保全球金融稳定。新冠肺炎疫情发生后，一些新兴市场和发展中国家出现大规模资本外流，有些甚至发生资本流动急停，国际收支严重恶化、货币大幅贬值。针对金融风险，国际货币基金组织迅速扩大紧急救助工具的使用额度，降低获得救助的门槛，设立短期流动性贷款工具，并对低收入国家提供特别救助渠道。截至 2021 年 8 月，国际货币基金组织已经为 85 个成员方提供流动性支持。国际货币基金组织还通过巨灾遏制和救济信托基金（CCTR）为 29 个成员方提供资金支持。然而，相对于各国的救助需求，现有的救助供给存在严重缺口。根据国际货币基金组织和联合国的估计，新兴市场和发展中国家因新冠肺炎疫情所需的救助资金达 2.5 万亿美元，而国际货币基金组织所能提供的最大限额救助不足四成。2021 年 8 月，国际货币基金组织扩大总额为 6500 亿美元的特别提款权分配额度，以提升救助能力。实际上，全球存在一个由多个救助来源组成的全球金融安全网，但各种救助来源严重不足。比如，外汇储备在各国的分布极为不均，中央银行之间的货币互换覆盖非常有限，而区域性金融安排的约束较多。

新冠肺炎疫情后改善全球金融安全网的努力将会持续，且会在建立多边互换、金融机构合作及治理结构调整等方面加大探索力度。中国将以更加开放的市场和国际合作的姿态积极参与国际金融体系建设，通过 G20 机制以及国际金融机构，为强化国际金融构架的稳定性和韧性发挥重要作用。

高海红

2021 年 9 月于北京

**目　录**
CONTENTS

导　论

　　本书旨在对国际货币体系的演进和中国实践进行全面梳理和分析。全书包括四章内容：第一章为国际货币体系理论与实践反思；第二章为金融危机与资本项目开放；第三章为人民币国际化的战略选择；第四章为区域一体化与亚洲金融合作。各章讨论的主要内容如下。

　　第一章讨论国际货币体系理论发展，并对体系的演进过程进行反思。

　　本章的第一节涉及汇率安排和国际储备问题。汇率安排和国际储备是国际货币体系的重要支柱。本章节首先从"二战"后建立的以美元本位为基础的布雷顿森林体系出发，围绕固定汇率与浮动汇率以及介于两者之间的中间形态的汇率制度安排的理论争论，阐述汇率制度与国际收支、国内就业、价格及经济增长之间的关系。本章节针对发展中国家在汇率制度选择中存在的浮动恐惧现象进行考察，并回答了为什么许多发展中国家的官方汇率制度与其实际采取行动的制度不符，换言之，一些国家官方公布的汇率制度是浮动汇率制度，而实际却采用的是钉住汇率制度，即存在着事实（de facto）汇率制度与法定（de jure）汇率制度之间的差别特征。这一现象可以解释为什么在布雷顿森林体系崩溃之后，仍有众多国家选择与美元钉住的汇率安排。其次，本章节讨论了国际储备货币和流动性问题。储备货币是国际货币体系的另一个核心要素，其主要职能是为国际贸易和投资提供国际支付手段。在金本位制下，黄金和英镑行使着国际储备货币职能。在布雷顿森林体系下，国际储备货币为黄金、美元、其他少量可兑换货币、特别提款权

（1970 年以后），以及成员方在国际货币基金组织的头寸。20 世纪 70 年代布雷顿森林体系崩溃之后，国际储备货币仍是以美元为主，由货币当局发行的法币。然而长期以来，国际储备货币的供求矛盾，以及其与国际货币体系稳定性的关系，始终困扰着学界和各国货币当局。本章节重点讨论最具有影响力的理论观察，这包括：一是特里芬难题。特里芬难题阐述法币承担国际储备货币条件下国际货币体系运行中存在着内在矛盾，这一难题解释了布雷顿森林体系崩溃的内在逻辑。二是储备货币发行的政府债务问题。从储备货币供给看，法币国际储备货币的供给依赖具有较高的评价级别和财政清偿力所担保的政府债券发行；而经济增长在客观上构成了对储备资产的需求。本章节阐述发展中国家对储备需求的增加与发达国家政府债券发行之间的内在关系，分析储备货币需求与储备货币发行国政府债务之间存在的矛盾，以及这一矛盾如何反映了新时期特里芬难题的特征。

本章的第二节分析多元化的国际货币体系的发展以及国际金融机构危机救助职能的演变。首先，本章节讨论世界经济格局变化与国际货币体系之间存在的不对称性，即新兴经济体的快速崛起改变了世界经济格局；而在国际金融领域，国际货币体系仍延续以发达国家为中心，以发展中国家和新兴市场国家为外围的格局。美元仍然是主要的国际储备货币，国际金融机构治理主要以发达国家主导。其次，本章节讨论世界经济格局与国际货币秩序之间为什么形成错配，分析国际货币体系改革滞后的后果，这包括不平等问题、信心问题和安全资产问题。这其中对金融体系安全性产生严重影响的是安全资产的结构性短缺。本章节重点讨论在全球对安全资产的需求与安全资产有限供给之间矛盾的情况下，在金融危机和市场动荡时期，避险性需求的激增如何导致安全资产的短缺，以及对国际金融稳定性所造成的影响。再次，本章节对国际货币体系改革的若干建议进行评述。其中重点分析三项动议：建立超主权货币；改革特别提款权；提升非美元主权货币的国际使用功能。最后，本章节分析国际金融机构改革的问题。由于国际货币基金组织是国际货币体系中最重要的全球性金融机构，本章节主要讨论国际货币基金组织如何在行使全球最后贷款人角色，为成员方提供危机预防和救助以避免收支危机职能中的作用。这其中讨论的重点，一是份额改革的背景和进程，分析成员方份额如何决定国际货币基金组织的救助能力，讨论份额在成员方之间存在着低估与高估问题，而这一问题影响国际货币基金组织成员方投票权和治理结构的代表性和公平性。本章节还讨论中国如何在国际货币基金组织资金能力的扩充和"发言权"改革中发挥作用。二是危机救助各项贷款工具的职能和演变，讨论贷款工具的种类和条件性的变化，分析国际货币基金组织如何在贷款条件性、条件的约束性与贷款工具的灵活性之间进行权衡。本章节最后讨论全球金融安全网的建设问题。分析重点强调一个有效的全球金融安全网是由多层次应对机制组成。这包括作为危机救助第一道防线的一国的外汇储备；作为第二道防线的货币当局之间签署的双边货币互换；区域性金融安排（RFA）；全球多边金融机构。这些层级构成既彼此独立又相互关联的全球金融安全网络。本章节还分析不同层级救助工具的优势和劣势，重点讨论亚洲、欧洲和拉丁美洲等区域建立的救助机制在全球金融安全网中的重要性。

本章的第三节讨论真实汇率与经济增长之间的关系。这一章节的分析基于巴拉萨—萨缪尔森假说。这一假说认为，假定贸易部门劳动生产力增长高于非贸易部门劳动生产力，在一价定律存在和工资成本具有充分弹性的条件下，两国劳动生产力之差决定了真实汇率的差异。这一假说衍生出一个著名的推论，即经历快速经济增长的国家往往同时经历着真实汇率的升值。围绕上述命题，这一节重点阐述巴拉萨—萨缪尔森假说模型的推演以及研究文献，并分别对七国集团和东亚国家的历史数据进行检验，考察真实汇率与经济增长之间是否存在长期稳定关系。

第二章分析金融危机与资本项目开放问题。

本章的第一节讨论全球流动性管理。金融危机爆发与全球流动性的周期波动有着密切的关系。首先，本章节从概念出发，讨论全球流动性的测量标准，以国际清算银行流动性指标为基础，从数量和价格两个尺度对官方流动性和私人流动性进行划分。测量流动性的意义在于判断金融周期的走势规律，判断信贷紧缩和信贷膨胀与金融危机之间发生的关系。其次，本章节详细分析了在全球流动性变化与金融稳定性之间的关联渠道。这包括：一是私人流动性的波动为何与国家宏观政策和市场信贷条件相关联；二是私人流动性如何造成跨境传递、市场传染和部门传染；三是美联储如何成为全球流动性最主要的创造者；四是发展中国家和新兴经济体如何应对流动性的周期波动。在实践中，一些国家的货币当局或者选择紧跟美联储的货币政策，接受美国货币政策的传递效应；而一些国家需要保持汇率稳定，对外汇市场进行持续干预，由此被动累积大量的美元储备。再次，本章节提出流动性管理的措施建议。这包括如何有效缓解全球流动性的周期波动幅度，以便减低跨境流动对一国宏观经济和金融体系的冲击；同时在发生流动性紧缩之时能够及时提供危机救助以避免系统性破产。本章节重点强调国际合作是应对全球流动性风险、减少国家政策外溢性的制度保障。这其中，G20 首脑峰会和国际金融组织应发挥核心作用。最后，本章节分析在国际金融危机频繁发生的背景下中国如何参与全球流动性管理并发挥积极的作用。

本章的第二节讨论资本项目开放的不同模式和前提条件，并以泰国资本项目开放为例分析快速的资本开放如何导致金融危机的爆发。理论研究表明，资本项目开放对一国经济有诸多好处，比如有利于优化资源配置，补充国内储蓄缺口进而促进经济增长。然而资本项目开放也同时伴有诸多风险。快速的开放会导致国内宏观经济的不稳定性并带来金融风险，甚至造成金融危机。本章节关注的焦点是，资本项目开放有哪些不同模式的选择，需要哪些必要条件，从而保证资本项目开放的风险降至最低。本章节首先比较资本项目开放的两种理论模式：激进模式和渐进模式。在比较分析两种模式的优劣之后，提出资本项目开放的第三种模式：积极的渐进模式。这一模式不同于快速放开资本管制的激进模式，也不同于消极的渐进模式，而是介于两者之间。其核心是在实现资本项目完全自由化之前，建立一些必要的前提条件，以确保资本项目开放顺应客观经济需要的同时，将资本开放所带来的风险最小化。其次，本章节详细阐述资本项目开放的必要条件。一些国家的经验表明，如果在开放资本项目之前施行了一些特定的政策和具备相应的条件，那么资本项目的可兑换性便是可持续的。尽管资本项目开放不意味着要等到具备所有的条件之后才开始推行，某些资本交易可以首先开放，其目的是有助于建立进一步开放的条件。但对实现一个完全开放的资本项目，需要具备一些条件：放松利率管制；实行灵活的汇率制度；克服国内金融体系的弱点以及保持稳健财政和良好的宏观经济。最后，本章节以泰国的激进模式作为案例，具体考察泰国开放其资本项目的过程，并重点总结其经验教训，以探讨在缺乏必要条件的情况下，采取激进模式开放资本项目如何导致1997 年在泰国爆发的金融危机。

本章的第三节对亚洲金融危机形成和爆发过程中汇率政策与资本项目开放等政策组合的作用进行回顾。首先，本章节讨论汇率制度因素如何对亚洲金融危机的爆发负有责任。在危机爆发之前，亚洲国家普遍采用的类似钉住的汇率制度。与此同时，一些国家过早开放了资本项目。本章节重点分析在资本自由流动的同时采取固定汇率制度，这样一种组合如何导致金融危机的发生。20 世纪 80 年代中后期亚洲地区的经济高速增长，吸引了大量的国际资本入，这为稳定汇率政策带来了巨大的压力。基于这一事实，本章节详细讨论亚洲国家在应对资本流入所带来通货膨胀压力的情况下将如何进行政策选择：一是允许名义汇率升值或调整汇率变动规则，使汇率波动更有灵活性；二是保持名义汇率不变并辅之以中和性干预政策；消减政府开支；三是实行暂时的资本控制。本章节通过分析阐述亚洲金融危机的重要教训，即在资本流入下错误选择保持名义汇率稳定，由此产生的货币高估、经常项目收支恶化、国内经济过热等导致外汇市场投机性抛售以及随之而来的货币危机。本章节还针对欧洲国家的汇率制度选择提出建议，分析钉住汇率、浮动汇率或中间汇率安排的选择得失，讨论理论标准和经济体的自身适用性。这一研究是亚洲金融危机研究文献的重要理论和政策探讨。

第三章阐述人民币国际化的战略选择。

人民币国际化是中国重要的对外金融战略，其在国际货币体系多元化进程中发挥了重要作用，也与中国金融开放和国内金融改革深化形成了互动关系。本章的第一节讨论人民币国际化的含义与进程。这一节首先从货币的国际化概念和货币主要国际功能出发，梳理货币国际化的理论和经验文献，阐述一国货币成为国际货币的一般条件，尤其关注货币国际化的成本和收益。其次对人民币国际化的模式和动因进行讨论，借鉴历史上货币国际化的不同模式，分析人民币的区域角色与国际角色的相互作用，亦即早期跨境交易和人民币区域化对人民币走向更广泛的国际舞台发挥了怎样的作用。同时对中国选择推行货币国际化战略的外部动因进行系统分析。这包括美国货币政策外溢性具有的负面效果，国际储备货币的供给与需求矛盾以及多重储备货币体系对多个最后贷款人的需要等。再次对人民币国际化的进展进行梳理，分析 2009 年以来人民币国际化三个时期的特征以及推动人民币国际使用的重要政策和市场动因。这一进程涵盖了人民币在贸易结算和投资计价中的使用，人民币成为其他国家中央银行的储备货币以及离岸人民币市场的发展。

本章的第二节分析人民币国际化的政策次序。在各项配套政策中，资本项目的开放程度和速度，汇率政策的灵活性程度，国内金融市场的发展以及国内金融改革的步骤之间如何协调，是决定人民币国际化能否顺利推进的关键。本节首先对配套政策时序讨论文献进行梳理，这其中对解除资本管制风险的看法不同成为争论的焦点。本章节还讨论了人民币国际化对货币政策的有效性所构成的挑战，这其中蕴含了在资本项目开放之前需要首先实现利率市场化这一重要前提。其次，本章节阐述了中国资本项目开放所遵循的渐进主义逻辑。这一渐进主义，体现为中国对资本管制放松遵循了这样的次序，即先开放长期资本流动，后开放短期资本流动；先放开直接资本流动，后放开间接资本流动；保护国内弱势部门免受外部竞争和不必要的冲击。这一次序体现出中国资本开放进程所遵循的这种先易后难的原则，同时也体现出了对资本流动的管理从单向管理向双向管理的过渡，从资本管制向宏观审慎管理过渡；对资本项目可兑换从摸着石头过到制定时间表。最后，本章节讨论了人民币汇率制度的灵活性问题。从货币国际化的角度来看，汇率灵活度并不是货币国际化的必要条件，然而人民币汇率灵活度的意义在于为人民币的可兑换和资本项目开放提供了政策选择空间，而后者是人民币可获性的重要条件。围绕人民币汇率制度问题，本章节重点讨论了三个问题，一是回顾了中国汇率制度演变的历程，即从早期结售汇体制到 2005 年实行的参考一篮子汇率管理制度；从数次扩大人民币波动区间到 2015 年 8 月 11 日短暂的自由浮动；从引入货币贸易加权构成的篮子（CFETS——中国外汇交易系统）到央行在汇率中间价形成公式中加入的"逆周期因子"这一选择项。这样一个演变过程体现了人民币汇率不断走向灵活的这样一个长远目标。二是讨论了中国央行如何在汇率灵活性与稳定性之间进行权衡。随着中国不断放开对资本项目的限制，资本流动性的提高不可避免地使货币当局面对"三角难题"：在一个资本自由流动的环境下，如果货币当局仍想保持货币政策的独立性，固定汇率目标的实现相当困难。其他发展中国家的经验表明，从实行了相当一段时期的固定汇率制度转向有较大灵活性的汇率制度，既是可取的也是可行的。三是讨论发展国内金融市场和实现利率市场化对人民币国际使用的意义。这部分重点讨论了金融市场的流动性和规模与货币的国际使用之间的互动关系。具体分析集中在金融市场流动性、市场深度和广度如何决定第三方货币（载体货币）的使用；货币清算体系等金融基础设施的完善程度如何影响交易成本和交易的便利程度。四是讨论国内金融结构是否影响该国货币在国际上的使用。这其中具有争议的问题是，以直接融资为主导的金融结构与以银行为主导的金融结构，哪一种更有利于货币金融交易功能的提升。这在历史上有经验可以借鉴。

本章的第三节讨论人民币国际化与多元国际货币体系建设的关系。这一节首先从人民币国际化三阶段演进出发，提出人民币国际化新常态概念，这一新常态的特点，一是中国持续的金融开放对提升人民币的市场功能起到决定性作用；二是人民币汇率制度改革不断增加人民币灵活性，汇率双向波动加大，人民币更具有资产和负债的双重属性；三是中国资本项目开放注重国内市场与国际市场连接，这为人民币扩展金融交易功能创造了新的条件。其次，本章节结合国际货币体系多元化趋势，分析美元困境与缺乏美元替代性的关系，讨论欧元、日元、国际货币基金组织的特别提款权以及一些私人部门基于区块链技术所创造的加密货币等对国际货币多元化进程的努力。最后，本章节探讨国际货币体系正处于向人民币、欧元和美元多币并存的趋势特征。美元目前仍是最主要的国际货币，但包括人民币和欧元等在内的非美元主权货币的作用有很大的发展空间。而人民币国际化在这一多元化进程中起决定性作用。

第四章阐述区域一体化与亚洲金融合作。

本章的第一节回顾亚洲金融合作历程。本章节首先围绕亚洲经济一体化进程与金融合作的互动关系探讨区域金融合作的动因。这些动因包括，一是亚洲区域经济一体化。在相当长时期里亚洲经济体实行出口导向战略，这使得区域的经济增长和就业依赖区外市场，进而容易受到外部需求变化的冲击。但是伴随中国经济进一步与亚洲区域融合，区内贸易和投资大幅度增加，区内产业链不断形成，区域经济一体化程度提高，对区域政策协调和危机救助产生了新要求。二是亚洲区域较高的储蓄率。亚洲较高的储蓄率决定了这一区域在全球国际收支平衡中一方面是世界市场商品的提供者，另一方面又是发达市场的贷款人。由于缺乏区内发达的金融市场以及存在程度不等的资本流动限制，亚洲国家较高的储蓄没能有效形成区内投资。将储蓄有效转化为本区域投资是强化区域金融合作的重要动力来源。三是金融风险的防范。从过去多年的跨境资本流动结构看，亚洲国家的直接投资流动的波动性相对稳定，而证券资本流动性较高。而后者具有顺周期特点，尤其是短期资本具有极强的投机性，对金融稳定形成较大的威胁。区域联合救助可以抵御跨境资本流动冲击，防止金融危机的传染性。四是储备资产分散化管理的需要。亚洲区域金融合作探索新的区域性汇率锚，有助于亚洲国家调整合意的汇率安排和有效管理外汇储备。五是亚洲区域金融合作补充国际、多边和双边的救助资源的不足，有助于完善全球金融安全网。其次，本章节详细梳理了亚洲金融合作的重要里程碑，这包括：区域流动性机制如何从双边互换演变为共同储备库；区域政策对话和经济监控的层次如何渐次提升；区域的汇率协调和汇率安排有哪些尝试；发展区域金融市场有哪些动议和存在什么瓶颈。这其中，对区域的汇率安排讨论在早期制定亚洲货币合作的路线方面具有重要意义，尽管由于种种原因，特别是欧元区债务危机的爆发以及区内条件的变化，使得亚洲国家搁置了亚洲单一货币的尝试。

本章的第二节系统阐述清迈倡议多边机制的建设和发展路径。清迈倡议多边机制是亚洲区域唯一的制度化的区域金融安排。本章节首先讨论清迈倡议多边机制的规模问题。鉴于危机救助基金的最佳规模缺乏理论和经验依据，本章节重点分析救助规模充足性的信号效应，以及其对稳定市场信心的有效性问题。同时，侧重各种官方救助来源，这包括外汇储备、双边货币互换、国际货币基金组织的贷款以及清迈倡议多边机制下的共同储备库资金，讨论这四项来源之间如何形成补充。借鉴欧元区危机救助的经验，多渠道的共同救助是流动性救助的主要范式。其次，本章节分析政策对话和经济监控对区域金融合作的意义。分析强调了有效的经济监控有助于支持早期预警系统，识别各国的金融脆弱性；有助于保证储备库的救助基金启动的及时性；有利于协调各国的经济政策，特别是应对来自区外的外部冲击时，有效的监控能促成各国采取及时的联合行动；通过同级压力鼓励信息披露和信用评级等制度性的标准建设；跟踪性监控确保借款者的借款信用。再次，本章节讨论清迈倡议多边机制如何协调与国际货币基金组织的关系。这其中的核心问

题是，清迈倡议多边机制下的部分救助基金的启动与国际货币基金组织条件
性挂钩，可以避免受援国道德风险，但也制约了区域性融资安排的独立性和
及时性。最后，本章节讨论亚洲区域金融合作的路径选择。主张强化东盟与
中日韩宏观经济研究办公室（AMRO）的经济监控职能，在条件成熟的情况
下建立亚洲货币基金；引入私人金融机构参与以扩充危机的救助能力；鼓励
本位货币（以下简称"本币"）用于区内贸易、投资和危机救助；继续探讨
区域汇率合作的可能性。

　　本章的第三节以最优货币区为理论框架讨论亚洲区域形成货币联盟的潜
力。首先本章节对最优货币区的文献进行综述，重点梳理对亚洲货币区的经
验分析文献。在这一基础上，采用一般购买力平价（G－PPP）模型对东盟
10 国和中国、日本、韩国的货币合作程度进行经验研究。从理论看，一般
购买力平价被赋予最优货币区的含义，主要是因为在只考虑两个国家的情形
下，如果这两个国家具有宏观经济变量对称性冲击的特征，其基本经济变量
具有互动的特征，其真实汇率之间则存在着协整关系。本章节对东盟国家、
中国、日本和韩国的历史数据进行考察，结果表明，一些次区域的组合存在
形成最优货币区的潜力。这一发现是对亚洲货币一体化研究文献的补充，也
反映出理论潜力与现实中非经济因素作用所决定的一体化程度之间存在着
偏差。

# 第一章

# 国际货币体系理论与实践反思

第二次世界大战后 70 年国际金融体系演变历史，见证了国际货币体系重要的理论变迁，也揭示了重大趋势性变革的必然。这其中，以中国为代表的发展中国家和新兴经济体的崛起，成为国际金融体系重建的重要推动力量。2008 年爆发的全球金融危机更为国际金融体系重建提供了契机。本章评估布雷顿森林体系的重要理论和政策变化，重点总结汇率安排、储备货币以及国际金融机构这三个国际货币体系核心支柱的演变，分析在新的经济格局变化下既有的国际货币体系存在的问题以及改革的必要性，并对储备货币和国际货币基金组织改革的要点，以及论述建设—全球金融安全网为保障的国际金融构架。

## 第一节　汇率安排和国际储备

国际货币体系的发展基本上是一个历史进程。在某一时点上，可供热血沸腾的改革者们选择的并不是独立于过去的国际货币安排。近期的国际货币安排也反映了先前事件的影响。

——巴里·艾肯格林（2009）[1]

---

① ［美］巴里·艾肯格林著，彭兴韵译：《资本全球化：国际货币体系史》，上海人民出版社2009 年版，第 4 页。

国际货币体系是指支配国家间金融关系的约定、规则、程序和机构的集合。其功能是为国际贸易和投资活动提供稳定的价值尺度（汇兑制度）、充足的流动性（国际储备货币）以及国际收支的调节机制。因此，国际货币体系由汇率制度、国际储备货币和国际收支调节机制三个关键要素构成（余永定等，2010）。国际货币体系理论讨论也主要围绕汇率、储备货币和国际收支而展开。[①]

## 一、汇率制度问题

汇率制度是国际货币体系的核心要素之一。从国际货币史上看，汇率制度设计贯穿于各个时期的国际货币体系当中。比如，第一次世界大战前实行了40多年的金本位，采取的是以黄金和英镑为储备的固定汇率制度；第二次世界大战后在布雷顿森林体系下，根据1944年签署的布雷顿森林协议，成员方约定保持1盎司黄金兑换35美元的固定平价，其他国家货币与美元挂钩，上下波动幅度不超过1%，实行的是可调节的钉住汇率制度[②]。20世纪70年代以来，虽然在全球没有统一的国际汇兑安排，但在各国自主的选择之下形成了多种汇率制度并存，即浮动汇率的格局。国际货币基金组织针对成员方汇率安排情况，按照灵活性大小进行分类，每年公布成员方官方汇率制度安排，并对成员方的汇兑管理状况进行统计，出版年度报告。从固定汇率体系转向浮动汇率体系，围绕汇率制度出现了如下重要的理论和实践的变化。

### （一）国际安排与国家选择

在全球层面，汇兑制度设计的主要目的是为国际贸易和投资提供稳定的价值尺度。早在第一次世界大战爆发初期，各国相继放弃金本位制，通过大量发行纸币弥补巨额的军费支出和财政赤字。其结果是各国汇率普遍偏离于

---

① 高海红：《布雷顿森林遗产与国际金融体系重建》，载《世界经济与政治》2015年第1期。

② Kenen Peter（2008），"Bretton Woods System"，In The New Palgrave Dictionary of Economics，Second Edition，edited by Steven N. Durlauf and Lawrence E. Blume. Palgrave Macmillan.

当时的金平价。在当时的情况下，为恢复正常的国际贸易关系，主要国家针对是否恢复战前实行多年的金本位制进行了广泛的争论。20 世纪 30 年代西方国家的经济危机以及随后爆发的第二次世界大战，再一次中断了各国正常的贸易和投资往来。在构筑战后国际货币体系框架时，布雷顿森林会议的参加国共同选择了黄金—美元体系，因为设计者们相信，固定汇率有利于促进国际贸易和经济增长，可以减少各国的汇兑限制，并且防止各国货币竞争性贬值。从实际效果看，"二战"后固定汇率安排部分地实现了其目标。比如，对三个时期的人均国内生产总值（GDP）年增长率的比较发现，1951～1970 年，成员方人均 GDP 增长率为 3%，高于随后的 1971～1990 年和 1991～2010 年两个时期。同一时期，西方各国的通货膨胀率也得到了有效的控制（Wyplosz，2014）。

然而，在多种因素作用下，全球性的固定汇率的运转变得越来越不稳定。在各国政策决策者应付汇兑危机之时，经济学家们开始重新审视各种汇率制度的选择。关注的焦点也从全球性制度设计转向单个国家的汇率制度选择。所考虑的要素，包括汇率制度与国际收支和贸易流量的相互作用；汇率与国内充分就业、价格稳定及经济增长的关系；不同汇率制度下货币政策和财政政策的有效性的差异等。这些讨论为汇率制度由全球设计向国别选择的转换提供了大量的理论和政策准备。

（二）浮动制度与固定制度

布雷顿森林体系的崩溃使各国的汇率实践发生了巨大的变化。1997～1998 年爆发于亚洲、俄罗斯以及巴西的货币危机，更是引发了针对发展中国家汇率制度选择的争论。在汇率理论上出现"角解"（corner solution）假说，认为对于那些不断开放本国金融市场的国家来说，要么实行完全固定、要么实行完全浮动，任何中间制度都不是好的选择。该观点的代表人物包括美国经济学家劳伦斯·萨默斯。他在提交给参议院对外关系委员会的证词中指出，汇率选择问题没有统一的答案，但是考虑最近一些国家的经验，国际社会所提供的一条建议越来越清楚，那就是在一个资本自由流动的世界中，那些采用可调整的钉住汇率制度的国家的选择范围将越来越有限（Summers，1999）。实际上，"角解"的重要依据是开放宏观经济学中的"三角难题"（triangle difficulties），即在资本流动的自由化程度越来越高的前提下，如果中央银行想要保持货币政策的独立性，它必须放弃汇率的稳定性。这一难题，对那些处于不断开放资本项目的新兴市场国家来说更为棘手。这是因为，当这些国家开始放松资本管制，资本更自由的流动导致了大规模的资本流入，对国内经济造成通货膨胀性冲击。如果这些国家同时放弃钉住汇率，在缺乏其他货币锚（比如采取通货膨胀目标制）的情况下，就等于失去管理通货膨胀的工具。尽管如此，另一些经济学家则认为三角难题并不是绝对无解的困境。对货币当局而言存在诸多中间地带的组合，由此形成的汇率灵活程度不等的"中间解"（intermediate solution），对很多国家来说要比"角解"好得多（Frankel，1999）。

尽管存在上述理论争论，在实践中被各国政策决策者广为接受的信条是：没有任何一种汇率制度在任何时间适合所有国家（Frankel，1999）。20世纪70年代至21世纪初期的浮动汇率时期，世界各国汇率选择呈现出多样性的同时，总体上表现为如下特征。其一，美元、欧元（马克）和日元之间自由浮动构成全球汇率体系的中心。三种货币自由浮动的结果，除了对全球外汇市场具有导向性作用，以及这三个主要经济体的国内政策调整具有全球溢出效应之外，主要汇率剧烈波动与主要国家间的贸易摩擦交互影响，以至在1985年和1987年，西方国家不得不针对稳定币值达成汇率合作协议。比如，在20世纪80年代出现的美日贸易摩擦中，美国认为其主要原因是日元兑美元币值低估的结果。在美国的压力下，西方5国于1985年9月签署《广场协议》，通过联合干预迫使日元升值。1987年2月，西方6国又签署《卢浮宫协议》，以稳定过度贬值的美元。其二，在三种主要货币的外围，一些较小的工业国普遍采取浮动汇率制。如澳大利亚、加拿大、新西兰、瑞典，以及 1992~1993 年欧洲货币危机之后的英国、芬兰、挪威和瑞士等国。其三，1999 年 1 月 1 日欧元正式启动，这是固定汇率支持者的一次胜利，更是最优货币区倡导者的历史性实践（高海红，2007）。这一由初始 11 个欧洲国家组成，至今已扩大至 19 个成员方的合作层次最高的区域性货币安排，可以认为是布雷顿森林体系在欧洲的复活。尽管 2011 年欧元危机引发了对货币联盟理论的各种质疑，欧元区经济最终走出危机的泥潭。其四，处于外围的发展中国家和新兴经济体，其汇率制度选择存在很大的差异。这些国家在选择汇率制度时，必须考虑中心国家汇率的波动，并根据本国贸易条件可能受到的冲击，以及国内不发达的金融市场等因素；或者为本国货币寻找名义锚而钉住单一或组合货币；或者实行有较强干预的管理浮动制度；有少部分国家也实行单独浮动。

（三）浮动恐惧

1997~1998 年，亚洲金融危机爆发之后，一些经济学家提出"浮动汇率恐惧症"（fear of float）观点，用以解释为什么许多发展中国家官方公布的汇率制度是浮动汇率制度，而在实际上却采用的是钉住汇率制度，即存在着事实（de facto）汇率制度与法定（de jure）汇率制度之间的差别。一些理论研究发现，有三类国家容易产生浮动恐惧。第一类是政府公信力较差的国家。这些国家通常面临本国货币贬值的压力。当这些国家在利率稳定和汇率稳定之间进行选择时，通常他们会选择后者，因为汇率稳定能为经济提供明确的稳定锚，而利率稳定却做不到这一点（Calvo and Reinhart，2002）。第二类是面对较高汇率风险的国家。这些国家通常有大量的、以外币计值的外部债务。尽管他们可能已经对外公布采用的是浮动汇率制度，但事实上倾向于将本国货币钉住主要债务标值的货币。第三类是存在货币替代（采用外币作为本国交易货币）的国家。这些国家经常发生未预料到的本币向外币的转换，货币性冲击经常因此被放大。为了防止汇率和货币市场的过度波动，这些国家也倾向于选择固定汇率（Poirson，2001）。显著的例证，是在亚洲国家经历了1997～1998年金融危机爆发之后，一些国家宣布脱离钉住美元，但实际操作中美元在货币篮子中权重仍然高达80%以上（见表1-1）。

表1-1　　　　美元在部分亚洲国家货币篮子中的权重测量结果　　　单位：%

| 货币 | 1999年 | 2007年 | 货币 | 1999年 | 2007年 |
| --- | --- | --- | --- | --- | --- |
| 柬埔寨瑞尔 | 0.95 | 0.93 | 菲律宾比索 | 0.87 | 0.82 |
| 人民币 | 1.00 | 0.94 | 新加坡元 | 0.81 | 0.77 |
| 印度尼西亚卢比 | 0.69 | 0.75 | 泰国铢 | 0.76 | 0.97 |
| 韩国圆 | 0.92 | 0.81 | 越南盾 | 0.99 | 0.99 |
| 老挝基普 | 0.97 | 0.96 | 马来西亚林吉特 | 1.00 | 0.72 |

资料来源：Eiji Ogawa and Taiyo Yoshimib（2008），"Widening Deviation among East Asian Currencies"，RIETI Discussion Paper Series，10.

从实际选择看，在过去几十年间，美元在发展中国家的汇率制度选择中处于核心地位。由于大多数发展中国家国内金融市场不发达，国内金融部门脆弱，他们不能以本币向外国借款，甚至无法获得外币长期贷款。这些国家的国内银行往往借入短期美元，产生美元短期负债，同时向国内借款人发放以本币计价的长期贷款，这便形成了币种和期限的"双重错配"（double mismatch）。这种双重错配风险在许多外债高企的发展中国家尤为常见。当美元短期负债超过本币长期贷款时，遭受货币错配的债务人将面临破产的风险。为了避免银行破产，政府必须提供保护，而最直接的担保就是将本国货币与美元钉住。这种现象又称为汇率制度选择中的"原罪论"（original sin）（Eichengreen and Hausmann，1999）。对于亚洲这些高储备、顺差国家，也同样逃脱不了美元本位控制的命运。在出口导向战略的作用下，包括中国在内的亚洲国家在运行经常项目顺差的同时累积了巨额的外汇储备，成为债权国。与此同时，这些国家的货币不能用于国际交易，其对外债权主要是美元资产。为了避免本币升值，维持出口竞争力，这些国家不得已将本国货币钉住美元（McKinnon and Schnabl, 2004）。

## 二、国际储备货币和流动性问题

储备货币是国际货币体系的另一个核心要素。在金本位下，黄金和英镑行使国际储备货币职能。在布雷顿森林体系下，国际储备货币为黄金、美元、其他少量可兑换货币、特别提款权，以及成员方在国际货币基金组织的头寸。20 世纪 70 年代开始的浮动汇率时期，国际储备货币则是各国货币当局发行的法币，这其中主要是美元。无论采取何种形式，国际储备货币的主要职能是为国际贸易和投资提供国际支付手段。然而长期以来，国际储备货币的供求矛盾，以及其与国际货币体系稳定性的关系，始终困扰着学界和各国货币当局。

### （一）特里芬难题

特里芬难题表述的是在法币承担国际储备货币条件下国际货币体系运行中存在的内在矛盾。在布雷顿森林体系下，除了供给有限的黄金、数额较小的特别提款权和英镑等少数可兑换货币，美元是最主要的国际储备货币。相应地，美国是主要的国际储备货币提供者。美国提供储备货币的途径，一是凭借其他国家货币当局对美元的信心。在黄金—美元固定平价安排下，美国有义务以 1 盎司黄金兑换 35 美元的固定价格，将外国官方手中的美元储备以黄金进行赎回。这意味着外国官方持有美元储备，是建立在美国承诺以等值黄金进行兑换的信心基础之上的。在黄金供给与美元储备需求相当的情况下，维持这一平价的同时确保足够的美元流动性是没有问题的。但在 20 世纪五六十年代，黄金产量的增长明显低于世界经济增长，各国美元储备需求与黄金储备缺口大增，美国维持既定的固定平价能力受到了极大的挑战。其次是美国的经常项目逆差。由于美元是法定的官方储备，世界各国获得美元的途径，除了美国在"二战"后通过马歇尔计划对欧洲提供的美元援助，主要是靠与美国的贸易往来，准确是对美国的经常项目顺差。这便要求美国必须通过运行贸易逆差，以外国持有美元余额的增长来满足各国对储备的需求。美国耶鲁大学教授罗伯特·特里芬发现，依靠美国的美元负债（外国手中的美元余额）满足世界超额的储备需求，在黄金供给有限的情况下，美元黄金平价的约束力大打折扣。美元币值稳定性因此受到冲击，其结果对国际货币体系的正常运转产生破坏作用（特里芬，1961）。1960年美国的国外负债首次超过其黄金储备，此后美元负债与黄金储备比率不断上升，这迫使美国在1971年关闭黄金兑换窗口，布雷顿森林体系解体。遗憾的是，20世纪70年代以来浮动汇率时代，特里芬难题仍没有解决。

（二）储备货币发行国的政府债务问题

布雷顿森林体系下的黄金—美元本位通常被视为对美国政府施加了财金纪律。换言之，由于美国承诺维护固定平价，在黄金供给有限的条件下，美国不可以通过无限制印钞提供美元供给，美国财政部不可以无节制地发行债券满足其他国家对美元储备的超额需求。这一财金纪律在布雷顿森林体系时期相当有效。美国国会在1917年就通过立法确立了美国国债限额发行制度，目的是限制当届政府的无节制透支。从1941~1962年，美国联邦债务法定限额基本维持在3000亿美元之下①。

在浮动汇率下，法币充当国际储备货币，储备货币也主要是以政府债券的形式提供。不仅如此，能够发挥储备货币职能的政府债券必须具有较高的评价级别，必须具有财政清偿力担保。这意味着，传统的以经常项目逆差提供储备来源的渠道，在浮动汇率时代更主要是通过资本项下的资金流动来提供。从需求方看，发展中国家和新兴经济体的快速经济增长，使其成为国际储备资产需求的新生主体。换言之，发展中国家和新兴市场对储备资产需求

---

① 资料来源：Wind数据库。

的增加，需要发达国家政府不断发行债券来加以满足。在缺乏类似金本位所能施加的财金纪律的今天，政府发债变得相对容易，即使各国都存在的预算约束，在特定时期也变得不具有约束力。自20世纪70年代中期以来，美国联邦债务法定限额不断上调。特别是从2008年金融危机开始，这一限额上调速度加快。2009年，其上限额度为12.1亿美元，到了2013年则突破了16.39亿美元的高限①。除了美国，其他主要工业国家的债务水平也普遍增加。到2018年，7个发达国家政府总债务占GDP比重接近116.1%，而1991年前这一比重为60%（见图1-1）。当然，发达国家大规模发债有多重原因，但从储备资产角度看，其结果却是在满足全球储备资产增加的需求的同时，也破坏了储备资产所具备的特质，即损害了有信誉担保的较高清偿力。这是特里芬难题在浮动汇率下的一个新的表现形式。

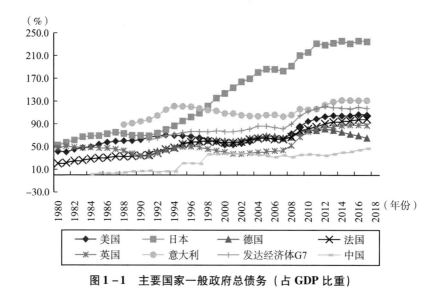

**图1-1　主要国家一般政府总债务（占GDP比重）**

资料来源：Wind 数据库。

①　资料来源：Wind 数据库。

## 三、小结

汇率安排和国际储备是国际货币体系的重要支柱。从"二战"后建立的布雷顿森林体系到 20 世纪 70 年代开始的浮动汇率时期，围绕汇率变动和汇率制度选择问题一直存在理论争论。而在现实中却又越来越多的国家选择介于纯粹浮动和纯粹固定两者之间的中间形态。而适当的汇率制度安排要看一国的经济开放度、国际收支状况、就业、价格及经济增长等状况，也要看一国的经济结构等因素。从经验看，发展中国家在相当长时期内在汇率制度选择中有浮动恐惧现象，具体表现为许多发展中国家官方公布的汇率制度是浮动汇率制度，而在实际上却采用的是钉住汇率制度，即存在着事实汇率制度与法定汇率制度之间的差别的特征。这与新兴经济体的出口战略经济发展模式以及储蓄累积有很大的关系。这也在一定程度上解释了为什么在布雷顿森林体系崩溃之后仍有众多的国家选择与美元钉住的汇率安排。

国际储备货币和流动性是国际货币体系的另一个核心要素。长期以来国际储备的供给与需求之间存在着矛盾。在布雷顿森林体系时期，特里芬难题所描述的美国储备货币地位与美国的贸易逆差之间存在的矛盾所产生的信心问题，在浮动汇率时期并没有消失。特里芬难题更是以储备货币发行的政府债务累积与储备货币的需求之间的矛盾而存在。换言之，在法币充当国际储备货币下，储备货币的供给依赖具有较高的评价级别和财政清偿力担保的政府债券发行，后者在满足不断增长的需求的同时却为债务发行国对债务清偿力形成压力，债务发行越多，债务清偿力所受到的损害越大，储备资产的优质特征也受到损害。法币国际储备体系这一内在矛盾是特里芬难题在新时期的表现。

## 第二节　多元体系与危机救助

*美元是我们的货币，但却是你们的问题。*

——约翰·康纳利（1971 年）①

　　1971 年布雷顿森林体系濒临崩溃，欧洲跟美国在美元固定平价问题上争执不休。欧洲已经没有办法维持跟美元的可调节比价，希望美国做些什么保证美元汇率的稳定。在一次双方谈判中，时任美国财政部部长的康纳利抛出了这一名言，此后广为流传，被认为是 20 世纪 70 年代以来货币体系的真实写照。在过去几十年间，新兴经济体的快速崛起改变了世界经济格局。然而在金融领域，国际金融秩序仍延续以发达国家为中心，以发展中国家和新兴市场国家为外围的格局。美元仍然是主要的国际储备货币，国际金融机构治理仍然由发达国家来控制。经济格局与金融权力之间形成明显的错配。与此同时，世界各国不得不应对持续的全球失衡，直至 2008 年爆发全球金融危机。美元还是美国的美元，但是当美国不再像布雷顿森林体系时期承担稳定汇率义务的时候，问题便成了全球的问题。

### 一、经济格局与货币体系的不对称性

　　新兴经济体的快速崛起打破了原有世界经济力量的格局。其表现，一是新兴经济体和发展中国家的经济总规模与发达市场差距缩小。1980 年，新兴经济体以购买力评价（purchasing power parity，PPP）计算的 GDP 占世界比重为 36.2%，发达市场占 63.8%②。20 世纪 90 年代开始，新兴经济体和

---

　　① 美国届时财政部长，在与欧洲使团针对美国兑现黄金的谈判中对欧洲请求的回应。资料来源：Barry Eichengreen（2011），"It's May be Our Currency，but It's Your Problem"，Text of the Butlin Lecture delivered to the joint meeting of the Economic History Society of Australia – NewZealand and the All – UC Group in Economic History，Berkeley 18 February，p1.

　　② 资料来源：国际货币基金组织数据库。

发展中国家 GDP 规模呈现上升趋势，而发达国家整体呈现下降趋势。2002 年，新兴经济体和发展中国家 GDP 份额首次超过 G7 发达国家。2008 年，新兴经济体和发展中国家 GDP 份额上升至 51.2%，首次超过发达国家的 48.8%[①]。二是新兴经济体和发展中国家以高于世界平均水平的速度增长。1980～2014 年，世界经济年均增长 3.5%。新兴经济体和发展中国家平均增速为 4.6%，这其中亚洲新兴经济体增长速度高达 7.4%；发达国家增速为 2.5%，其中核心的 G7 国家增速为 2.3%[②]。三是新兴市场在全球贸易的地位上升。随着世界经济一体化的不断发展，新兴市场贸易规模不断扩大。更重要的是，从贸易流向看，新兴市场成为重要的顺差国家。与之相对应，新兴经济体的外汇储备规模日益扩大。外汇储备的累积增强了这些市场对外部冲击的抵抗能力，同时也让新兴市场成为全球重要的债权人，形成"穷国"为"富国"融资格局。中国在全球国际收支版图中处于突出的地位，这表现为中国具有较高的国民储蓄率，2018 年为 46.4%，远远高于主要发达国家，比如美国的 18.7%（见图 1-2）。然而，正是如此高的储蓄率使得中国长期运行经常项目顺差，由此累积的外汇储备以持有美国国债的方式流向美国市场，成为美国政府对外负债的重要的持有人（见图 1-3）。

在国际金融领域，美元仍是多数发展中国家和新兴市场国家汇率制度的钉住货币，也是顺差国的主要储备资产。即便是 20 世纪 80 年代马克、日元的崛起，以及后来欧元的建立，美元的核心地位也没有受到根本性的挑战。在各中央银行手中持有的仍主要是美元资产；在国际金融市场上交易的也主要是以美元计值的产品。可见，在全球官方和私人交易中，与欧元和日元相比，美元占据核心地位。国际货币基金组织 189 个成员方中，60% 的外汇储备以美元持有；23% 的成员方明确将本币钉住美元[③]。在全球外汇市场上，

---

①②③　资料来源：国际货币基金组织数据库。

接近一半的外汇交易额与美元有关；59%的银行贷款以美元提供[①]。

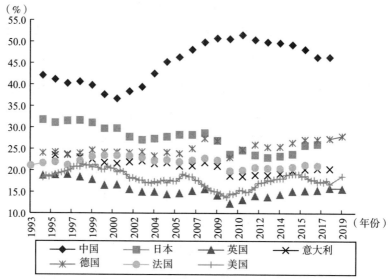

图 1-2　总储蓄率（占 GDP 比重）

资料来源：CEIC 数据库。

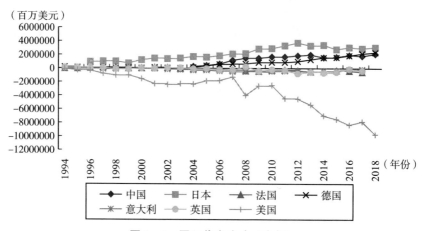

图 1-3　国际收支头寸（净额）

资料来源：CEIC 数据库。

————————

　　① Bank of International Settlement（2019），"Triennial Central Bank Survey of Foreign Exchange and Over-the-counter（OTC）"，Derivatives Markets，December.

## 二、国际货币体系改革滞后的后果

国际货币体系改革的滞后性表现为三个方面。首先，布雷顿森林体系时期存在的储备货币和流动性问题并没有得到有效解决。更进一步，在美元本位下，全球流动性的多少与美国国内政策息息相关，这使得美国国内政策的外溢性增强。其次，国际收支调节问题没有得到解决。美国凭借美元国际货币地位，通过资本流入为其经常项目逆差融资；而高储蓄顺差国家为了预防收支危机而不断累积外汇储备，后者又以美元资产形式流向美国。最后，涉及信心问题的特里芬难题仍然没有得到解决（余永定，2010）。

（一）不平等

美元本位的表现之一是作为主权货币发行者，美联储成为全球流动性的最主要创造者。例如，2002~2007年，境外美元对非金融机构的信贷年均增长为30%，远高于对国内的美元信贷。美国之所以能向全球大规模提供美元流动性，一是美联储同期的低利率政策，大幅度降低了美元借贷成本；二是美国经常项目逆差严重，需要通过资本项目为其融资；三是发展中国家和新兴经济体快速的经济增长和出口导向政策，造成外汇储备大幅度累积，而这些国家缺乏将国内储蓄转化为国内投资的国内金融市场，在别无选择的情况下不得不将大部分的外汇储备购买美国国债等收益率极低的"完全资产"（safe asset）。

在缺乏国际机构行使监控中央银行流动性创造的职能的情况下，美联储拥有美元流动性创造的绝对权利。其结果，一是，美元流动性与美国经常项目逆差挂钩，只要顺差国愿意接受并持有美元，创造的美国流动性总可以以美元债务的形式流回美国。这构成了全球失衡的重要来源。二是，由于美元是世界货币，同时美国又不承担稳定美元汇率的义务，这使得美国在吸纳资本流入的同时不必担心引起国内的通货膨胀，这是因为美国政策的外部性主要由其伙伴国承担。比如，那些自愿钉住美元的国家货币当局面临两种选择：要么钉住美元保持竞争力，同时紧跟美联储，接受美国货币政策的传递效应；要么对外汇市场持续干预，从而被动累积更多的美元储备。三是，美国巨额的贸易逆差和不断累积的债务负担，再加上美国政府对汇率的"善意忽视态度"，美元币值从2002年2月开始步贬值通道，直至2018年。图1-4描述了中国美元美债持有与美元汇率之间的动态关系。在美元贬值时期，那些以美元资产为主要投资对象的外汇储备国承受巨额的资本损失。美国经济学家克鲁格曼在《纽约时报》撰文称之为"美元陷阱"（Krugman，2009）。

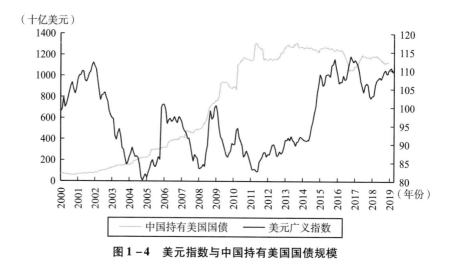

**图1-4 美元指数与中国持有美国国债规模**

注：左轴显示中国持有美国国债；右轴显示美元广义指数。

资料来源：Wind 数据库。

### （二）信心问题

由于美元是全球最主要的储备、结算和计价货币，美联储便成为全球事实上的最后贷款人。在金融繁荣时期，过度的美元流动性鼓励杠杆性融资和金融泡沫累积，与此同时也为金融危机埋下了隐患；在金融动荡甚至爆发危机之时，美元流动性的瞬间紧缩又需要美联储及时提供美元流动性支持，防止市场解冻和系统性破产。事实上在 2008 年全球金融危机以来，美联储与其他中央银行通过货币互换性形式提供流动性支持，成为防止金融危机蔓延的重要手段。然而，由于流动性短缺通常难以量化，特别在危机时期市场枯竭有自我强化的心理特征，在美联储资源明显有限的条件下，投资者逃向安全资产的举动会导致更剧烈的市场动荡。

特里芬难题在浮动汇率时期依然存在。从理论上讲，依靠单一的主权货币行使国际储备货币职能的国际货币体系，其本身就存在着内在缺陷。如前所述，作为美元储备货币的发行国，美国需要不断通过经常项目逆差向世界提供流动性。而伴随着美国逆差的累积，美元币值又受到损害，后者将危及美元作为储备货币的地位。除了经常项目逆差渠道，近些年来资本项目成为美国输出美元流动性的重要渠道。在对储备资产需求增加的情况下，对具有财政清偿力担保的安全资产的需求也随之增长。这就形成了一个悖论：储备资产需求增加，需要具有这种清偿能力的政府债券的发行增加；债券发行得越多，清偿力就会受到越大影响（Obsfeld，2011）。考虑发达国家债务规模和未来趋势，信心问题正面临的是一个无解状态。

（三）资产安全性

2008 年金融危机爆发以来，全球安全资产在供求结构、数量等方面发生了变化。一方面，新兴市场出于预防性需求的储备资产需求不断上升；在危机期间，那些本来是储备资产的提供者（央行和金融机构）也转变为需求者，对安全资产需求急剧上升。另一方面，在供给方，主权债级别的降低导致合格的安全资产提供者减少，金融机构的去杠杆化也造成安全资产供给萎缩。

在过去多年间，作为全球主要安全资产的美国、德国和英国 10 年期国债收益率呈现总体下降趋势，这在一定程度上反映出对安全资产较多的需求追逐有限供给。尤其是在危机爆发和动荡期间，投资者风险偏好降低，对安全资产需求激增，美元资产通常是最主要的避险资产，所谓"没有好资产，只有较好的坏资产"的说法正是反映了投资者对储备资产质量的担忧。而在其背后反映的是国际金融体系中安全资产的短缺。

## 三、储备货币体系多元化改革动议

> 特里芬，你可能是对的，但是，你的建议提得太早了，就像建立欧洲支付联盟的建议一样。目前，我内心并不认为你对人们具有说服力，除非等到人们从真正的危机中醒悟过来，采取行动，到那时，你的建议也许才具有实际意义。

——罗伯特·特里芬 (1961 年)①

特里芬当年所担忧的核心问题是世界经济不断增长与国际清偿力不足之间的矛盾。他在 1959 年美国国会经济联合委员会第 87 届会议上的发言中提出的解决方案是将外汇储备构成国际化（特里芬，1961）。半个多世纪之后，上述矛盾仍然存在，而且历经数次危机，对国际货币体系改革的讨论似乎又回到了原点。改革以美元为主导的储备货币体系，重组和增设多层级的国际金融机构，以及建立多层次的全球金融安全网，是国际金融体系重建的核心内容。改革以美元为主导的储备货币体系，需要建立一个多元化的储备体系。这其中，建立超主权货币，改革特别提款权，以及提升包括人民币在内的非美元货币的作用，是实现储备货币多元化的重要路径选择。

### （一）超主权货币主张

以超主权货币取代主权国家发行的货币的这一主张由来已久。早在"二战"后构建布雷顿森林体系方案之时，凯恩斯就提出建立了世界货币班考（Bancor）方案。根据设计，班考作为超主权货币，是成员方之间进行国际贸易和投资的计价单位。凯恩斯同时建议成立国际清算联盟（Inter-

---

① ［美］罗伯特·特里芬著，陈尚霖、雷达译：《黄金与美元危机——自由兑换的未来》，商务印书馆 1997 年版，第 14 页。

national Clearing Union)，作为超主权货币的执行机构。随后，特里芬在凯恩斯建议的基础上提出在黄金之外建立新的支付手段，这一手段独立于国家通货。根据他的设想，"所有国家不愿以黄金形式持有的储备可以以国际化的、可兑换黄金的储蓄方式存入国际货币基金组织"（特里芬，1961）。这样，成员方对国际货币基金组织的缴纳变为存款制度，作为对成员方放贷的基础，其优势是与黄金同样具有自由的可兑换性的同时，又不会因债权国提供过多的放贷而影响其清偿力。然而，与凯恩斯方案相似，这一方案的实施需要一个超越国家主权的国际机构，其所遇到的最大障碍"其实是政治的而非经济的"（特里芬，1961）。

2008 年全球危机之后，超主权货币概念再度被提起。中国人民银行原行长周小川在 2009 年撰文，提出建立超主权储备货币主张的建议。根据这一主张，世界需要建立一个与主权国家脱钩、并能保持币值长期稳定的国际储备货币。"理论上讲，首先，国际储备货币的币值应有一个稳定的基准和明确的发行规则以保证供给的有序；其次，其供给总量还可及时、灵活地根据需求的变化进行增减调节；最后，这种调节必须是超脱于任何一国的经济状况和利益"（周小川，2009）。

在实践中，首先，超主权货币要能够行使货币的三大功能：交换媒介、计价单位和价值储藏。其次，它要有执行机构作为支撑，这个机构又必须具有超越国家主权性质，要有高于主权国家的信用。欧元的建立可以说是在欧洲区域建立了局部的超主权货币，但是在机构建设方面，除了欧洲中央银行执行统一的货币政策，欧元区至今也没有建成真正意义的超主权机构。在全球层面，超主权货币作为储备货币体系改革的一个动议，它更主要的是理想目标。这一动议所传递的重要信息，是中国作为最大的新兴经济体，对以美国国家信用为担保的现行美元本位具有不可持续性的不满。

（二）特别提款权改革

特别提款权创立于 1969 年，其初衷是为了补充美元流动性的不足。在过去的 50 多年中，特别提款权的使用范围非常有限。其主要用于国际货币基金组织成员方央行之间的账户往来，以及历史上发行过的少量的以特别提款权计价的债券。

扩大特别提款权的功能，首先要解决的是其篮子货币的代表性问题。在特别提款权创立初期，其定值标准只考虑货币发行国在世界的贸易份额。根据这一标准，特别提款权从 1969～1980 年一直包括有 16 种货币。1981 年国际货币基金组织修订了定值标准，除了考虑贸易份额的重要性，还加入了资本市场指标。这样，篮子货币数量减少到 5 种货币。2000 年，欧元替代马克和法郎，篮子货币则由美元、欧元、英镑和日元这 4 种货币构成。2011 年，国际货币基金组织再度修订定值标准。直到目前，这一标准主要考虑两个因素：货币发行国货物和服务贸易额；成员方持有该种货币作为储备货币，该货币具有 "自由可用性"。2015 年，国际货币基金组织将再次对特别提款权货币构成进行评估。动态体现成员方在全球贸易和金融中的地位，扩大定值篮子货币种类，并决定将人民币纳入特别提款权篮子。

改革特别提款权，其次要考虑的是扩大其规模。按照国际货币基金组织协议，成员方每 5 年对特别提款权分配规模和结构进行评估，以适应成员方对储备资产的长期需求。然而从 1969 年设立至 2021 年，国际货币基金组织针对特别提款权只进行了四次分配。它们分别是：1970～1972 年分配的 93 亿特别提款权；1979～1981 年分配的 121 亿特别提款权；2009 年分配的 1612 亿特别提款权；2021 年分配的 4565 亿特别提款权。考虑到 1981 年以后加入国际货币基金组织成员方中有近 1/5 从未获得过配额，国际货币基金组织于 2009 年 8 月以特别分配的名义对这些国家提供了 215 亿特别提款权的一次性分配。截至 2021 年，特别提款权累积分配额为 6607 亿特别提款权（相当于 1430 亿美元）。相对世界经济增长对流动性的需求，增加特别提款权配额也仅仅对美元流动性需求起到部分补充的作用。

值得指出的是，斯蒂格利茨（Joseph Stiglitz）领导的联合国国际货币与金融体系改革小组在改革特别提款权方面提供了比较系统的方案。根据斯蒂格利茨报告，国际货币基金组织在短期需要按照每年增发 2000 亿美元的特别提款权的速度扩大规模，这便将储备货币供应与美国经常项目逆差分离的同时，满足成员方对储备资产需求的增加；国际货币基金组织在长期创立全球货币（Global Greenbacks）作为新的储备货币，并成立全球储备基金（GRF）。该基金负责管理新的全球货币，成员方每年向其提交一定数额的本国货币，基金向各成员方发放等值全球货币（余永定，2010）。针对特别提款权改革，另一个值得关注的主张是在国际货币基金组织框架下建立特别提款权的替代账户（Kenen，2010）。在这一账户下，有美元储备的国家可以存储部分储备，并换取相应的特别提款权。这种设计有助于各国分散储备资产。然而，其特流动性和替代账户设计在实施中存在技术问题，缺乏二级市场将阻碍对交易规模的扩大，进而对其储备货币功能形成制约。

无论如何，特别提款权改革应是国际储备货币改革的突破口。其改革核心，是提高其代表性、扩大其职能范畴、增加市场流动性，使之真正作为美元的重要补充，成为储备货币多元化中的一员。更重要的是，由于这项改革是在现有的国际机构框架下进行，这需要国际货币基金组织成员方之间的积极合作。

（三）非美元主权货币选择

鉴于在全球范围内建立超主权货币缺乏现实操作基础，黄金作为储备货币扩展的可能性又非常有限，提高非美元货币在国际储备体系中的重要性便成为储备货币体系多元化的现实选择。这其中，欧元的建立有其历史性意义。作为储备货币，2021 年第一季度欧元在国际货币基金组织成员方储备比重仅为 21%[①]。但在国际债券市场上，欧元已成为全球最大的债券发行货

---

① 资料来源：国际货币基金组织的数据库。

币之一。新兴经济体在国际贸易和金融交易中的重要性大幅度提高，为其货币行使更多的国际职能奠定了基础。尽管在储备货币职能方面，新兴经济体货币的作用十分有限，但是在结算和计价方面，新兴经济体货币地位有所上升。在国际清算银行公布的报告中，全球外汇市场交易额排名前 20 的货币中，新兴经济体的货币在 2013 年占 8 席，2019 年已占 10 席。而在 1998 年，新兴经济体货币只占 5 席[①]。

在新兴经济体货币中，人民币行使国际货币职能的前景备受关注。从国际经验看，成为国际储备货币需要有一系列的前提条件。这包括货币发行国的经济规模、国内市场容量、资本项目开放程度、金融市场成熟度、中央银行可信度，以及该国的政治影响力和军事实力等。比较各种条件，人民币具有成为国际货币的极大潜质。首先，中国在全球经济中日益增加的重要性和影响力是人民币国际化的实力基础。其次，亚洲国家巨额的外汇储备主要以美元资产形式持有，共同面临美元资产缩水的风险，有共同的将储备多元化需要。由于中国与亚洲在贸易、投资和金融一体化方面不断增长，中国在亚洲地区的影响力在不断增强，这成为人民币在亚洲地区真实需求的市场基础。最后，在国内政策方面，从 2009 年放松人民币贸易结算限制之后，中国政府出台了一系列鼓励人民币"走出去"的政策。这些政策与资本项目开放、人民币汇率制度改革，以及国内金融改革相结合，为人民币走出国门建立了快速通道。

得益于政策推动、政府间积极合作以及这一时期的升值预期，人民币在诸多国际货币职能中迅速占领一席之地，人民币的跨境流动也迅猛发展。在国际支付体系中，人民币从 2010 年的第 35 位上升至 2021 年的第 5 位。截至 2021 年 8 月，中国人民银行与其他国家中央银行和货币当局签署的人民币双

---

① Bank of International Settlement（2019），"Triennial Central Bank Survey of Foreign Exchange and Over-the-counter（OTC）"，Derivatives Markets，December.

边互换协议已达 40 项①。人民币也实现了与欧元、英镑、日元和美元等主要发达国家货币见的直接交易；离岸人民币市场迅速发展，中国香港地区成为最重要的离岸人民币中心。此外，新加坡、伦敦、卢森堡、巴黎和法兰克福等地的人民币业务也在兴起。中国作为最大的新兴经济体和发展中国家，其货币的国际化速度和规模将在相当程度上决定国际货币体系多元化的进程。

## 四、国际金融机构改革与危机救助

国际货币基金组织与世界银行、国际清算银行一道，是"二战"后国际金融体系框架中的重要职能机构。在布雷顿森林体系时期，国际货币基金组织的主要职能是保证黄金—美元本位的有效运转。在浮动汇率时期，国际货币基金组织的主要职能是对成员方的经济与金融政策进行监督，实施危机预防和救助，以达到避免收支危机、维持国际金融稳定的目的。

### （一）国际货币基金组织改革

国际货币基金组织的主要职能是维护全球宏观经济和国际金融稳定、预防危机发生以及对危机进行救助。为了实现上述目标，国际货币基金组织需要对成员方实行日常有效地宏观经济监控和金融稳定性检测，对危机国家提供不同类型的救助贷款以及提出政策建议。充足的资金能力，成员方之间适当的份额分配比例，以及合理、有效和公正的投票机制，是上述功能得以顺利运转的重要保障。

基金规模是决定贷款能力的重要因素。其来源包括成员认缴的份额以及其产生的未分配净收入，还包括临时性新贷款安排和美元双边借款安排等渠道获得的资金。这其中，成员方认缴份额是最主要的资金来源，其规模大小和分配比例则需要最高决策机构——基金理事会进行评估表决。从国际货币

---

① 资料来源：人民币跨境贸易和投资数据参考万德数据库；人民币国际支付数据参考环球银行金融电信协会（SWIFT）的统计；人民币双边互换数据为作者根据中国人民银行网站公布的信息统计而得。

基金组织成立以来，针对份额规模，基金理事会一共进行了 14 次评估，其中有 9 次达成提高总份额的决议①。2008 年全球金融危机爆发，基金救助能力亟待提高。在 20 国集团峰会的推动下，国际货币基金组织理事会在 2010 年的第 14 次份额评估达成决议，决定将总份额增加一倍至 4768 亿特别提款权。围绕救助资金的规模，一直以来悬而未决的问题是在发生危机时提供多少资金救助才能有效。在国际金融市场一体化程度不断加深、国际资本流动规模之大和速度之高的今天，金融危机在不同国家、不同市场和不同部门之间的传染性增大。当金融危机演变为信心危机之时，这无疑增加了对救助规模量化的难度。其次，危机救助贷款是国际货币基金组织行使救助职能的主要方式。其目的是对出现收支危机的国家提供救助，补充其有限的国际储备，稳定其货币，恢复其国际收支支付能力，并辅助以政策调整，改善其经济增长的条件。基于协商国际货币基金组织与申请贷款的成员方确定贷款的时机、数额和条件。

提供贷款的方式和条件是保证救助效果的重要条件。在国际货币基金组织成立 70 年间，特别是在若干次金融危机过后，国际货币基金组织不断改善和增加其救助性贷款形式，使之更适用于新形势，更符合受援国的经济特征。这其中，1997～1998 年爆发的亚洲金融危机集中暴露出国际货币基金组织救助贷款方面存在的问题。比如泰国、马来西亚等危机国家对国际货币基金组织贷款所附加的苛刻条件表示不满，因为这些条件包含了诸多不适当的结构性调整指标，以及错误的政策药方。比如国际货币基金组织建议危机国家应立即实行紧缩货币和财政政策，以便稳定汇率。然而这种惩罚性的紧缩却在相当程度上加剧了经济衰退，恶化了经济条件。

1. 份额改革

在世界经济形势不断变化、新兴市场和发展中国家经济力量崛起的大背

---

① 资料来源：国际货币基金组织数据库。

景下，特别是 1997～1998 年亚洲金融危机以来，国际货币基金组织在诸多方面进行了改革。比如，国际货币基金组织放松了饱受争议的贷款条件性，增加了危机贷款的种类，更加重视低收入国家的贷款需求等。2008 年全球金融危机爆发更是将国际货币基金组织改革推上了快速车道。这其中，份额和治理改革成为各项调整的核心。从根本上讲，国际货币基金组织份额调整和治理改革的目的是顺应新的国际经济格局。在过去几十年间，新兴市场和发展中国家的 GDP 规模总体呈现上升趋势，这些国家在全球贸易中地位不断提高，是世界重要的顺差国家，也是主要的外汇储备持有国。然而，这些变化并没有及时反映到国际货币基金组织份额的调整当中。比如 2008 年，发达国家 GDP 占全球 48.8%，而其在国际货币基金组织总份额比重为 60.4%，投票权占 57.9%。新兴经济体和发展中国家 GDP 份额占全球的 51.2%，而其在国际货币基金组织总份额比重为 39.6%，投票权占 42.1%①。然而，这些变化并没有及时反映到国际货币基金组织份额的调整当中。这一不匹配不仅影响了国际货币基金组织总资源规模的扩大，也造成了份额结构的严重扭曲。由于向国际货币基金组织缴纳的份额直接决定了投票权的大小，新兴市场和发展中国家投票权总体被严重低估，其结果弱化了国际货币基金组织的危机救助能力，甚至对其存在的合法性产生不利影响（高海红，2016，2019）。

2010 年，国际货币基金组织开始将中国并同美国、欧元区、英国和日本作为系统性的重要国家和地区。其含义是指中国与其他 4 个发达经济体一样，其经济状况和政策调整具有全球溢出性影响。作为系统性重要国家，提高中国在国际货币基金组织治理结构中的重要性顺理成章。事实上，如何提高包括中国在内的新兴经济体在国际货币基金组织中的份额和投票权一直以

---

① 资料来源：国际货币基金组织《世界经济展望》数据库和国际货币基金组织有关成员方份额的数据库。

来是国际货币基金组织改革的重点。它既要顺势反映成员方的经济实力变化，也同时受制于既有的治理构架。

根据协议，国际货币基金组织的最高决策层（理事会）每 5 年对基金总额度、成员方缴纳份额比例以及相应的投票权比重进行评估，目的是使之适应成员方在全球经济中重要性的变化。在过去的 70 年间，国际货币基金组织对基金份额先后进行了 14 次评估，其中有 9 次评估针对份额进行了调整。2008 年的第 13 次评估并未增加总缴纳份额，但却在事后追加新兴市场国家的份额，其改革方案已经于 2011 年全部落实[①]。2010 年 12 月，国际货币基金组织进行了第 14 次份额评估，其结果是批准了一揽子改革计划，这包括将基金总缴纳额度提高一倍，调整成员方缴纳份额比例，执行董事席位选举方式也有所变化（见表 1-2）。按原计划，这一方案应该在 2014 年执行。然而，由于美国的拖延，这一方案推迟至 2016 年执行。

表 1-2　　　　　　　　　国际货币基金组织份额改革方案

| 项目 | | 2008 年<br>（2013 年执行） | 2010 年<br>（2016 年执行） |
|---|---|---|---|
| 总份额［亿特别提款权（SDR）］ | | 2384 | 4768 |
| 调整份额分配（投票权）（%） | 发达国家 | 60.5（57.9） | 57.7（55.3） |
| | 新兴市场和发展中国家 | 39.5（42.1） | 42.3（44.7） |
| 保护低收入国家不变份额（投票权）（%） | | 3.2（4.5） | 3.2（4.5） |
| 治理结构改革 | 保持 24 个执行董事席位。<br>发达欧洲国家减少 2 个执行董事席位。<br>选举产生全部执行董事席位，取消对 5 个席位的提名制。<br>提高执行董事会成员背景的多样化 | | |

资料来源：笔者根据国际货币基金组织数据整理。

———————————

① 资料来源：笔者根据国际货币基金组织数据整理而得。

可用资源是国际货币基金组织提供救助贷款的基础，也是其救助能力的体现。其组成有三个部分。一是成员方缴纳的份额，占国际货币基金组织全部可用资源的近50%。这是其可用资源的核心部分，是成员方投票权分配的基础，由特别提款权和几个重要的可兑换货币（美元、欧元、英镑和日元等）构成。截至2021年，这一核心资源总额为4770亿特别提款权（相当于6510亿美元）。二是国际货币基金组织成员方之间建立的多边和双边借款安排，是上述核心份额的补充。这类安排有两种，一种是国际货币基金组织与部分成员方之间建立的新借款安排（New Arrangements to Borrow，NAB）和一般借款安排（General Arrangements to Borrow，GAB），截至2021年总额度为3610亿特别提款权（相当于5210亿美元）。另一种是国际货币基金组织部分成员方之间签署的双边信贷或票据购买协议，额度为1350亿特别提款权（相当于1930亿美元）。三是国际货币基金组织持有的黄金。在必要的情况下黄金可以作为成员方之间的资金安排。目前国际货币基金组织持有黄金总额为9050万盎司。需要指出的是，由于黄金交易对市场有重大的影响，国际货币基金组织在其协议中针对黄金交易有严格的限制，要求有85%投票表决通过[1]。

尽管国际货币基金组织可用资源规模有所扩大，但其与世界经济发展动态变化仍存在严重脱节。比如，在国际货币基金组织的第11次份额评估的1998～2013年，成员方缴纳的份额总数与世界GDP总额、世界贸易增长额、官方储备增长以及资本流动规模的相关度大幅度降低（Nelson and Weiss，2015）。这表明，即便有新借款协议、一般借款协议和双边协议这样的临时性额度，国际货币基金组织的总体救助能力与成员方的潜在需求之间仍存在缺口。2010年12月的第14次评估决定将缴纳额度扩展一倍至4768亿特别提款权（6560亿美元）。至于临时性借款安排，美国当时没有参加与国际货

---

① IMF（2020），"Articles of Agreement of the International Monetary Fund"，March.

币基金组织的双边贷款协议，美国国会通过的 2016 年预算议案又将美国参与新借款协议问题作为附加条件，这不仅增加国际货币基金组织份额改革后续推进工作的难度，也使得国际货币基金组合总资源能力的扩充受到制约。

根据《国际货币组织协议条款》，国际货币基金组织成员方所缴纳的份额多少与该国经济规模、贸易规模、经济开放度以及储备水平相关。这意味着成员方的份额贡献需及时反映上述指标的动态变化。具体看，国际货币基金组织份额计算公式包括 GDP 规模、经济开放度、经济变量和国际储备这 4个组成部分。这其中 GDP 的比重为 50%（其中以购买力评价计算的 GDP 占40%；以汇率计算的 GDP 占 60%），开放度占 30%，经济变量占 15%，国际储备占 5%[1]。成员方缴纳的份额是决定投票权的重要依据。根据《国际货币组织协议条款》，国际货币基金组织成员方的投票权由基础票和额外票两个部分组成。前者由成员方缴纳的份额决定，后者是每 10 万特别提款权的缴纳份额获得 1 个额外的投票权。

在份额结构和投票权调整方面，2008 年第 13 次份额评估之后，作为事后调整，国际货币基金组织提高了包括中国在内的 54 个国家缴纳份额的比重。2010 年 12 月，国际货币基金组织第 14 次份额评估决定将超过 6% 的份额从高估国家向低估国家转移，发达国家的总体份额从 60.5% 降到 57.7%，投票权也相应从 57.9% 降至 55.3%；新兴市场和发展中国家份额从 39.5%提高到 42.3%，投票权也相应从 42.1% 提高到 44.7%。2010 年的改革还特别保持低收入国家 2.3% 的份额不变，这体现国际货币基金组织对低收入国家特殊保护[2]。

原本计划在 2014 年初实施的 2010 年的改革方案延至 2016 年。值得关注的是，美国国会在通过国际货币基金组织改革方案时附加了条件。如前所

---

[1]  IMF（2018），"Updated IMF Quota Formula Variables"，July.

[2]  IMF（2010），"IMF Executive Board Approves Major Overhaul of Quotas and Governance"，November 5.

述，除了份额资金，国际货币基金组织还通过新借款协议这类多边临时借款安排对危机国家进行救助。这些安排主要在欧债危机时期针对面临违约风险的希腊等国提供条件宽松、灵活的特殊贷款。美国也是参与这一安排的成员方之一。然而，由于存在潜在损失风险，这类借款一直存在争议。美国国会提出，如果美国决定在 2022 年后继续参与新借款协议，则必须获得国会的授权。同时，美国政府在国际货币基金组织的代表有义务将国际货币基金组织超常规贷款（包括临时性的借款协议等）向国会报告。美国国会的这一做法反映其对国际货币基金组织提供更多资金贡献保持了迟疑态度。尽管美国承诺对国际货币基金组织出资额增加一倍，若美国退出包括新借款协议在内的其他救助安排，其对国际货币基金组织的新贡献将大打折扣。

新份额改革计划并没有改变美国的一票否决权。根据新的份额分布，美国仍将拥有 17.4% 的份额，16.47% 的投票权（见表 1－3）。这样，针对国际货币基金组织需要有 85% 投票通过的重大事项，美国仍保持了一票否决权。另外，对于新兴市场和发展中国家来说这项改革涉及 54 个国家的份额增加，这极大改善这一群体整体低估的状况。中国、印度、俄罗斯和巴西这 4 个新兴经济体位居前 10 位。在份额调整前中国份额占国际货币基金组织总份额的 4%；份额调整后中国将占到 6.39%。然而与中国 GDP 占全球比重相比，中国仍然属于被低估的国家。

表 1－3　国际货币基金组织第 14 次份额改革计划：份额和投票权排名

| 国家 | 份额（%） | 投票权（%） | 排名 |
|---|---|---|---|
| 美国 | 17.40 | 16.47 | 1 |
| 日本 | 6.46 | 6.14 | 2 |
| 中国 | 6.39 | 6.06 | 3 |
| 德国 | 5.58 | 5.31 | 4 |

续表

| 国家 | 份额（%） | 投票权（%） | 排名 |
|---|---|---|---|
| 法国 | 4.23 | 4.02 | 5 |
| 英国 | 4.23 | 4.02 | |
| 意大利 | 3.16 | 3.02 | 6 |
| 印度 | 2.75 | 2.63 | 7 |
| 俄罗斯 | 2.71 | 2.59 | 8 |
| 巴西 | 2.32 | 2.22 | 9 |
| 加拿大 | 2.31 | 2.21 | 10 |

资料来源：笔者根据国际货币基金组织数据整理。

总体来看，国际货币基金组织的份额调整顺应了成员方经济实力的变化，体现了向新兴市场和发展中国家倾斜的意图，在一定程度上纠正了投票权分布的不合理状况，也同时强化了国际货币基金组织在全球金融治理中的能力和地位。

在2010年一揽子改革方案中，除了份额调整，治理结构改革也是其中的重要内容。这包括：取消现有的5个执行董事席位的提名制，全部24个执行董事席位改为选举制；发达欧洲国家减少2个席位；提高执行董事会的国别成员多样性。上述治理结构改革对改善执行董事选举的公平性，提高新兴市场和发展中国家在治理构架中的地位和代表性十分重要。更关键的是，上述治理改革方案落实，决定了份额改革最终实施。这是因为，从决策程序看，国际货币基金组织首先要完成对《国际货币基金组织协议》（以下简称《协议》）相关条款的修订。根据协议，改变执行董事的选举方式涉及治理制度的改革，需要3/5的成员方（当时的188个中的113个成员方）所代表的85%的投票表决通过，并对《协议》中关于执行董事会选举规则条款进行相应的修订。只有完成了《协议》的修订，才有可能进入下一个环节，即针对份额调整进行表决。这需要获得70%的投票表决通过。可见，在修改《协议》环节，美国拥有16.75%的投票权，这使得美国在国际货币基金组织改革方案推进中具有独一无二的决定性作用。

尽管在新的改革方案中，国际货币基金组织提及增加执行董事人员国别背景的多样性，但是在最高管理层人选方面，国际货币基金组织的欧洲人治理惯例延续至今。治理改革重在改善治理结构的合理性。在治理结构中反映新兴市场和发展中国家的重要性，这不仅改善治理结构的合理性，也为新兴市场经济体在国际金融合作中承担更多的责任同时，赋予了其相应的权利。

2. 贷款工具改革

2008 年，全球金融危机为国际货币基金组织强化其救助职能创造了契机。针对贷款职能，国际货币基金组织进行了两项重要改革。一是增加贷款形式，使之更具有差异化特征（见表 1-4）。比如，在传统的支持性贷款（SBA）和展期基金便利（EFF）之外，国际货币基金组织增加了灵活性贷款（FCL）、预防和流动性贷款（PLL）和快速融资工具（RFI）。同时为了对低收入国家提供更多的融资，设立了优惠性贷款，承诺零利率条件，体现其对低收入国家的关注。二是增加了贷款条件的灵活性。国际货币基金组织传统的贷款条件性主要包括量化标准、结构指标和定期评估三个核心内容。这其中，量化标准涵盖了一系列对政策和经济指标的定量目标，如货币信贷总量、国际储备规模、财政余额和外部负债等。结构标准通常指非量化的结构性目标，如自由化和放松管制等。20 世纪 80 年代之前，贷款条件性侧重宏观政策条件。之后，国际货币基金组织认为结构性问题更为突出，是危机爆发的根源。这样，贷款条件性便增加了苛刻的结构调整条款。从过去多年的实践看，国际货币基金组织贷款条件性不断受到批评。2002 年，国际货币基金组织不得不修订"条件性指南"，放松了贷款条件。2009 年，作为一揽子改革的一部分，国际货币基金组织更是对贷款条件性做了进一步的完善。

表1-4　　　　　国际货币基金组织主要贷款工具（截至2018年）

| 种类 | 对象 | 条件性 | 期限 | 数额 | 利率和手续费 | 设立时间（年份） |
|------|------|--------|------|------|--------------|------------------|
| 支持性贷款安排（SBA） | 短期收支危机 | 传统条款 | 12~18个月或3年 | 依据配额 | 适用 | 1952 |
| 支持性信贷工具（SCF） | 短期收支危机 | 减贫与增长传统条款 | 12~24个月 | PRGT | 零利率 | 2018 |
| 灵活性贷款（FCL） | 预防危机性且基本面良好 | 事先条件性 | 1年或2年 | 个案处理 | 适用 | 2009 |
| 预防和流动性贷款（PLL） | 应付脆弱性且基本面良好 | 事先和事后条件性 | 6个月或1~2年 | 依据期限和收支状况 | 适用 | 2009 |
| 展期基金便利（EFF） | 应对危机和中长期结构扭曲 | 传统条款①并注重结构性标准 | 3~4年 | 依据配额 | 适用 | 1974 |
| 展期信贷工具（ECF） | 应对危机和中长期结构扭曲 | 经济发展传统条件性 | — | PRGT | — | 2018 |
| 快速融资工具（RFI） | 突发收支危机 | 无明确条件性要求 | 一次性1~2年 | 有最高限 | 适用 | 2009 |
| 快速信贷工具（RCF） | 突发收支危机 | 无明确条件性要求 | 一次性 | PRGT | 零利率 | 2018 |
| 政策支持性工具（PSI） | 与成员方定期政策对话以监控对经济政策的强韧 | 政策目标政策评估 | 1~4年或5年可以与RCF或SCF同时执行 | — | — | 2018 |
| 政策协调工具（PCI） | 与区域金融安排合作评估成员方经济状况和政策 | — | 灵活 | — | — | 2017 |

| 种类 | 对象 | 条件性 | 期限 | 数额 | 利率和手续费 | 设立时间（年份） |
|------|------|--------|------|------|------|------|
| 优惠贷款[②] | 为低收入国家（LIC）特制 | 依据不同贷款性质确定条件性 | 依据不同工具而定 | — | 零利率[③] | 2010 |

注：①传统条款包括数量指标、结构指标和定期评估。②优惠贷款包括（concessional lending）主要包括展期信贷便利（ECF）、支持信贷便利（SCF）和快速信贷便利（RCF）。③初期设计截至2014年底，原则上两年评估一次。减贫与增长信托（Poverty Reduction and Growth Trust，PRGT）是国际货币基金组织为低收入成员方（LIC）特制的救助工具，其条件性、期限因依据不同贷款性质确定。

资料来源：笔者根据国际货币基金组织文件整理。

放弃"华盛顿共识"可以说是近年来国际货币基金组织顺应发展中国家需要的最重要的一项改革。国际货币基金组织曾在相当长时期倡导金融自由化和资本项目开放，在一定程度上将其作为医治发展中国家结构问题的万灵药。然而，随着实践的变化，特别是危机频发的教训，使得国际货币基金组织不得不反思发展中国家和新兴经济体金融脆弱性的真正来源，反思应对危机和恢复金融稳定性各项措施的有效性。最突出的变化，是针对成员方实施的资本管制措施，国际货币基金组织开始大幅度提高了容忍度，并承认在其他非行政性政策措施耗尽的情况下，资本管制不失一个国家金融稳定的可行措施（Ostry et al.，2011）。

（二）全球金融安全网

建立全球金融安全网是实现全球流动性管理目标的重要手段。2010年11月G20首尔峰会，各国就金融监管和流动性救助等多项措施达成共识。目前，全球金融安全网建设多头并进。总体来看，一个有效的全球金融安全网是由多层次应对机制组成。国家层面的措施是应对全球流动性风险的第一道防线。当本国金融机构面临流动性枯竭的情况下，国家的外汇储备是政府救助的最主要资源。然而在通常情况下，国家外汇储备应对流动性危机只是杯水车薪。例如，2008 年秋天，当韩国银行机构出现流动性短缺之后，韩国政府为了救助困难银行，在很短时间内耗尽其外汇储备，不得不寻求外援。

在国家层面，危机防范比危机救助更为根本。首先，健康的金融机构是减缓流动性冲击的首要环节。这要求国家金融监管当局对本国金融机构实施有效地监管，比如对本国银行进行审慎监管。监管措施包括，其一，实施资本与流动性有关的措施，比如制定核心资本比率和限制杠杆率等，这不仅强健本国银行机构抵挡外部流动性冲击的能力，也在流动性膨胀时期制约银行无限扩张负债表的冲动，从而减缓流动性周期波动幅度。其二，对银行表外业务实施密切监控，关注影子银行系统性影响，通过提高金融衍生品交易和表外业务的最低资本金和保证金，要求信息披露透明公开等措施强化监管力度，以及阻止风险向银行体系传递的风险隔离措施等。2009 年欧盟出台《另类投资基金经理指令》草案，以及 2010 年美国颁布的《多德－弗兰克华尔街改革和消费者金融保护法》，都旨在强化对影子银行的监管。其次，在应对私人流动性中，有必要区分流动性带来的是宏观经济风险，还是金融稳定风险，然后有针对性地加以应对。通常，宏观经济风险是指如私人资本大幅度流入形成汇率升值、通货膨胀和经济过热压力等问题；金融稳定风险是指如私人资本流入刺激信贷膨胀、资产和房地产泡沫累积，带来金融和非金融机构负债表风险，以及造成外短期融资、外币贷款非对冲风险。针对宏观经济风险，应对措施包括货币升值、对冲干预、放松货币政策、紧缩财政政策等。针对金融稳定风险，当局可以通过一系列政策选择。比如，可以实施审慎监管政策，如外汇敞口限制、外币资产投资限制、外币贷款限制、外币准备金要求等对国内金融机构歧视性外汇政策，减少系统性风险。此外，当宏观政策和审慎政策失灵的情况下，也可以采用资本管制为了应对宏观经济风险和金融稳定风险。

跨境合作是应对全球流动性风险的第二道防线。这其中，双边、区域和全球多边合作是三个既彼此独立又相互关联的重要机制。双边机制通常是在评估金融机构发生流动性短缺的严重性和传染性之后，两国货币当局采取互换形式，对其中一方提供一定金额、一定期限、低息、无条件的资助。双边救助具有时效性高的优势。在 2008 年全球金融危机中，美联储与日本、韩国，以及欧洲危机国家分别采取双边货币互换的方式解救这些国家私人金融机构美元流动性短缺，避免流动性危机演化为清偿性危机和系统性破产。自 2008 年全球金融危机爆发之后，中国人民银行通过与其他货币当局签署人民币货币互换协议，在事实上承担了最后贷款人角色。

区域机制通常在现有金融合作框架中，成员方针对区内发生流动性危机的国家，以及有高度可能性发生流动性危机的国家，提供以请求为基础、限额、限期、和有一定条件制约的救助。区域救助在如下几种情况下尤为重要：国家层面的应对措施耗尽；全球层面的应对措施具有时滞；区外流动性对本区域具有非对称冲击。在亚洲，1997～1998 年亚洲金融危机的爆发催生了区域货币合作机制的建立。2000 年由东盟十国、中国、日本和韩国共同建立了清迈倡议（CMI）。2008 年全球金融危机促使清迈倡议顺利过渡为多边机制（CMIM），拥有 2400 亿美元储备库，以及建立了东盟、中日韩宏观经济研究办公室（AMRO）。亚洲国家普遍拥有丰裕的外汇储备，对清迈倡议多边机制的增资不存在太多的障碍。与此同时，区域本币债券市场建设将促进亚洲本土投资，有利于将本地储蓄留在本土，转化为本地投资，这将从根本上减缓全球流动性对亚洲市场的冲击。

欧洲债务危机一方面暴露欧元区治理结构缺欠，另一方面也催生了一系列新的区域性监管和救助机构的建立。在制度上，欧元区建立了欧洲银行局（EBA）、欧洲系统性风险局（ESRB）以及欧洲监管局（ESAs），这些构成新的欧元区金融治理框架。与此同时，2010 年建立的欧洲金融稳定基金（EFSF），拥有 4400 亿欧元救助能力，并计划在主权国家信用担保下，通过杠杆方式筹措至 1 万亿欧元资金，用以救助出现流动性危机的国家和机构。希腊、爱尔兰和葡萄牙是获得来自欧洲稳定基金救助项目的第一批国家。

2013 年，欧洲稳定基金成功地转换为永久性金融稳定机制，即欧洲稳定机制（ESM），这成为欧元区将常设的流动性支持机制。

建设新的国际金融机构也是全球金融安全网构建的重要内容。国际货币体系从单极向多极过渡，很可能伴随着国际金融动荡。比如在从美元本位转向多元化进程中，投资者不断进行储备资产结构重组，这将带来国际资本流动和汇率的剧烈波动（Agnès Bénassy - Quéré and Jean Pisani - Ferry, 2011）。如何有效降低过渡期风险是摆在各国决策者面前的重大挑战。金融稳定性是公共产品，这需要有意愿通过合作提供这一公共产品，建设运行有效的机构主体。其可行的途径，一是针对现有金融机构进行存量改革，二是以体现新兴经济体和发展中国家重要性为核心开展增量改革。在对现有体系进行存量改革的同时，以增量改革建立新的机构，是新兴经济体和发展中国家实现其重建国际金融体系诉求的重要途径。

2014 年，中国主要合作新建的国际金融机构有两个突破性进展。一是中国、巴西、俄罗斯、印度和南非五国宣布成立的金砖国家开发银行，即新开发银行（NDB）；二是主要由中国倡导筹建的亚洲基础设施投资银行（AIIB）。这两个机构被认为是在现有的世界银行、亚洲开发银行以及国际货币基金组织的补充，且更多体现新兴经济体国际金融治理意志。这其中，与新开发银行成立的同时设立了总额为 1000 亿美元的金砖应急储备基金（CRA）。在应急储备安排的条款中，有 70% 的贷款额度仍然与国际货币基金组织的贷款条件性挂钩，这体现与国际货币基金组织的补充关系。

## 五、结论

布雷顿森林体系是"二战"后国际金融秩序最重要的遗产。以黄金—美元本位为核心的国际货币体系为战后世界经济增长发挥了积极的作用。然而，无论是布雷顿森林体系时期还是浮动汇率时代，市场动荡持续，金融危机频发。原本以解决收支问题，确保金融稳定，并以促进国际贸易和投资为目的国际金融体系，却在历次危机中无能为力，甚至为持续性全球失衡深埋隐患。从更长周期看，全球货币寻锚的周期大约是每四十年一次。布雷顿森林体系崩溃是第一次和第二次全球货币寻锚的分水岭，而 2008 年全球金融危机则标志着全球第三次货币寻锚的起始（黄海洲，2016）。

在过去多年间，新兴经济体以经济快速增长、贸易规模迅速扩大、外汇储备大规模累积方式实现了经济崛起，改变了世界经济格局。部分新兴经济体在高储备的推动下，将资本输往美国等逆差市场，成为全球债权人，在全球失衡中形成"穷国"为"富国"融资的格局。与此同时，新兴经济体融入全球市场的程度不断加深，中国作为大型新兴经济体即已成为全球系统重要性国家。

经济实力变化要求国际金融秩序进行相应的改变。然而，从历史经验看，新的金融体系建立往往滞后于经济实力的变化。艾肯格林将这种滞后效应称作国际货币的网络外部性（艾肯格林，2009）。19 世纪晚期和 20 世纪早期，英国支配国际货币体系的时间要长于英国在全球经济中具有控制力的时间。美国早在"一战"前就已经取代英国成为世界第一强国，但是美国金融实力则主要是在"二战"期间形成。当时作为战后世界最大的债权人，美国在全球金融体系中的决定性地位以布雷顿森林体系为标志，以黄金—美元本位的确立为核心。

国际储备体系正处于由以美元为主导向多元化过渡的时期。在全球层面，改革动议仍多于实际行动。然而在国家层面，中国的人民币国际化战略业已成为国际金融体系重建的推动力量。中国参与创建新的多边金融机构，也在一定程度上有助于改善全球金融治理结构。无论路径如何，建立一个更为稳定、平等的国际金融体系，既符合以中国为代表的新兴经济体和发展中国家的利益，也顺应新的国际经济格局。

## 第三节  经济增长与汇率

在浮动汇率时期，经济增长与汇率之间存在这样一种关系，即在经历快速经济增长的国家也同时经历真实汇率的升值。这一现象受到诸多理论的关注，其中巴拉萨—萨缪尔森假设从供给角度给出解释。根据购买力平价（PPP）理论，以同一货币标值的真实汇率（作为两个国家的价格之比）在任何时候都应该等于1。然而，这一命题并没有得到经验研究的广泛支持。相反，大量文献却发现真实汇率的中值收敛速度相当缓慢，多数情况下，真实汇率对 PPP 偏离的半衰期（half-life）长达 3～5 年。如何解释真实汇率与 PPP 之间的这种偏离？巴拉萨—萨缪尔森假说是由巴拉萨和萨缪尔森于 1964 年分别提出的。假说强调生产力增长在决定真实汇率中的作用，认为两个国家的劳动生产力之差决定两个国家的相对价格差（贸易品和非贸易品价格差价之差）；非贸易品的相对价格决定真实汇率。这一假说衍生出一个著名的推论，即在那些人均收入上升的国家中，其价格水平也是上升的，换言之，经历快速经济增长的国家往往同时经历着真实汇率的升值。本节对巴拉萨—萨缪尔森假说进行阐述，总结模型的经验研究文献，并分别对七国集团和亚洲国家的历史数据进行检验，考察真实汇率与经济增长之间是否存在长期稳定关系[①]。

### 一、巴拉萨—萨缪尔森模型

巴拉萨—萨缪尔森假说（BSH）的基础模型是由巴拉萨（Balassa，1964）提出的。他假定：存在两国经济；两种商品交换；劳动力是一种稀缺品；技

---

① 针对巴拉萨—萨缪尔森假说详细阐述和检验，可参见：高海红：《实际汇率与经济增长：运用边限检验方法检验巴拉萨—萨缪尔森假说》，载《世界经济》2003 年第 7 期，第 3～14 页。

术投入系数固定；劳动力（L）和资本（K）自由流动；贸易品（T）价格是国际市场决定的，而非贸易品（N）价格是国内市场决定的；存在充分就业：$L = L_T + L_N$，其中 $L_T$ 是贸易部门的劳动力，$L_N$ 是非贸易部门的劳动力；生产包括贸易部门和非贸易部门的资本投入（$K_T$，$K_N$）和劳动力投入（$L_T$，$L_N$）；每一部门的生产技术可以用下面的线性同质生产函数表示：

$$Y_T = \theta_T K_T^{\beta_T} L_T^{\alpha_T} \equiv \theta_T L_T f(K_T) \qquad (1-1)$$

$$Y_N = \theta_N K_N^{\beta_N} L_N^{\alpha_N} \equiv \theta_N L_N f(K_N) \qquad (1-2)$$

其中 $Y_T$ 和 $Y_N$ 分别是国内贸易和非贸易部门产出；并且，$K_T \equiv \dfrac{K_T}{L_T}$、$K_N \equiv \dfrac{K_N}{L_N}$；$\theta_T$ 和 $\theta_N$ 是随机生产力参数；$\alpha$ 代表贸易品劳动力密集度（$\alpha_T$）和非贸易品劳动力密集度（$\alpha_N$）；$\beta$ 代表贸易品资本密集度（$\beta_T$）和非贸易品资本密集度（$\beta_N$）。同时还假定，世界利率 $i$ 等于每一部门资本边际产品价值：

$$i = \theta_T \beta_T k_T^{(\beta_T - 1)} \qquad (1-3)$$

$$i = s\theta_N \beta_N k_N^{(\beta_N - 1)} \qquad (1-4)$$

其中 $s = \dfrac{P^N}{P^T}$ 是非贸易品相对价格，即真实汇率。最后假定贸易品部门的工资率为：

$$w = \theta_T [f(k_T) - f'(k_T) k_T] = \theta_T (1 - \beta_T) k_T^{\beta_T} \qquad (1-5)$$

这样就得到 BSH 的两个核心命题。一个是工资率决定公式：

$$w = \theta_T (1 - \beta_T)(\theta_T \beta_T / i)^{\frac{\beta_T}{1 - \beta_T}} = (1 - \beta_T)(\theta_T \beta_T / i)^{\frac{\beta_T}{1 - \beta_T}} \qquad (1-6)$$

式（1-6）表明，在一个小型开放经济中，工资（w）完全由贸易品部门生产力决定；世界利率 $i$ 是给定的；贸易部门生产力增加将导致工资上升，从而带来非贸易品相对价格的上升，即真实汇率（s）的上升。另一个核心命题是真实汇率变动公式：

$$\hat{s} = \alpha_N \hat{w} - \hat{\theta}_N \quad \text{或} \quad \hat{s} = \frac{\alpha_N}{\alpha_T} \hat{\theta}_T - \hat{\theta}_N \qquad (1-7)$$

式（1-7）代表了 BSH 的经典命题：非贸易品相对价格的变化（真实汇率的变化，$\hat{s}$）是由非贸易部门劳动力密度（$\alpha_N$）和贸易部门劳动力密度（$\alpha_T$），以及非贸易部门生产力增长（$\hat{\theta}_N$）与贸易部门劳动力增长（$\hat{\theta}_T$）之差决定的。比如假定 i 固定和 $\hat{\theta}_N$ 不变，$\hat{\theta}_T$ 增加会带来实际工资的增加，从而带来非贸易品相对价格的上升，即真实汇率升值。

BSH 的主要贡献在于，一是将非贸易品引入标准贸易模型中，从而有助于理解汇率和相对价格之间的关系。二是以贸易品和非贸易品生产力差作为 PPP 与汇率之间关系的系统性偏离因素。尽管这两个贡献并不是 BSH 的创新，但是巴拉萨（Balassa）和萨缪尔森（Samuelson）两个人的 1964 年论文仍被视作在相关领域研究的基础文献。比如，在阿塞亚和戈登（Asea and Corden，1994）看来，巴拉萨和萨缪尔森的贡献不仅仅因为他们为汇率对 PPP 的偏离提供清晰的理论分析，还在于他们通过表明这种偏离与生产力差的系统相关性，引申出这种偏离与收入差距之间的关系。BSH 命题能够解释为什么大多数国家的非贸易品价格上升往往高于贸易品价格的上升幅度（Kravis and Lipsey，1988）。更值得注意的是，运用 BSH 可以解释为什么经济增长快速的国家很可能比经济增长缓慢的国家经历真实汇率的升值。

但是，原始的 BSH 的假设颇为严格，比如小国经济和利率给定；劳动力和资本在不同部门之间可以快速自由流动；不变的要素规模收益等。如果将这些假设放开，BSH 还成立吗？例如，在资本不完全流动的情况下，需求方面的因素，如政府开支增加等，也会提高非贸易品的相对价格。因此，对原始的 BSH 提出的一个直接的疑问是，如果一个经济体不是供给因素起主导作用，而是需求因素起主导作用，BSH 对真实汇率和经济增长之间关系的解释还有效吗？这一疑问引起随后大量的对 BSH 的修正。具有代表性的修正是菲利普·布洛克（Philip Brock）的 Krueger - Deardorf - Learner 全球动态模型（Asea and Corden，1994）。他们的重要假定是技术进步的内生性。他们认为投资和技术选择在决定非贸易品相对价格变化中起重要作用，同时在经济发展过程中，需求因素与供给因素在决定非贸易品相对价格中同样重要。他的研究结论表明，在一个多部门模型中，BSH 命题是成立的，尽管这时的决定性因素来自需求方，而不是供给方。

然而，另一项对 BSH 修正的努力却得出对 BSH 命题质疑的结论。祖斯曼（Zussman，2001）通过引入技术渗透机制，将 BSH 模型的真实汇率决定过程一般化为时间序列方程。他们发现，即便非贸易部门具有不变的生产力增长率，即不同时期、不同国家的非贸易部门生产力增长率相同，那么仅是各国之间的贸易部门生产力追赶效应也会造成真实汇率升值。这表明，如果在 BSH 框架内引入技术渗透机制，BSH 命题对真实汇率升值的解释可能是不充分的。

## 二、经验文献

对经济增长和真实汇率关系的经验证据大致来源于两组经验研究。一组是采用横截面数据进行跨国检验。首次进行这项研究的是巴拉萨（Balassa，1964）。他用 12 个国家在 1960 年的横截面数据检验 BSH，结论是，那些较富裕的国家确实经历真实汇率升值。然而，随后大量的经验研究却得出相反的结果。其原因，部分是由于巴拉萨（Balassa，1964）的结论只适用于他所选择的样本，当采用不同样本进行检验时，很难找到对 BSH 支持性的证据（Officer，1976）。萨默斯和赫斯顿（Summers and Heston，1991）对绝对 PPP 进行检验，他们将样本国家分成两组，一组是经济发达国家，另一组是经济欠发达国家。他们发现，两组国家之间的价格水平差异越大，BSH 越有说服力；但是在两组国家内部，收入与价格之间的相关性很低。换句话讲，BSH 可能只适应于收入差别较大的国家，不适用收入差别较小的国家。

另一组对 BSH 的检验是采用面板数据（panel data）。例如谢（Hsieh，1982）采用 1954～1976 年日本、德国和美国的数据，他发现真实汇率与生产力差距之间存在 BSH 的关系，而且在对回归方程的系列相关性进行修正，

并采用工具变量技术对回归方程进行修正后，检验结果仍然支持 BSH。BSH
的另一个强有力的证据来自马斯顿（Marston，1987）对 1973～1983 年日元
与美元升值的研究。这一研究计算经济合作与发展组织（OECD）国家贸易
与非贸易生产力差距，并将经济分解为 10 个部门。这项研究运用部门就业
数据计算了贸易部门与非贸易部门之间的劳动生产力差，发现这些变量构成
了对日元和美元长期升值趋势的强有力的解释。爱迪生和凯尔文（Edison
and Klovan，1987）检验了 1874～1971 年英镑对挪威克郎的长期真实汇率。
他们发现，在这样较长的样本期内，不论用实际产出作为生产力替代指标，
还是用商品或服务生产力作为生产力替代指标，英国与挪威的生产力增长差
距确实影响两国货币的真实汇率走势。

然而对 BSH 的经验检验有相当的分歧。例如夫鲁特和罗格夫（Froot
and Rogoff，1991a，1991b）运用经济合作与发展组织（OECD）的 22 个国
家 1950～1989 年的数据对 BSH 进行检验。他们发现，不论是全部样本，还
是各组分样本之内，生产力差与真实汇率之间的相关性都很低。然而，在他
们 1996 年对 OECD 的 13 个国家的面板数据检验中却发现了支持 BSH 的证
据。他们检验了 BSH 的两个命题：贸易品的相对价格和平均劳动生产力成
正比；贸易品的 PPP 是成立的。它们的研究通过对序列的长期行为检验发
现，非贸易品相对价格与贸易和非贸易部门生产力差之间存在协整关系，它
们之间的相关系数接近为 1，这表明 BSH 的第一个命题是成立的。然而当对
美元汇率进行 PPP 检验时发现，贸易品相对价格存在对 PPP 长期的大幅度
的偏离，这表明 BSH 的第二个命题不成立。

阿塞亚和门多萨（Asea and Mendoza，1994）第一次以动态均衡模型为
基础对 BSH 进行检验。他们运用 1975～1985 年 14 个 OECD 国家的数据检
验发现，在一个国家之内，贸易与非贸易部门之间的生产力增长差距对非贸
易品相对价格变动的解释力相当强；但是，国家之间非贸易品价格的变动对
真实汇率变动的解释力很小。德格雷戈里奥、乔瓦尼尼和沃尔夫（De Gre-

gorio，Giovannini and Wolf，1994）的经验研究发现比阿塞亚和门多萨
（Asea and Mendoza，1994）的发现要乐观。他们不仅证明生产力增长差距
能够解释非贸易品相对价格的变动，而且，他们还发现，国家之间的生产力
增长差距能够解释真实汇率的变动。

　　BSH 的另一个重要经验证据被称作"Penn - 效应"（Penn-effect），即证
明以 PPP 为基础进行各国收入差距的比较有系统性偏倚倾向①。联合国国家
比较计划项目（ICP）的研究人员在各种对"Penn - 效应"的理论解释进行
经验检验发现，对各国收入比较，在那些富裕国家中，用绝对形式的 PPP
转换计算的收入要比收入的实际水平高。换句话说，PPP 过高估计收入差
距。这其中的原因之一是，穷国较低的非贸易品价格使得他们的购买力大大
高于 PPP 计算的购买力，PPP 过低估计穷国的收入水平。因此，用 BSH 的
非贸易品价格因素解释 PPP 的偏差得到 ICP 的经验研究的支持。

　　然而，对 BSH 解释力的怀疑，首先来自巴格瓦蒂（Bhagwati，1984）和
克拉维斯和利普西（Kravis and Lipsey，1988）对"Penn - 效应"提出的另
一种解释。巴格瓦蒂（Bhagwati，1984）认为非贸易品相对价格的上升不是
由于外生的技术进步带来的，而是因为采用了资本密集的制造技术带来的。
萨缪尔森（Samuelson，1964）赞同"Penn - 效应"在生产力差距不存在的
情况下也会出现。

　　在近年文献中，被引用最多的、支持 BSH 的经验证据来自日本。1973 ~
1997 年，日元兑美元的真实汇率升值了82%。许多研究将这一升值归因于在这
一时期日本与美国的生产力增长的差距。然而除了日本，很难找到强有力的经
验证据证明快速的经济增长伴随真实汇率升值，例如，伊藤、伊萨德和赛曼
斯基（Ito，Isard and Symansky，1997）用 APEC 国家的数据检验经济增长与

---

　　① 保罗·萨缪尔森（Paul Samuelson，1994）对联合国国家比较计划项目（ICP）的研究人员
记录的经验事实，以及对各种理论解释进行了详尽的分析和评价，并将这些事实称为"Penn-
effect"。

真实汇率之间是否存在稳定的关系。他们将真实汇率通过下面的公式分解为
四个组成部分：

$$Q(j) = \frac{S(j)P(j)}{P^*(j)} = b(j) \frac{[1 - n(j)] + n(j)\frac{P_N(j)}{P_T(j)}}{(1 - n^*) + n^*\left(\frac{P_N^*}{P_T^*}\right)} \qquad (1-8)$$

在式（1-8）中，真实汇率包括：贸易品相对价格 $b(j)$；$j$ 国非贸易品
相对价格 $P_N(j)/P_T(j)$；基准国非贸易品的相对价格 $P_N^*/P_T^*$；非贸易品价格
在总价格指数中的权数：$n$（$j$ 国）和 $n^*$（基准国）。BSH 假设 $b$ 是常数，或
者说贸易品的一价定律成立。这样，对于基准国家（例如美国），$P_N^*/P_T^*$ 是给
定的；对于 $j$ 国，非贸易品相对价格 $P_N(j)/P_T(j)$ 越高，真实汇率越高。

他们发现的证据表明：（1）对日本的检验支持 BSH：在经济增长与真
实汇率升值之间存在正相关关系；（2）对韩国、中国台湾、中国香港和新
加坡的检验也在一定程度上支持 BSH；（3）对中国的检验与 BSH 相反，在
中国，经济增长伴随着真实汇率贬值，而不是升值；（4）对泰国和马来西
亚的检验表明 BSH 不能解释真实汇率行为，因为这些国家的经济增长同时
伴随相对稳定的真实汇率。他们的发现至少在三个方面不支持 BSH。首先，
$b(j)$ 可能是不稳定的。当工业和出口结构迅速变化时，不仅仅相对价格变
化，贸易品的组成成分也发生变化。只有当国内产品和贸易品结构向高附加
值转换时，贸易品价格才会上升。其次，非贸易品价格可能不按照 BSH 的
预设方向变化。在一些国家，非贸易品，尤其是金融服务业带动生产力的增
长。最后，贸易和外汇管制不仅阻碍经济增长和价格的调整，而且阻碍反映
工业竞争力变化的汇率调整，通常，高速增长伴随大幅度贬值。总之，他们
研究的最主要发现是，BSH 可能仅适用于那些处于特定发展阶段的经济体，
比如"适用于资源匮乏、经济开放、经济增长是由工业结构和贸易结构的
变化带来的经济体。即便那些经历快速增长的经济体，其增长来源于初期产

品出口或是来源于计划经济体制，BSH 也是不适用的。但是，对于这些经济体来说，当经济发展进入更高的阶段时，可能会出现真实汇率的升值"（Ito，Isard and Symansky，1997）。

钦恩（Chinn，1997）对印度尼西亚、韩国、马来西亚和菲律宾四个国家的真实汇率进行检验发现，在这些国家中，制造业生产力增长 1%，带动真实汇率升值 0.5%。因此，该研究认为，从长期看，亚洲国家的经济增长与真实汇率行为之间存在 BSH 预测的关系。

另一项有意义的研究是由法里亚和莱昂·莱德斯马（Faria and Leon - Ledesma，2003）进行的。他们的研究克服了前期经验研究的局限性。前期的经验研究，对生产力的定义往往或者定义为平均生产力，或者定义为边际生产力，很少同时对两个概念进行检验。他们的研究通过简化 BSH 模型，平均生产力和边际生产力与真实汇率的关系同时进行检验。更有意义的是，他们应用边限检验方法检验各变量之间的长期关系，而不用考虑这些变量是否同阶求整，如 I(1) 或 I(0)。

## 三、简化巴拉萨—萨缪尔森模型和计量方法

法里亚和莱昂·莱德斯马（Faria and Leon - Ledesma，2003）对 BSH 进行简化。他们假设，存在两个国家（本国和美国为代表的外国），在不变的技术规模收益下用劳动力（L）生产两种产品：贸易品（T）和非贸易品（N）。对于国家 i，产出公式（1 - 9）和公式（1 - 10）为：

$$Y_T^i = f(L_T^i) \quad Y_N^i = g(L_N^i) \qquad (1-9)$$

其中 $Y_T^i$ 和 $Y_N^i$ 分别代表国家 i 的贸易和非贸易部门的产出。相应地，外国（US）的产出为：

$$Y_T^{us} = F(L_T^{us}) \quad Y_N^{us} = G(L_N^{us}) \qquad (1-10)$$

在 BSH 的假设下，劳动力充分竞争，在国家内部自由流动。其结果，名义工资（w）在贸易和非贸易部门是相同的：

$$P_T^i f'(L_T^i) = w^i = P_N^i g'(L_N^i) \qquad (1-11)$$

$$P_T^{us} F'(L_T^{us}) = w^{us} = P_N^{us} G'(L_N^{us}) \qquad (1-12)$$

其中 g′和 G′代表 i 国和美国的边际劳动生产力。

BSH 还假定，贸易部门的 PPP 是成立的。这就存在如下关系：

$$P_T^i = eP_T^{us} \qquad (1-13)$$

其中，e 代表名义汇率。价格水平被定义为两个部门价格的几何加权平均：

$$P^i = P_T^{1-\alpha^i} P_N^{\alpha^i} \qquad (1-14)$$

$$P^{us} = P_T^{1-\beta^{us}} P_N^{\beta^{us}} \qquad (1-15)$$

其中 α 代表国家 i 的非贸易部门的价格在总价格中比重，β 代表美国的非贸易部门价格的比重。为简化问题，又不失去一般性结论，假设贸易品价格为1，即 $P_T^i = P_T^{us} = 1$。通过公式（1-13）得出名义汇率也为1：e = 1。这样公式（1-14）和公式（1-15）可以改写为：

$$P^i = P_N^{\alpha^i} \qquad (1-16)$$

$$P^{us} = P_N^{\beta^{us}} \qquad (1-17)$$

式（1-11）和式（1-12）也变为：

$$P_N^i = f'(L_T^i)/g'(L_N^i) \qquad (1-18)$$

$$P_N^{us} = F'(L_T^{us})/G'(L_N^{us}) \qquad (1-19)$$

真实汇率可以定义为：

$$q = \frac{P^i}{eP^{us}} = \frac{P^i}{P^{us}} \qquad (1-20)$$

将式（1-18）和式（1-19）代入式（1-16）和式（1-17），然后代入式（1-20）得到：

$$q = \frac{P^i}{P^{us}} = \frac{\{f'(L_T^i)/g'(L_N^i)\}^{\alpha}}{\{F'(L_T^{us})/G'(L_N^{us})\}^{\beta}} \qquad (1-21)$$

式（1-21）反映 BSH 的核心命题：如果本国（i）贸易品相对于非贸易品的边际生产力（在技术规模收益不变的假设下为平均生产力）比外国

（美国）增长较快，本国将经历真实汇率的升值。

然而，根据法里亚和莱昂·莱德斯马（Faria and Leon - Ledesma，2003），运用平均生产力还是边际生产力，会形成不同的 BSH 经验模型公式。首先，如果将平均生产力代入 BSH 关系式，即表示国家之间相对的平均劳动生产力与实际人均产出成正比，那么，BSH 简化公式为：

$$q = \frac{P^i}{P^{us}} = \frac{Y^{\alpha^i}}{Y^{\beta^{us}}} \qquad (1-22)$$

其次，如果将边际劳动生产力代入 BSH 关系式，即表示国家之间边际劳动生产力与实际人均产出成正比，那么 BSH 简化公式为：

$$q = \frac{P^i}{P^{us}} = \frac{\Delta Y^{\alpha^i}}{\Delta Y^{\beta^{us}}} \qquad (1-23)$$

式（1-22）和式（1-23）成为 BSH 可检验的理论模型。这一模型，包含了对生产力概念的两个不同定义：平均劳动生产力和边际劳动生产力。这样，根据上述公式，推导 BSH 的经验模型（以对数形式表示）：

$$PR(i, us)_t = \alpha_1 + \beta_1 YR(i, us)_t + \mu_t \qquad (1-24)$$

$$PR(i, us)_t = \alpha_2 + \beta_2 \Delta YR(i, us)_t + \nu_t \qquad (1-25)$$

上述公式表明，国家 i（英国、日本、法国、德国、意大利或加拿大）和国家 US（美国）之间的价格比（PR）与相应的人均产出比（YR）存在长期稳定关系。

由于回归式（1-24）不存在差分变量，可以用标准的 Engle and Granger 的 ADF 方法检验独立变量和依存变量之间是否存在长期稳定关系：即纳假设不存在协整关系，或 ρ=0。检验的回归公式为：

$$\Delta \hat{u}_t = \alpha + \rho \hat{u}_{t-1} + \sum_{j=1}^{k} \phi_i \Delta \hat{u}_{t-j} + \omega_t \omega_t \sim IID(0, \sigma^2) \qquad (1-26)$$

其中 $\hat{u}_t$ 是从对式（1-24）进行最小二乘法（OLS）回归得出的估计残差项。在式（1-26）中加入一个常数项 α，这是因为该式包含常数项。对纳假设的检验是以 t - 检验和非正态分布为基础的。然而，在这里，标准的

Dickey - Fuller 临界值表格不能够直接应用，除非这里的 $\beta_1$ 为已知，而且 $\beta_1$ 不通过式（1 - 24）来估计[①]。取而代之的是运用麦金农（MacKinnon）在 1991 年提出的反应曲面临界值（response surfaces for critical values）（Harris，1995）。如果系数 $\rho$ 的 t - 值绝对值小于临界值 C(p) 的绝对值接受纳假设，即 PR(i, us) 和 YR(i, us) 不存在协整关系。这里临界值 C(p) 可以通过下面公式计算：

$$C(p) = \phi_\infty + \phi_1 T^{-1} + \phi_2 T^{-2} \qquad (1 - 27)$$

其中 $\phi_\infty$，$\phi_1$ 和 $\phi_2$ 从 MacKinnon 临界值表中获得。T 代表观测样本数量。

然而，上述检验的结果可能是不可靠的。更进一步讲，式（1 - 25）不适合用传统的协整方法进行检验。因为，在该公式中，产出比率是用一阶差分表示的，这样在公式的右侧的变量将求整于 I(0)。而左侧变量可能求整于 I(0)，也可能求整 I(1)，这就有可能产生伪回归问题。因此，运用传统的协整方法检验 BSH 是不适当的。如前所述，这一问题源自以单位根和协整方法为基础的经验估计中存在的预先检验问题。

鉴于上述问题，佩萨兰、申和史密斯（Pesaran，Shin and Smith，1999）的边限检验方法（bounds testing approach）对检验经济增长与汇率之间的关系比较适用。这一方法是以渐进理论为基础建立起来的，检验变量之间长期均衡关系的计量模型。它的优势在于，在不能确定各变量是否同阶求整时，不必遵循传统协整分析首先检验回归元的求整阶数，以避免预先检验问题。因此，对于包含了不同求整阶数的 BSH 模型来说，运用边限检验方法检验是比较适用的。

佩萨兰、申和史密斯（Pesaran，Shin and Smith，1999）的计量方法以

---

① 根据哈里斯（Harris，1995）的推论，这里的原因有二。一是，因为对式（1 - 12）进行 OLS 估计，得出的残差有最小的样本方差，即便是变量之间不存在协整关系，$u_t$ 也具有稳定性特征。这样，标准的 DF 分布倾向于过度拒绝纳假设。二是，式（1 - 14）中包含的回归元数量的多少影响纳假设下的检验统计分布。因此，回归元数量变化，临界值也要相应变化。同样，式（1 - 14）中包含与不包含常数项或趋势项，临界值也应不同。

变量的动态误差修正（dynamic error correction）表达式为基础，以滞后变量非显著性为纳假设，不考虑回归元是 I(0) 还是 I(1)，或是否共同同阶来进行求整。其条件误差修正模型（ECM）为：

$$\Delta y_t = \alpha_0 + \alpha_1 t + \beta_1 y_{t-1} + \beta_2 x_{t-1} + \sum_{i=1}^{p-1} \varphi_i \Delta y_{t-1} + \sum_{i=1}^{p-1} \theta_i \Delta x_{t-1}$$

$$+ \omega \Delta x_t + \varepsilon_t, \varepsilon_t \sim \text{IID}(0, \sigma^2) \qquad (1-28)$$

其中 t 代表决定性趋势项；$y_{t-1}$ 是依存变量的一期滞后量；$x_{t-1}$ 是独立变量的一期滞后量；$\Delta y$ 是依存变量的一阶差分；$\Delta x$ 独立变量的一阶差分。

## 四、历史数据检验

运用简化的巴拉萨—萨缪尔森假说简化模型，以及公式（1-28）为基础的边限检验方法，本部分分别对七国集团和东亚国家和地区的历史数据进行检验，目的是考察真实汇率和经济增长之间是否存在长期稳定关系。

（一）七国集团数据检验

1. 数据

本部分所采用的数据是从 1980～2000 年的季度数据①。样本国家包括：美国（US）、英国（UK）、日本（JP）、法国（FR）、德国（BD）、意大利（IT）和加拿大（CN）。检验的独立变量包括六组真实汇率：UK/US、JP/US、FR/US、BD/US、IT/US 和 CN/US（假设美国为基准国）②。

这里 GDP 缩减指数作为真实汇率的替代变量。这样，UK/US 的真实汇率可以用英国和美国的 GDP 缩减指数比率替代。同理可以得出其他 5 对真实汇率的替代指标。产出是以不变国内价格的人均 GDP 计算的。例如在回归方程（1-24）中的独立变量（英国对美国的相对平均生产力比率）可以

---

① 资料来源：Datastream 网站。
② 针对数据选取和经验结果详细分析，参见高海红：《实际汇率与经济增长：运用边限检验方法检验巴拉萨—萨缪尔森假说》，载《世界经济》2003 年第 7 期，第 3～14 页。

用英国和美国的人均 GDP 比率替代；回归方程（1－25）中的独立变量（英国对美国的相对边际生产力比率）可以用英国和美国的人均 GDP 比率的一阶差分替代。全部变量均转换为对数。为了简化，选择 4 作为 ECM 中一阶差分变量的最优滞后期数①。

2. 经验结果

对单一的时间序列 $PR(i, us)_t$、$YR(i, us)_t$ 和 $\Delta YR(i, us)_t$ 的图示结果表明，单个的真实汇率水平序列和增长比率水平序列似乎都具有时变性（time-variant）特征；而一阶差分序列似乎具有非时变性（time-invariant）特征。因此真实汇率的水平序列 $PR(i, us)_t$，即 UK/US、JP/US、FR/US、BD/US、IT/US 和 CN/US（分别在图 1－5 中表示为 LPRUK、LPRJP、LPRFR、LPRBD、LPRIT 和 LPRCN）表现为非稳定性。生产力增长比率的水平序列 $YR(i, us)_t$ 即英国对美国、日本对美国、法国对美国、德国对美国、意大利对美国和加拿大对美国（分别在图 1－6 中表示为 LYRUK、LYRJP、LYRFR、LPRBD、LYRIT 和 LYRCN）也是非稳定的。然而，增长比率的一阶差分序列 $\Delta YR(i, us)_t$，即英国、日本、法国、德国、意大利和加拿大分别对美元的数据（图 1－7 中的 DLYRUK、DLYRJP、DLYRFR、DLPRBD、DLYRIT 和 DLYRCN）却表现为稳定性。$PR(i, us)_t$ 中的部分序列，如 LPRUK、LPRJP、LPRBD 和 LPRIT，以及 $YR(i, us)_t$ 中 LYRFR、LPRBD、LYRIT 和 LYRCN 都表现出具有趋势性特征。

这一结果表明，如果简单地对式（1－24）进行回归，用一个非稳定时间序列对另一个非稳定的时间序列进行回归，这会导致伪回归问题。进一步讲，由于序列 $PR(i, us)_t$ 和 $\Delta YR(i, us)_t$ 有不同的求整阶数，如果用传统的协整方法检验式（1－25）也会导致同样的问题。

———————————

① 根据法里亚、莱昂·莱德斯马（Faria and Leon－Ledesma，2000），对最优滞后期的选择可以通过多种通经：用 Schwarz Bayesian Criteria（SBC）、Akaike Information Criteria（AIC），或 LM 方法检验残差项系列相关性。但是在这里我们只用直觉选择最后滞后期。

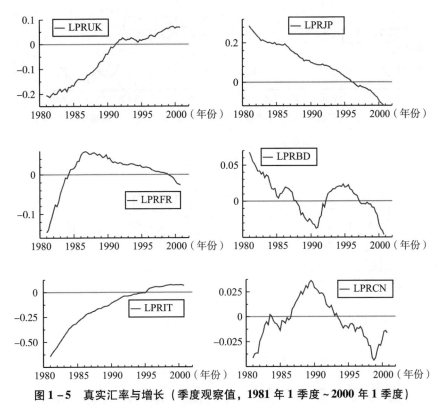

图 1 – 5　真实汇率与增长（季度观察值，1981 年 1 季度～2000 年 1 季度）

注：真实汇率（PR(i, us)$_t$，以对数表示）。

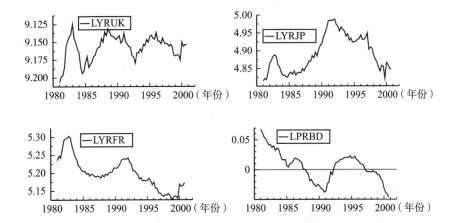

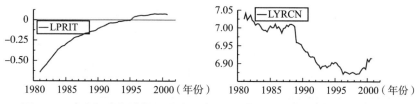

图 1-6　真实汇率和增长（季度观察值，1981 年 1 季度~2000 年 1 季度）

注：增长（YR(i, us)$_t$，以对数表示）。

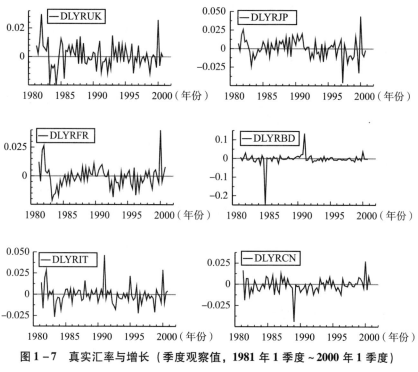

图 1-7　真实汇率与增长（季度观察值，1981 年 1 季度~2000 年 1 季度）

注：增长（$\Delta$YR(i, us)$_t$，以对数表示）。

3. Engle and Granger 的 ADF 协整检验结果分析

运用 Engle and Granger 的 ADF 对式（1-24）进行协整检验，结果表明，在价格比率与产出比率的水平变量序列中，没有任何一组存在协整关系。表 1-5 列出了 Engle and Granger ADF 检验的结果，用式（1-25）计

算临界值 $C(p)$。由麦金农（MacKinnon，1991）提供的协整检验反应曲面临界值表计算得出，$\phi_\infty = -3.7429$、$\phi_1 = -8.352$、$\phi_2 = -13.42$、$T = 75$，以及 $n = 3$。这样临界值 $C(p)$ 为：

$$C(p) = \phi_\infty + \phi_1 T^{-1} + \phi_2 T^{-2} = -3.7429 - \frac{8.325}{75} - \frac{13.42}{75^2} \approx -3.86$$

从表 1-5 中看到 $\hat{u}_{t-1}$ 的所有系数的 t-统计值都不显著。$\rho$ 的所有系数的 t-值的绝对值都小于临界值（-3.86）的绝对值，即在 95% 的置信水平上 $|t| < |C(p)|$。这样接受纳假设：$PR(i, us)$ 和 $YR(i, us)$ 不存在协整关系。

表 1-5　　　　　　　　　**Engle and Granger 的 ADF 协整检验**

| $\hat{u}_{t-1}$ | UK | JP | FR | BD | IT | CN |
|---|---|---|---|---|---|---|
| ρ 系数的 t-值 | -2.04 | 0.75 | -0.71 | -1.91 | -1.65 | -1.91 |

注：估计样本：1982 年第 2 季度~2000 年第 4 季度；纳假设：$\rho = 0$，或无协整关系；临界值 $C(p)$ 为 -3.85，置信显著水平为 5%。

因此，对式（1-24）进行的传统协整检验结果表明，以美国为基准国家，其他六个国家与美国之间的真实汇率和经济增长都不存在长期稳定关系。如果不考虑协整检验方法的可靠性，上述结果也似乎支持大量的经验研究结论：有比较少的证据证明在真实汇率与经济增长之间存在长期稳定关系。

4. 边限检验结果分析

表 1-6 给出计算的回归式（1-24）和式（1-25）的 F-值和 t-比率。结果表明，如果在回归式中不包括趋势项，只有意大利/美国（IT/US）的价格比率与产出比率的水平关系有长期稳定关系。这里，计算的回归式（1-24）和式（1-25）的 F-值和 t-比率都超过相应的临界值（以 95%

的置信水平）。对意大利/美国的价格水平比率与产出一阶差分比率的关系的检验得出同样的结论。这里，计算的回归式（1－24）和式（1－25）的 F－值和 t－比率都超过相应的临界值（以90%的置信水平）。置信水平的差异意味着，在意大利/美国之间的 BSH 关系检验中，真实汇率与边际生产率增长之间的关系要弱于真实汇率与平均生产率增长之间的关系。然而，除了意大利/美国情形外，检验结果没有发现有力的证据证明其他五组真实汇率（UK/US，JP/US，FR/US，BD/US 和 CN/US）与边际生产力增长，或是与平均生产力增长之间存在长期稳定关系。

表 1－6　　　　　检验真实汇率与生产力增长之间的长期稳定关系的

F－统计值和 t－统计值（无趋势项）

（样本为 1982 年 2 季度 ~ 2000 年 4 季度）

$$PR(i,\ us)_t = \alpha_1 + \beta_1 YR(i,\ us)_t + \mu_t$$

| PR(i, us)：真实汇率 | urRSS | rRSS | F－值 | t－值（$\beta_1$） |
|---|---|---|---|---|
| UK/US | 0.0021 | 0.0023 | 3.75 | －2.22 |
| JP/US | 0.0011 | 0.0011 | 1.29 | 1.59 |
| FR/US | 0.0012 | 0.0013 | 1.35 | －1.53 |
| BD/US | 0.0012 | 0.0014 | 3.50 | －2.43 |
| IT/US | 0.0014 | 0.0016 | 6.32 * | －3.37 * |
| CN/US | 0.0010 | 0.0011 | 3.05 | －1.64 |

$$PR(i,\ us)_t = \alpha_1 + \beta_1 \Delta YR(i,\ us)_t + \nu_t$$

| PR(i, us)：真实汇率 | urRSS | rRSS | F－值 | t－值（$\beta_1$） |
|---|---|---|---|---|
| UK/US | 0.0021 | 0.0023 | 1.50 | －1.71 |
| JP/US | 0.0010 | 0.0011 | 1.03 | 1.16 |
| FR/US | 0.0012 | 0.0012 | 1.20 | －1.09 |

| PR(i, us)：真实汇率 | urRSS | rRSS | F - 值 | t - 值（$\beta_1$） |
|---|---|---|---|---|
| BD/US | 0.0013 | 0.0014 | 0.77 | -1.02 |
| IT/US | 0.0014 | 0.0016 | 5.54** | -3.20** |
| CN/US | 0.0011 | 0.0012 | 1.85 | -0.95 |

注：（1）F - 值通过下面公式计算：

$F = \dfrac{(rRSS - urRSS)/m}{urRSS/(n-k)}$，其中，rRSS 的限制条件为：$\beta_1 = 0$，$\beta_2 = 0$。

（2）F - 统计值和 t - 统计值的临界值参照佩萨兰、申和史密斯（Pesaran, Shin and Smith, 1999）（Table C1. iv, Table C1. v 和 Table C2. v）的研究结果；* 代表 5% 的显著性水平，** 代表 10% 的显著性水平。

在 ECM 回归式中加入趋势项后，运用式（1 - 30）计算出了 F - 值，其中，n = 75；k = 13；m = 3。在考虑趋势项后，urRSS 代表由非限制回归式（1 - 27）得出的 RSS；rRSS 代表由回归式（1 - 28）得出的 RSS，限制条件为 $\alpha_1 = 0$，$\beta_1 = 0$，$\beta_2 = 0$。这里的临界值 F - 统计和 t - 统计参考佩萨兰、申和史密斯（Pesaran, Shin and Smith, 1999）的研究结果。

从表 1 - 7 可以看出，如果考虑趋势项，只有法国/美国（FR/US）的真实汇率与产出比率有长期稳定关系。在法国/美国的关系中，计算的回归式（1 - 24）和式（1 - 25）的 F - 值均大于临界值（95% 的置信水平）。计算的回归式（1 - 24）的 t - 比率以 99% 的置信水平大于临界值；计算的回归式（1 - 25）的 t - 比率以 95% 的置信水平大于临界值。对其他六组真实汇率（UK/US、JP/US、BD/US、IT/US 和 CN/US）的检验结果，无论是回归式（1 - 24）还是式（1 - 25）都没有发现支持 BSH 的证据。

表 1-7　　　　　　　检验真实汇率与生产力增长之间的

长期稳定关系的 F - 统计值和 t - 统计值（包括趋势项）

（样本为 1982 年 2 季度 ~ 2000 年 4 季度）

$$PR(i, us)_t = \alpha_1 + \beta_1 YR(i, us)_t + \mu_t$$

| PR(i, us)：真实汇率 | urRSS | rRSS | F - 值 | t - 值（$\beta_1$） |
|---|---|---|---|---|
| UK/US | 0.0021 | 0.0023 | 2.68 | -1.35 |
| JP/US | 0.0009 | 0.0011 | 4.05 | -2.81 |
| FR/US | 0.0009 | 0.0013 | 9.41* | -4.84+ |
| BD/US | 0.0012 | 0.0014 | 3.41 | -2.95 |
| IT/US | 0.0013 | 0.0016 | 5.35 | -3.19 |
| CN/US | 0.0009 | 0.0011 | 3.69 | -2.10 |

$$PR(i, us)_t = \alpha_1 + \beta_1 \Delta YR(i, us)_t + \nu_t$$

| PR(i, us)：真实汇率 | urRSS | rRSS | F - 值 | t - 值（$\beta_1$） |
|---|---|---|---|---|
| UK/US | 0.0021 | 0.0023 | 1.09 | -0.97 |
| JP/US | 0.0010 | 0.0011 | 1.61 | -1.49 |
| FR/US | 0.0009 | 0.0012 | 7.83* | -4.04* |
| BD/US | 0.0013 | 0.0014 | 1.37 | -1.62 |
| IT/US | 0.0014 | 0.0016 | 3.88 | -2.30 |
| CN/US | 0.0011 | 0.0012 | 2.09 | -1.31 |

注：F - 统计值和 t - 统计值的临界值参照佩萨兰、申和史密斯（Pesaran, Shin and Smith, 1999）（Table C1. iv, Table C1. v 和 Table C2. v）的研究结果；＊代表 5% 的显著性水平，＋代表 1% 的显著性水平。

## 5. 总结

巴拉萨—萨缪尔森假说（BSH）将两国之间价格（真实汇率）差和劳动生产力差有机联系起来，将非贸易品相对价格与真实汇率有机联系起来，并预言在人均收入上升的国家，价格水平也趋于上升，换言之，在经历高速增长的国家，往往伴有真实汇率升值。然而经验研究结论具有争议。本书采用 1980～2000 年七国集团的季度数据，运用佩萨兰、申和史密斯（Pesa-ran，Shin and Smith，1999）的边限检验方法对法里亚和莱昂·莱德斯马（Faria and Leon‐Ledesma，2003）的两个简化模型进行检验，检验的纳假设是真实汇率与经济增长之间不存在长期关系。

运用传统的协整检验发现，式（1‐24）中代表的六组真实汇率与增长率之间没有任何一组存在长期稳定关系。这一结果似乎与大部分经验研究的发现一致。然而，边限检验的结果并不十分悲观。至少在对回归式（1‐24）和式（1‐25）的检验中发现，如果不考虑趋势项，意大利的真实汇率行为能够在一定程度上用产出增长解释，尽管对其他五组真实汇率（英国、日本、法国、德国和加拿大）的检验没有找到支持性证据；如果考虑趋势项，对五组汇率（英国、日本、德国、意大利和加拿大）的检验结果拒绝了 BSH 关系，但在对法国的检验中却发现了在真实汇率与经济增长之间存在长期稳定的关系。这些发现要比法里亚和莱昂·莱德斯马（Faria and Leon‐Ledesma，2003）的检验结果乐观。

（二）对亚洲国家和地区数据的检验

1. 样本和数据

本部分的样本包括：日本（JP）、中国香港特别行政区（HKSAR）、韩国（KR）、新加坡（SI）、菲律宾（PH）、中国（CH）、马来西亚（MA）、泰国（TH）、印度尼西亚（IN）和印度（INDIA）。样本选择主要有两个考虑，一是数据的可获性；二是这些样本包括了亚洲的主要经济体。这些经济体具有部分共性，如出口导向和彼此形成自然的产业分工链；同时也各自具有特质，如不同的经济体制特征（市场经济和转轨经济）和不同发展水平（发达的新兴经济体和发展中的新兴经济体）。样本期为 1975～2002 年的年度数据。用 GDP 缩减指数作为真实汇率的替代变量。产出是以不变国内价格的人均 GDP 计算的。数据来源于国际货币基金的 IFS 和世界银行的 WDI。全部变量均转换为对数。

2. 检验结果

对 BSH 简化模型进行的 ECM 检验所得出结果如表 1 - 8 和表 1 - 9 所示。

表1-8　　　　　　经济增长与真实汇率的稳定关系检验结果

（经济增长→真实汇率）

| PR（i，us）：真实汇率 | urRSS | rRSS | F - 值 | t - 值（β₁） |
|---|---|---|---|---|
| 日本（JP） | 0.001481 | 0.002421 | 6.023858 * | - 3.000 |
| 中国（CH） | 0.228963 | 0.239620 | 0.442156 | - 0.938 |
| 中国香港特别行政区（HKSAR） | 0.015358 | 0.025870 | 6.502663 * | - 1.020 |
| 韩国（KR） | 0.010268 | 0.016521 | 6.393812 * | - 2.790 |
| 马来西亚（MA） | 0.031850 | 0.034483 | 0.785234 | - 1.240 |
| 新加坡（SI） | 0.002818 | 0.005505 | 9.056187 *** | - 4.250 *** |
| 泰国（TH） | 0.007819 | 0.009557 | 2.112563 | - 1.760 |
| 菲律宾（PH） | 0.020016 | 0.037666 | 8.377346 *** | - 4.090 *** |
| 印度尼西亚（IN） | 0.088218 | 0.114057 | 2.782662 | - 2.360 |
| 印度（INDIA） | 0.030223 | 0.043144 | 4.061612 | - 0.422 |

注：临界值 F - 统计和 t - 统计由佩萨兰、申和史密斯（Pesaran，Shin and Smith，1999）提供（Table C1. v 和 Table C2. v，pT. 3，pT. 5）；＊代表 90% 的置信水平，＊＊＊代表 97.5% 的置信水平。

表1-9　　　　　　真实汇率与经济增长的稳定关系检验结果

（真实汇率→经济增长）

| PY（i，us）：经济增长 | urRSS | rRSS | F - 值 | t - 值（β₁） |
|---|---|---|---|---|
| 日本（JP） | 0.009503 | 0.009580 | 0.077038 | - 0.009 |
| 中国（CH） | 0.012286 | 0.015555 | 2.527750 | - 2.130 |
| 中国香港特别行政区（HKSAR） | 0.027941 | 0.030342 | 0.816351 | - 1.150 |

续表

| PY(i, us): 经济增长 | urRSS | rRSS | F - 值 | t - 值（β₁） |
|---|---|---|---|---|
| 韩国（KR） | 0.030652 | 0.033594 | 0.911878 | - 0.991 |
| 马来西亚（MA） | 0.034026 | 0.042874 | 2.470193 | - 2.080 |
| 新加坡（SI） | 0.013094 | 0.017683 | 3.329504 | - 2.170 |
| 泰国（TH） | 0.023694 | 0.030839 | 2.864574 | - 1.470 |
| 菲律宾（PH） | 0.005190 | 0.009218 | 7.373187 ** | - 3.840 ** |
| 印度尼西亚（IN） | 0.015267 | 0.021367 | 3.796077 | - 2.730 |
| 印度（INDIA） | 0.012213 | 0.018811 | 5.132044 | - 3.190 |

注：临界值 F - 统计和 t - 统计由佩萨兰、申和史密斯（Pesaran, Shin and Smith, 1999）提供（Table C1. v 和 Table C2. v, pT. 3, pT. 5）；** 代表95%的置信水平。

表1 - 8 的结果显示经济增长与真实汇率的长期稳定关系，即反映在哪些经济体中经济增长作用于真实汇率。结果表明，（1）在日本、中国香港特别行政区、韩国、新加坡和菲律宾，经济增长与真实汇率之间存在长期稳定关系。（2）其中，从统计学意义上讲，由于计算的 F - 值以 97.5% 的置信水平超过相应的临界值，这种长期稳定关系在新加坡和菲律宾表现的较强；相比之下，日本、韩国和新加坡则表现的较弱。（3）如果同时考虑 F - 值和 t - 比率检验，这种长期稳定关系在新加坡和菲律宾表现出较强的显著性；相比之下，日本、韩国和新加坡则不存在 t - 比率的显著性。（4）在中国、马来西亚、泰国、印度尼西亚和印度，无论是 F - 值检验，还是 t - 比率检验，都呈现出不显著性，这表明，在这些经济体中经济增长与真实汇率变动之间不存在长期稳定关系。更具体讲，这些经济体的经济增长与真实汇率之间没有必然的联系。

简而言之，通过对经济增长和真实汇率的关系进行检验，研究发现在日本、中国香港特别行政区、韩国、新加坡和菲律宾，经济增长对真实汇率有显著的影响，而在中国、马来西亚、泰国、印度尼西亚和印度，经济增长与真实汇率变动之间不存在长期稳定关系。

表 1 - 9 结果显示真实汇率与经济增长的长期稳定关系，即反映在哪些经济体中真实汇率作用于经济增长，或者说在哪些经济体中真实汇率错位可能对经济增长造成影响。本章的检验结果表明：（1）只有菲律宾，F - 值检验和 t - 比率检验都呈现出显著性，这表明菲律宾的真实汇率变动在长期内对经济增长有显著的影响。（2）而其他样本，日本、中国、香港特别行政区、韩国、新加坡、马来西亚、泰国、印度尼西亚和印度，真实汇率变动在长期内都对经济增长没有显著的影响。

上述检验结果与伊藤（Ito et al.，1997）的主要结果不谋而合，尽管本书在样本、样本期限和计量方法上有很大的不同。这在相当程度上意味着经济增长与真实汇率的 BSH 关系与经济发展阶段和贸易结构升级有关。具体来说，亚洲经济体之间的经济发展和产业分工所形成的雁行模式中，领头经济体基本上符合巴拉萨—萨缪尔森假说的命题。而这一命题对雁行模式梯队的跟随者则并不显著。

## 五、小结

亚洲经济体在 20 世纪 90 年代爆发金融危机之前的 20 年间经历了相似的工业化过程，大部分经济体在出口导向经济发展战略的影响下，经历了较高的经济增长。在高速经济增长的同时，一些经济体，如日本、韩国等也经历了真实汇率的大幅度升值。这一现象引发了理论思考，即在亚洲经济体中汇率与经济增长之间到底是什么关系？本章的经验研究结果显示：在日本、中国香港特别行政区、韩国、新加坡和菲律宾，经济增长对真实汇率有显著的影响，而在中国、马来西亚、泰国、印度尼西亚和印度，经济增长与真实汇率变动之间不存在长期稳定关系。因此在样本范围内，BSH 只是局部有效。对上述发现的扩展性分析表明，经济增长是否在长期内对真实汇率产生决定性影响与经济发展阶段和经济制度特征有关，特别是与这些经济体之间的雁型发展模式、贸易结构升级过程和经济制度性变迁等特征有关。处于雁型梯队前列、制造品出口占主导地位、初级品出口比重较低的经济体，比如日本、中国香港特别行政区、韩国和新加坡，经济增长往往会带来真实汇率的升值。而处于雁型梯队后列、初级品出口比重较高的经济体，如泰国、印度尼西亚和印度，以及在样本期间经济处于转轨阶段的经济体，如中国，从统计学意义上讲，经济增长并没有带来真实汇率的必然升值。

# 第二章

# 金融危机与资本项目开放

反思 2008 年爆发的国际金融危机，让各国金融监管部门备受困扰的一个问题是如何监控和应对全球流动性。在 2007 年金融危机爆发之前，全球流动性充裕，国际借贷成本低廉，这同时也是金融泡沫积累的时期。2008年雷曼兄弟公司倒闭之后，发达市场去杠杆化使得全球流动性出现瞬间枯竭，系统性风险快速累积。2009 ~ 2010 年，为了应对危机，各国纷纷采取宽松货币和刺激财政的政策。在新增流动性的刺激下，发达国家金融市场得以稳定，但新兴市场却因短期资本的大量流入而过早地步入信贷扩张期。2011 年欧债危机进一步恶化，欧洲财政稳固和银行重组带来新一轮的去杠杆化，又将全球流动性带入新的收缩周期。不难看出，全球流动性的周期波动与金融危机爆发有着密切的关系。然而到目前为止，对全球流动性的监管仍没有一个可靠而完整的框架。

与金融危机相伴而生的是资本项目开放。资本项目开放对一国经济有诸多好处，尤其是对优化资源配置，补充国内储蓄缺口进而促进经济增长有积极作用。然而，资本项目开放同时伴随诸多风险。快速的开放会导致国内宏观经济不稳定性，带来金融风险，甚至造成金融危机。因此，以何种方式开放资本项目，需要哪些条件保证资本项目开放风险降至最低，这一系列问题既是理论关注的要点，也是政策面临的重要议题。

本章首先回答四个问题：如何测量全球流动性？全球流动性对金融稳定有什么影响？应对全球流动性风险有哪些措施？中国的政策选择是什么？然

后对资本项目开放的模式进行讨论，按照开放速度和顺序将基本项目开放划分为三类：渐进的、激进的和中间的观点，同时以泰国在亚洲金融危机前后的经验教训得出启示。最后对亚洲金融危机形成和爆发过程中汇率政策与资本项目开放等政策组合的作用进行回顾。

## 第一节　全球流动性管理

全球流动性概念由来已久，也颇具争议。在"二战"后建立的布雷顿森林体系下，全球流动性指各国政府和国际金融机构手中黄金和美元储备资产。1969 年设立的特别提款权（SDR），作为美元流动性的补充，是国际货币基金组织（IMF）成员方创造的一种只在成员方之间记账使用的储备资产。随着金融一体化、国际金融市场的发展，以及金融创新的出现，特别是在布雷顿森林体系崩溃之后，各种形态的跨境资本流动出现不断改写全球流动性的含义，这为全球流动性管理带来了挑战。

### 一、全球流动性测量

为加强对全球流动性的管理，20 国集团（G20）成立了"国际货币体系改革和流动性管理"工作组，并委托国际清算银行（BIS）对全球流动性问题进行研究。2011 年 5 月，国际清算银行下属的全球金融体系委员会（CGFS）设立特别小组，对全球流动性测量、动因和政策含义进行研究。国际清算银行（BIS，2011）梳理了全球流动性概念，将全球流动性按主体划分为官方流动性和私人流动性[1]。

根据国际清算银行的定义，官方流动性是指货币当局创造和提供的流动性。这其中，各国中央银行是唯一能够创造流动性的主体，而国际金融组

---

[1]　高海红：《全球流动性风险和对策》，载《国际经济评论》2012 年第 2 ~ 3 期。

织，比如国际货币基金组织是动用手中救助性基金和特别提款权，在必要时为私人流动性提供补充的主体。私人流动性主要指金融机构进行跨境融资的意愿，主要包括融资流动性、市场流动性和风险承受流动性，分别代表私人机构的融资能力、融资规模和金融杠杆程度。必须指出的是，国际清算银行的这种划分具有框架性指导意义。但在现实中，各类流动性之间的界限并非清晰，特别是，全球流动性并非各国流动性加总，这大大增加了流动性在全球维度中测量的难度。

在实际操作中，国际清算银行建议同时考虑两个尺度：数量尺度和价格尺度。数量尺度测量流动性的累积规模，而价格尺度则能反映流动性条件（见表2-1）。比如官方流动性，按数量尺度测量，可以观测基础货币、广义货币，或者外汇储备的变化。按价格尺度测量，可以观测官方利率和短期货币市场利率的变化。观测私人流动性变化更为复杂，必须将数量尺度和价格的尺度结合来判断。这其中可观测的数量指标包括银行流动性、期限错配、商业票据市场融资额、银行杠杆比率等。可观测的价格指标包括伦敦同业拆放利率—隔夜指数掉期息差（Libor – OIS spread）、外汇市场互换基点、债券—信贷违约互换基点（Bond – CDS basis）、基金经理调查、买卖差价、风险波动指标（VIX）、金融资产价格和利差、不动产价格以及公司市盈率等（BIS，2011）。敏锐的观察家可以从各种指标中捕捉到私人机构融资意愿的动态和累积的风险。

表2-1　　　　　　　　　　　　　流动性种类和测量

| 种类 | | 数量指标 | 价格指标 |
|---|---|---|---|
| 官方流动性 | 货币流动性 | 基础货币<br>广义货币总量<br>外汇储备 | 政策利率<br>货币市场利率<br>货币条件指数 |

续表

| 种类 | | 数量指标 | 价格指标 |
|---|---|---|---|
| 私人流动性 | 融资流动性（能力） | 银行流动性<br>期限错配<br>商业票据 CP 市场融资额 | Libor – OIS 利差<br>外汇市场互换基点<br>Bond – CDS 基点<br>基金经理调查 |
| | 市场流动性（规模） | | Bid/ask 买卖差价<br>基金经理调查 |
| | 风险承受（杠杆） | | 各种风险偏好指标（VIX）<br>金融资产价格和利差<br>不动产价格<br>P/E 公司市盈率 |

资料来源：笔者参考 BIS（2011），"Global Liquidity – Concept，Measurement and Policy Implications"，CGFS Papers，No 45，November 文献计算得出。

作为全球流动性测量框架，上述各类指标具有参考性。但在现实中，流动性动态变化十分复杂。首先，私人流动性表现为私人融资意愿，而意愿本身具有很强的心理特征，难以量化。其次，私人流动性具有内生特点，因为融资必须有交易对手，也就是只有当交易双方都愿意参与市场的时候，才能获得流动性，一方退出市场，就会出现信贷收缩。这一内生特征加大对流动性变化的观测和预测难度。再次，就官方与私人流动性关系而言，官方流动性变化通常改变了私人流动性的融资条件，比如基础货币扩张或者政策利率的降低会刺激私人融资意愿，或者在私人流动性严重不足时官方直接向市场注入流动性。但问题是，就规模而言，私人流动性要远远大于官方流动性，是全球金融市场的主体。特别是考虑私人流动性具有意愿特质，官方企图通过改变流动性条件来影响私人流动性，往往力不从心。在更极端的情况下，比如在流动性枯竭、市场融资意愿冻结时，即便是官方能够直接注入大量的流动性，如果不能产生足够的信号效应，瞬间恢复市场信心，官方的反应很可能无效。最后，在各项测量指标中，有一项是基金经理调查。在这里，基金经理观点，不仅是观点，而是一种市场合力，一旦达成共识，不管基本面如何，市场预期有很强的预期自我实现倾向。这种"市场原教旨"势力，往往是左右流动性的终极因素。纵观2011年的欧债危机，始终贯穿着市场与政府的较量。评级机构在关键时刻发出警告，其效应不仅是披露真实风险，更重要的会影响市场情绪，这对各国货币当局和监管者提出严峻的挑战。

## 二、全球流动性对金融稳定的影响

全球流动性过度膨胀和严重收缩都会造成金融动荡，甚至导致系统性危机的爆发（IMF，2011）[①]。具体来看，在全球层面，流动性变化与金融稳定性有如下关联。

### （一）全球流动性的周期波动与金融危机

私人流动性的波动与国家宏观政策和市场信贷条件密切相关。宽松的政策和信贷条件往往刺激金融机构提高金融杠杆比率和追求高风险投资。金融机构资产负债表的扩张导致风险不断累积，甚至导致金融危机的爆发。回顾过去30多年间的多次危机，比如，1979年第二次石油危机、1987年美国股市暴跌、1997~1998年亚洲金融危机、2000年纳斯达克危机，以及2007年由美国次贷危机引发的全球金融危机，不难看出，每次危机的爆发都与流动性的波动存在密切的相关性。一个普遍的特点是，在危机爆发之前，全球流动性不断累积；而在危机爆发后，流动性瞬间收缩。比较来看，2007年由美国次贷危机引发的全球金融最为深重。特别是在2008年雷曼兄弟倒闭之后，全球流动性大幅度收缩，金融机构融资意愿几乎冻结。严重的信贷收缩造成金融市场严重抑制，危及金融体系的运转，甚至威胁到实体经济。随着

---

① 系统性危机指具有产生严重金融压抑和广泛传染效应的金融危机。对系统性危机的解释，参见 IMF（2011），"Analytics of Systematic Crisis and the Role of Global Financial Safety Nets"，Prepared by the Strategy, Policy, and Review Department, In consulting with other departments, Approved by Reza Moghadam, March 31.

美联储连续出台的数量宽松政策、向市场直接注入流动性，流动性收缩才得以缓解。但是，随之而来的在全球范围内刺激财政和放松货币政策，又再度释放了流动性。在各国经济增长前景不确定的情况下，新增的流动性在不同市场之间寻求利差，其短期投机性十分明显。进入 2011 年，随着欧债危机的不断深化，欧元区银行业面临新一轮的去杠杆化。到 2012 年，欧洲的银行到期负债约占总债务的 25%，同时许多债券发行的政府担保也到期。这意味着，欧洲的银行经历大幅度收紧融资。欧洲的银行资产大幅度缩减对全球资本流动乃至世界经济复苏产生重大的影响。

（二）私人流动性的传染效应

私人流动性的传染性表现为以下几个方面。

一是表现为跨境传递。不同市场之间的任何利差、汇差变化都会诱发私人资本的流动。特别是资本管制宽松的市场，跨境传递最为明显。

二是表现为市场间传染。流动性困难往往始发于短期信贷市场。银行出现融资困难，通常伴随着货币错配和期限错配，这样，信贷市场流动性变化会对中长期负债证券市场、外汇市场等其他金融市场产生冲击。机构之间互相持有的流动性使得问题变得更加复杂。更重要的是，流动性风险偏好变化会造成国际金融市场的剧烈波动。2010 年，投资者风险偏好上升，导致国际资本流动寻求收益（search for yield），资本流向高杠杆、高风险、高收益市场。结果是国际大宗商品、股市等高风险市场价格上涨。2011 年，投资者风险偏好下降，资本流动寻求避险（safe-haven）。作为在传统避险资产的信用级别较高的美国、德国政府 10 年期国债是典型的避险资产。2011 年，这些债券的收益率都在 3% 以下，具有良好的市场流动性①。资源国家的货币，如加元和澳元、套利货币日元，以及安全货币瑞士法郎也成为避险货币。这其中，2011 年 9 月，市场对瑞郎的需求压力曾导致瑞郎大幅度升值，

---

① 资料来源：Wind 数据库。

瑞士国家银行被迫入市干预，抛售瑞郎，稳定瑞郎汇率。

三是表现在发展中国家和新兴经济体成为流动性被动接受者。多数发展中国家国内金融市场狭小，市场深度和广度不足，这使得这些国家即便有较高的国内储蓄也无法在本国市场有效地将其转换为投资。这些国家，特别是在资本管制比较松的国家，普遍存在较低的投资本土化倾向，本国金融体系具有较高的对外部市场的风险暴露，更容易受到国际流动性冲击。从危机前后亚洲、拉美和东欧新兴市场的资本流动状况看，在各种资本流动形态中，直接投资相对稳定，私人资本波动较大。特别是 2010 年，在新兴经济体经济复苏不稳定的情况下，私人资本大规模流入过早地将它们带入信贷扩张期，推高了国内的资产价格，增加通货膨胀压力和货币升值压力。一些国家为保持汇率稳定不得不加大了干预外汇市场的力度，造成外汇储备的再度累积。这一切都延缓了经济复苏的进程。更重要的是，国际资本流动出现急停或大规模流出，对宏观经济和金融体系稳定破坏性极大。面对这种被动局面，新兴市场政策选择十分有限，除了资本管制具有事先预防功效，其他应对措施主要是事后应对，这给包括中国在内的新兴市场国家带来巨大挑战。

四是因美国是全球流动性最主要的创造者。由于美元是全球最主要的储备、结算和计价货币，美联储自然是全球美元流动性的创造者和提供者。过度的美元流动性是导致金融危机的隐患，然而在出现危机之后，流动性瞬间紧缩又需要美联储及时提供美元流动性支持，防止市场解冻和系统性破产。2002～2007 年，美联储实施低利率政策，大幅度降低美元借贷成本，通过资本项目为其贸易逆差融资。与此同时，由于美元是全球最主要的国际货币，美国可以毫无障碍地将美元输出。在这期间，对非金融机构美元信贷，在美国境外年均增长 30%，境内增长 23%。2008 年雷曼兄弟公司倒闭之后，美联储的数量宽松政策大幅度增加了全球流动性。到 2010 年中期，非金融机构持有的美元资产，外国机构持有占全部的 13%。换言之，100 美元中有 13 美元在外国人手里①。这还不算外国金融机构和政府手里的美元资产。

然而，在美元流动性全球持有的同时，又缺乏国际机构或者超主权实体行使监控中央银行流动性创造的职能。美联储在缺乏财金纪律的约束下，拥有美元流动性创造的绝对权利。其影响，一方面，从全球失衡的角度看，美元流动性与美国经常项目逆差挂钩，造成国际货币体系内在缺陷，是全球失衡的重要原因。只要顺差国愿意接受并持有美元，流出美国的美元就可以以美元债务的形式流回美国，形成美国逆差融资的格局。另一方面，由于美国不再承诺保持美元汇率的稳定，那些自愿钉住美元的国家货币当局，或者紧跟美联储，接受美国货币政策的传递效应，深受美国政策外部性冲击；或者对外汇市场持续干预，被动累积大量美元储备。

### 三、美元融资市场动荡与危机救助

2020 年新型冠状病毒肺炎疫情（以下简称"新冠肺炎疫情"）暴发对世界经济造成重创，也给全球金融稳定性带来冲击。由于美元作为国际货币在全球使用，以及在美国境外存在着规模巨大的美元岸外市场，这使得在新冠肺炎疫情期间美元融资市场条件的变化与全球美元流动性波动密切相连。从长期看，美元流动性与金融动荡存在着交互关系，美联储始终充当全球最后贷款人的角色。这样一种彼此强化的循环如何维持，以及其对全球金融稳定性带来怎样的影响，则需要进一步探讨②。

（一）美元融资市场危情

2020 年新冠肺炎疫情暴发初期，各国普遍采取抗疫措施和推出刺激政策。但因新冠肺炎疫情在各国和各地区蔓延程度和进展阶段有所差异，各国

① 资料来源：国际清算银行数据库。
② 高海红：《美元融资市场动荡与危机救助》，载《中国金融》2021 年第 1 期。

采取的各项措施力度也有所不等，政策效果和经济恢复前景十分不确定。这一高度不确定性对金融市场信心构成严重打击。2020 年 3 月中上旬，全球规模最大、流动性最高的美国债市场出现大规模抛售。美国十年期国债收益率息差在 3 月 20 日曾一度扩大 200 个基点[①]。这其中，对冲基金通过隔夜拆借市场以杠杆购买国债，同时在期货市场出售国债期货合约，在期货合约收益快速下跌之时以出售现货国债来填补期货合约敞口，致使美国国债市场出现大幅度超卖。美国国债市场是为全球提供国债基准收益率的最重要的市场。从技术指标看，货币市场的伦敦银行同业拆息与隔夜指数掉期的息差（Libor－OIS）在 2020 年 3 月底曾高达 138 基点[②]，是 2008 年国际金融危机以来的新高。这表明美元融资成本已大幅度攀升，美元流动性危机显现。

美元在国际市场的独特地位加剧了美元融资市场的动荡程度。这其中有三个因素起主要作用。首先，美元境外存量多年累积增长。2000 年，美国境外银行机构持有的美元负债为 3.5 万亿美元，其规模到 2019 年底增加至 10.3 万亿美元，这些银行机构的美元负债只有约 22% 的部分在美国境内通过分支或者附属机构进行融资，其余的 78% 需要在美国境外融资（Aldasoro et al.，2020）。除了银行，非银行机构持有的美元负债更是高达 12 万亿美元。在美元融资市场条件发生变化的情况下，这一存量的规模效应非常巨大。其次，从实体部门看，美元融资需求缘于美元在国际贸易中的结算地位。在美国境外有大量的非金融部门使用美元，比如进出口商以美元进行贸易结算，这构成对美元融资的需求。大量贸易公司对从事美元批发性融资的银行具有依赖性，而后者对美元信贷条件变化十分敏感。再次，离岸美元市场放大了美元流动性的紧缺。在美国境外存在大规模的以外汇掉期等形式存在的场外交易美元衍生品市场。当美元融资市场出现紧缺，境外机构需要通

---

① 资料来源：Wind 数据库。
② 资料来源：国际清算银行数据库。

过离岸美元掉期市场获得美元资金，这在更大范围造成美元流动性短缺。在
2020年3月和4月，外国持有人曾分别出售3000亿美元和1770亿美元的美
国长期国债。而在3月的出售中，有1/3的交易来自开曼群岛的对冲基金
（Smith，2020）。

（二）美联储救助

为缓解美元融资市场危机，美联储迅速采取多项行动。2020年3月9
日，美联储开始向隔夜拆借市场注入流动性；3月16日美联储再度将联邦
基金利率降至零水平，并同时扩大资产购买的范围和规模；3月23日美联
储承诺无上限购买美国国债、购买公司债以及出台更多救助措施。为缓解国
际市场对美元流动性的需求，美联储启动美元互换安排，调低与欧洲中央银
行、日本中央央行、英格兰银行以及瑞士中央银行之间在早期建立的无限额
的美元互换融资成本。随后美联储与澳大利亚、巴西、丹麦、韩国、墨西
哥、新西兰、新加坡和瑞典中央银行和货币当局签署有限额的临时美元互换
安排，扩大美元流动性获得的覆盖范围（见表2-2）。此外，美联储还设立
了外国和国际货币当局回购设施（FIMA Repo Facility），允许所有在纽约联
储开户的外国中央银行与美联储签订回购协议，利用他们手中持有的美国国
债获取美元，然后将这些美元提供给所管辖范围内的机构使用。这一举措目
的是缓解美国国债市场抛售压力，希望外国人减少对美国国债的出售。截至
6月10日，美元互换使用的未清偿总额达4445.2亿美元，这其中日本中央
银行和欧洲中央银行所使用的额度最大，分别为2221.6亿美元和1449.8亿
美元，占总额度的50%和33%。美联储新设立的9项互换中有5家央行启
动了互换，其使用金额为458.6亿美元，占总额度的10%。美联储的这些
行动对稳定美元融资市场尤其重要①。美国国债市场在4月下旬得以回稳，
5月之后美元融资成本显著下降，美元流动性短缺得到缓解。

---

① 资料来源：美国联邦储备体系网站。

表 2 - 2                                            美联储互换

| 类别 | 伙伴中央银行 | 金额（10 亿美元） | 签署日期 |
|------|--------------|------------------|----------|
| 永久互换 | 加拿大中央银行 | 无限额 | 2013 年 10 月<br>无限期 |
| | 英格兰银行 | | |
| | 欧洲中央银行 | | |
| | 日本中央银行 | | |
| | 瑞士国民银行 | | |
| 临时互换 | 澳大利亚储备银行 | 60 | 2020 年 3 月 17 日<br>有效期 6 个月 |
| | 巴西中央银行 | 60 | |
| | 丹麦国民银行 | 30 | |
| | 韩国中央银行 | 60 | |
| | 墨西哥中央银行 | 60 | |
| | 挪威中央银行 | 30 | |
| | 新西兰储备银行 | 30 | |
| | 新加坡货币管理局 | 60 | |
| | 瑞典中央银行 | 60 | |

资料来源：美国纽约联储数据库。

然而，美联储对美元融资市场的直接干预也埋下了隐患。首先，美国国债市场作为全球金融系统的避风港，其地位本身具有脆弱性。一方面，这缘于政府债务的剧增以及长期经济低迷可能引发债务危机；另一方面，美联储快速大规模的干预行为本身会导致道德风险。比如，美联储直接注入流动性，在一定程度上是对过度杠杆化的交易商进行救助，其所受到的质疑在本次新冠肺炎疫情期间尤其突出。其次，资产购买是稳定美国债市场的重要途径。但因资产购买行动极大膨胀了美联储的资产负债表规模，这需要美联储对其调整资产负债表的能力具有超强的弹性。最后，如果干预成为稳定市场的常态，在预期自我实现下，暂时的稳定可能孕育的是持久的动荡。

（三）新兴市场连锁反应

新冠肺炎疫情暴发初期美元避险需求增大，国际资本大幅度流出新兴市场，一些国家甚至出现资本流入急停的现象。仅在 2020 年 3 月，新兴市场的国际股权流出额为 476.2 亿美元，国际债券流出额为 352.9 亿美元。伴随资本流动的变化，新兴市场的货币汇率也发生相应的波动。3 月期间，多数新兴市场的货币对美元都出现了程度不等的贬值。在一个月的时间内，拉丁美洲国家货币对美元的贬值幅度平均为 8.7%；亚洲新兴市场货币对美元的贬值幅度平均为 3.1%；包括中东、非洲和东欧新兴市场国家的货币贬值幅度为 7.7%。这其中，巴西的里尔、南非的兰特、俄罗斯的卢布和墨西哥的比索对美元贬值幅度高达 20%[1]。针对资本流动风险，各国政策当局采取防御行动。美联储亦将其美元互换扩大至 9 家中央银行，这其中包括巴西、韩国、墨西哥和新加坡 4 家新兴市场中央银行[2]。这一举措缓解了美元避险需求缺口。从 4 月开始，美元流动性有所改善，发达国家金融市场逐渐稳定，国际资本开始重新流入新兴市场。

新兴市场资本流动和汇率的变化深受两个方面因素的影响。一方面，在过去几年间新兴市场对美元流动性成倍累积。从 2000 年第一季度至 2020 年第二季度，包括亚洲、欧洲、拉丁美洲和中东在内的新兴市场和发展中国家持有的美元信贷翻倍增长，亚洲地区的美元信贷增长最为显著。当出现美元资金紧缩时，风险偏好变化导致新兴市场主权债息差大幅度提升，这成为诱导资本流出的重要技术指标（Ere et al.，2020）。另一方面，新兴市场的本币债券市场的错配对资本外流起到了推波助澜的作用。新兴市场曾多年受困于"原罪"特征，即因本币不是国际货币，其外部融资不得不依赖非本币市场，其结果往往是期限和货币双重错配，这在相当程度上造成其国

---

① 资料来源：国际清算银行数据库。

② 资料来源：美国联邦储备体系数据库。

内银行体系和金融系统的脆弱性，也是一些国家产生汇率浮动恐惧的原因之一。为缓解上述脆弱性风险，新兴市场在最近几年注重本币债券市场发展。然而本次新冠肺炎疫情暴发却暴露出本币负债证券市场的缺欠。从资本流出结构看，非居民持有了大量的、未对冲的本币负债证券。比如，在包括亚洲、拉丁美洲等在内的新兴市场中，2009年第4季度，非居民持有本币主权债券占总本币主权债的11.45%；到2019年第4季度，这一比例已达24.27%。当国际金融条件发生变化，特别是美元流动性收紧，非居民快速撤离本币债市而转向美债，这成为新兴市场资本外流的重要推手（Hofmann et al.，2020）。

（四）总结

新冠肺炎疫情冲击凸显了美元融资市场的重要性，以及美联储作为最后贷款人的决定性地位。由于美元具有安全资产的特质，美元流动性与安全资产供求密切相关。然而具有争议的是，安全资产的供求失衡是否在任何情况下都可以通过价格进行调节。通常在对安全资产需求大于供给的情况下，安全资产的价格（美国国债价格）会上升，相应的安全资产的收益率（美国国债收益率）会下降。这种情况下会形成一个平衡机制，供求失衡得以自动调节。比如2008年金融危机后出现了安全资产短缺，通过资产的收益率变化和美元升值缓解了这一缺口。然而这一次有所不同。全球低利率水平长期持续，美国等主要国家的国债收益率也已接近为零，这使得安全资产自动平衡机制作用受到限制。更进一步，因价格无法调节安全资产的供求缺口，需求缺口很可能通过国民收入和财富萎缩进行调节，这便出现了"安全陷阱"（Caballero and Farhi，2014）。其政策含义，要么需要政府持续发债来补充安全资产供给；要么从结构入手增加新的安全资产。在美元主导下，前者会使得美元流动性供给过度依赖美国政府负债，这会让美元落入新的特里芬困境；而后者则需要一个多元化货币体系来支撑。在美元网络外部性作用下，这可能是一个长期过程。

总之，本次新冠肺炎疫情暴发对全球金融稳定形成冲击，这对各国货币当局以及国际金融机构的应对速度和救助能力的一次测试。从中长期看，广泛的刺激政策的后遗症还没有展现。与此同时，全球债务将进一步飙升，经济全面复苏仍具有不确定性。但可以确定的是，多边金融合作和国际政策协调的重要性将凸显，这是未来国际金融构架稳健性的重要保障。

**三、管理措施**

应对全球流动性风险的核心目标是减少暴发系统性危机的可能性。具体来看，有效的应对政策应该足以缓解全球流动性周期波动幅度、减低跨境流动性对一国宏观经济和金融体系的冲击，并且及时提供危机救助以避免系统性破产。国际合作是应对全球流动性风险的制度保障。特别是在减少国家政策外溢性，比如国际储备货币发行国政策外溢性方面，国际合作是唯一有效的制度保证。

（一）制度保障

从国际货币体系范畴看，这种制度保障包含两个层次。

一是 G20 首脑峰会。在应对 2008 年全球金融危机中，G20 峰会发挥了重要的作用，成为全球最高层次的合作机制。G20 峰会的核心功能是在全球最具有代表性的 20 个国家之间达成政治共识，然后委托国际金融机构对其决议加以具体实施。目前，在 G20 框架下建立了"国际货币体系改革和流动性管理"工作组，正式将全球流动性管理纳入国际货币体系改革的重要环节。G20 也将系统重要性对冲基金纳入监管范围，在全球层面开始对影子银行监管进行法规建设。

二是国际金融组织。国际金融组织是国际货币体系的职能机构，主要行使制定、实施各项全球金融治理规则。这其中，国际清算银行是全球中央银行的银行，其下属的巴塞尔委员会负责全球的银行业监管，可特别通过巴塞尔协议对银行的核心资本、流动性等提出指标要求。为了应对 2008 年全球金融危机，2009 年 G20 伦敦峰会决定成立金融稳定局（FSB），负责监测全球金融风险。在监控私人流动性风险方面，BIS 发挥着重要作用。

国际货币体系的另一个核心机构是国际货币基金组织，其主要职能是在 189 个成员方发生危机时作为最后贷款人向危机国家提供资金救助。作为危机监控和救助机构，国际货币基金组织依靠整套的金融体系健康状况指标和评估系统，以及训练有素的专家团队，通过对话、互评、和提出建议等手段对危机进行防范，并在必要时通过贷款和信贷支持进行危机救助。为了有效应对危机和顺应新兴经济体快速成长这一新的国际经济格局，2009 年 G20 伦敦峰会决定对国际货币基金组织进行一系列改革。其核心，首先是通过扩充资金增加国际货币基金组织可用资源；其次是改变以往苛刻、僵硬的贷款模式，根据危机新的特点，在贷款条件性、贷款期限、贷款品种等方面最大限度增加灵活性；再次是对单个国家应对资本流动冲击的政策选择进行全面的研讨，改变了长期以来反对发展中国家实行资本管制的强硬立场，首度认可资本管制在一定条件下的合理性。最后是改变治理结构，提高包括中国在内的新兴经济体在国际货币基金组织中的份额和投票权。

（二）工具

全球多边机制包括金融机构监管和流动性救助两个方面。国际清算银行下属的巴塞尔银行监管委员会制定监管框架，通过一系列标准对全球银行业实施监管。2008 年以来，巴塞尔银行监管委员会相继发布了《稳健的流动性风险管理与监管原则》和《巴塞尔协议Ⅲ：流动性风险计量标准和监测的国际框架》，设定银行流动性风险管理和监管的全面框架，实现流动性风险管理和监管在全球范围内执行的统一性、可操作性和有效性。巴塞尔委员会在上述框架之下，通过对银行的核心资本比率和流动性监控等提出新的标准，来降低银行的对手风险，控制银行杠杆率，建立银行抵抗流动性冲击缓冲带，减缓流动性周期波动幅度。同时，上述框架首次提出了全球统一的流动性风险监管定量标准：流动性覆盖率（liquidity coverage ratio，LCR）和净稳定资金比率（net stable funding ratio，NSFR）。这两个流动性计量的国际标准基于压力测试。其中，流动性覆盖率反映未来 30 天内特定压力情景下银行持有的高流动性资产应对资金流失的能力。净稳定资金比率反映银行在 1 个年度内资产和业务的流动性特征，设定可接受的最低稳定资金量以减少期限错配。此外，国际清算银行下属的金融稳定委员会负责监控影子银行，以控制银行负债表的无限膨胀，提高对金融衍生业务监管的透明度和有效性。对国际金融机构健康状况的监控不仅防范流动性危机，也强化金融机构自身应对危机能力。

全球流动性救助是在危机发生之后，特别是出现大规模的、具有高度传染性的流动性紧缩时，由国际金融机构提供的一定金额、低息和附加条件的金融救助。全球救助具有风险分担和救助金额相对充沛的优势。国际货币基金组织是全球最主要的危机防范和危机救助的流动性提供者，其针对 1995 年爆发的墨西哥比索危机、1998 年俄罗斯金融危机，以及 2008 年以来联手欧元区对爱尔兰、立陶宛、拉脱维亚等国家流动性提供救助。为了更有效地发挥作用，国际货币基金组织接受亚洲等发展中国家对其僵硬的贷款模式和苛刻的附加条件的批评，不仅将救助贷款条件性放宽，提供灵活性贷款（FCL），更将援助延伸至那些经济基本面良好，但具有高度发生危机可能性的国家，为它们提供预防性贷款（PCL）。国际货币基金组织拥有总额近 1 万亿美元的基金规模①。

在提高流动性救助灵活性的同时，通过何种手段确保救助的有效性是各层次救助机制面临的难题。传统手段，即对所提供的基金援助附加苛刻的条件，已经不再适用于新的流动性危机特征。但是，如何避免较枉过渡，避免缺乏约束的救助带来新的道德风险，仍缺乏共识。一方面是危机国家渴望瞬间获得充足的资金，而不附带过多的条件；另一方面是出资国家需要对资金

---

① 资料来源：国际货币基金组织数据库。

使用进行约束，又不至影响资金的吸引力。

与上述难题直接关联的具有争议的问题是，当全球流动性出现问题时谁来充当最后贷款人。在全球层次，国际货币基金组织通过向危机国家提供救助贷款来充当全球最后贷款人的角色（Palais Royal Initiative，2011）。此外，美联储是全球流动性的创造者，也理应在流动性枯竭时负责注入流动性。在美元本位下，美联储应当承当全球美元流动性的最后贷款人。事实上，美联储一直充当这一角色。在雷曼兄弟公司倒闭之后，美联储开始对私人金融机构的一系列救助。在欧元区债务危机深化之时，美联储与欧洲央行降低美元互换利率，以便降低欧洲国家通过货币互换获得美元流动性的成本。值得关注的是，私人流动性从本质上讲是融资意愿，流动性短缺并不能以数量来衡量短缺程度，即便考虑各种风险偏好指标，也难以对短缺程度进行准确量化。美联储承担最后贷款人的能力十分有限。在这种情况下，非储备货币发行国政府的介入，即便为问题国家提供非储备货币援助，也会在稳定市场信心方面发挥重要的作用。中国央行通过人民币双边互换承担了最后贷款人的角色。这些货币互换以人民币为支付货币，不是以美元为支付货币，而出现流动性问题的经济体主要缺乏美元流动性。尽管如此，这些人民币双边货币互换在稳定市场信心方面起了重要作用。

在欧元区，欧洲中央银行为单一货币政策的制定者，对在承担区域最后贷款人犹豫不决。欧央行的担心非常具有代表性。欧央行从来不认为中央银行负有对成员方的财政责任。马斯特里赫特条约明确规定，欧央行没有购买和出售成员方政府债券的合法权利。其背后的理念，一是避免道德风险。任何担保和救助都会产生受援者对进一步救助的期望，这可能延缓他们针对危机根源采取整治行动，或者造成搭便车行为。二是避免开错药方。在理论上，流动性危机与清偿性危机有明确的划分，两者有本质的区别，前者通过及时救助可以缓解，而后者的解决方案只有倒闭。问题是，在现实中，两者之间的界限非常模糊。在极端情况下，对流动性危机连续提供援助，甚至会将原本流动性问题变化为清偿性问题。如果对清偿力问题提供流动性救助，这等于对不治之症投进无限财力。

**四、中国的应对措施**

作为 G20 重要成员，中国在全球金融危机爆发以来积极参与全球金融治理的改革。这不仅由于中国拥有巨额的外汇储备，更重要的是中国的改革开放将国内金融市场和金融部门与国际市场不断融合，这一方面为中国寻求与经济实力相当的国际金融地位提供了可能性，也在另一方面迫使中国不得不应面对全球流动性风险的挑战。

首先，对本国银行业的审慎监管是防范流动性危机的制度性基础。在危机爆发之后，中国银监会借鉴巴塞尔银行监管委员会关于流动性监管的最新标准，根据中国银行业的自身特点，制定更为严格的流动性风险监管制度。例如，中国银监会于 2009 年颁布了《商业银行流动性风险管理指引》，以及于 2012 年实施了《商业银行流动性风险管理办法》，建立定性与定量相结合、微观审慎与宏观审慎相结合、覆盖中外资银行的流动性风险管理和监管的制度框架①。

其次，在应对跨境流动性冲击方面，资本管制是政策选择的一道防线。尽管资本管制带来的资源配置扭曲的负面影响显而易见，但是，在国内金融市场欠发达、国内金融部门缺乏竞争力的国家，资本管制仍是阻止跨境短期资本流动对国内金融部门和国内金融市场稳定性冲击的直接手段。然而，对决策当局的一个难题，是如何处理人民币国际化战略、资本开放和汇率稳定

---

① 引入巴塞尔委员会规定的流动性覆盖率、净稳定资金比例，结合本国银行业特点，建立了流动性比例、存贷比等流动性监管标准，以及核心负债依存度、流动性缺口率、客户存款集中度、同业负债集中度等流动性监测指标。银监会要求商业银行最迟应于 2013 年底前达到流动性覆盖率的监管标准，2016 年底前达到净稳定资金比例的监管标准。参见《中国银行监督委员会2010 年年报》。

政策之间的关系。人民币国际化是中国参与全球货币体系改革的重要举措。但针对实现人民币国际化的路径，却存在诸多争议。一种看法是通过资本项目开放促进人民币国际化；另一种则认为在汇率制度不变的条件下开放资本项目，不但不能获得货币国际化的好处，反而为跨境资本套利创造空间，对本国金融稳定性带来风险（余永定，2011，2012；张斌，2011；何东和马骏，2011）。因此，尽管人民币国际化战略箭在弦上，在全球流动性波动性加大的背景下，资本项目自由化次序和时点选择对保证中国金融稳定性十分关键。

再次，中国以政府间双边和区域合作形式为出现流动性困难的国家提供支持。这其中，双边本币互换成为2008年全球金融危机爆发以来最具有吸引力的救援形式。从2008年底第一份互换协议签署到2011年底，中国人民银行已经与其他货币当局共签署了14个人民币互换协议，总额达到1.3万亿元人民币①。随后中国人民银行又陆续签署了诸多互换协议。在区域层面，中国（含中国香港地区）积极参与区域流动性机制的制度建设。中国是亚洲区域流动性救助机制——清迈倡议创始国和最大出资国。在总额2400亿美元的CMIM储备库中，中国出资384亿美元，占储备库总额的38.4%②。中国代表担任区域经济监控机构AMRO的首任主任一职，中国在推进区域货币基金建设中发挥核心作用。中国是发展区域本币债券市场的倡导者。中国与东盟、日韩财长会议同意由亚洲开发银行推出信贷担保和投资设施，为东盟和中日韩政府与企业发行债券提供担保服务，鼓励本币债券发行。中国积极考虑建立区域清算系统，参与讨论区域债券发行计划和区域信用评级机构建设等区域金融基础设施建设。这不仅有助于促进本地区金融市场的发展，也为人民币在亚洲金融市场中承担更多的角色奠定制度基础。

---

① 资料来源：笔者根据中国人民银行网站发布的信息整理而得。
② 资料来源：东盟＋3宏观经济研究办公室（AMRO）网站（Key Points of CMI Multilateralization Agreement）。

最后，中国参与全球金融安全网建设。2008 年全球金融危机爆发，为中国参与全球流动性管理提供了契机。从国际货币体系改革的角度看，全球流动性管理涉及一揽子的改革方案，需要与全球失衡、国际储备货币体系改革、全球金融安全网建设等密切协调。其一，在全球多边机制治理结构调整中寻求参与国际金融规则制定的权利。作为最大经济规模的新兴市场，中国的声音具有聚合其他新兴市场的功效，因此，通过 G20 这一全球治理平台，中国代表新兴市场与 G20 发达经济体密切合作，努力解决全球失衡等世界经济长期问题，也以新兴市场利益出发，商讨应对发达国家政策的外溢性，以及对全球流动性管理标准等问题。其二，在流动性救助方面，中国是国际货币基金组织重要的出资国。在全球金融危机发生后，中国向国际货币基金组织提供的份额扩大了 3 倍。作为全球第二大经济体，中国目前在国际货币基金组织中的投票权份额为 6.4%，排列第 3 位。中国于 1996 年成为国际清算银行的会员。然而，中国在全球银行业监管规则制定中的影响力仍然有限，这需要中国大幅度提高其银行业全球竞争力，也需要培养具有全球竞争力的银行监管专业人才。其三，中国参与国际储备货币体系改革。人民币国际使用的扩大是未来国际货币体系多元化的必然趋势。中国巨大的经济增长潜力和庞大的国内市场，以及不断开放的贸易和金融市场，为人民币在国际交易中成为重要的贸易金融结算货币和官方外汇储备货币，奠定了坚实的市场基础。全球金融危机后时期的国际金融体系调整为人民币扩大其影响力提供了契机。危机后东亚地区因对相似的金融风险和对区域金融安全网建设的需要，为中国将人民币国际化战略与人民币参与区域货币合作进程的有效结合提供了可能。此外，通过制定短期、中期和长期战略，以渐进的、顺应市场需求的方式实现人民币国际化的长期目标，是中国政府在未来多元化的国际货币体系建设中发挥作用重要途径。

## 五、小结

本章节试图分析本书全球流动性的测量、风险和应对措施。借鉴国际清算银行的测量框架，认为，其一，私人流动性本质上指融资意愿，具有很强的传染性和跨境传递特征；其二，周期波动与金融危机密切相关，与主要国际货币发行国政策取向相关，而新兴市场是全球流动性的被动接受者；其三，有效减缓全球流动性周期波动幅度、降低跨境流动性对宏观经济和金融体系的冲击、及时提供救助以避免系统性破产，是全球流动性管理的核心目标。

全球流动性是一个备受争议的概念。争议焦点：一是应该关注它的定性还是应该关注它的定量，目前看并没有一致的结论；二是由于它的跨境特点和传递效应，如何准确测量它的波动所带来的系统性风险，目前仍然是一个难题；三是在强化对私人流动性管理同时，对官方流动性管理缺位，特别对储备货币发行国中央银行的流动性创造缺乏约束，这显然需要各国协调达成共识。

在全球金融危机后的各种努力中，国际清算银行对全球流动性的测量提供了具有参考意义的框架。由于同时考虑数量尺度和价格尺度，可以通过观测到的一系列指标来判断流动性的累积规模和流动性的条件。然而，由于私人流动性具有心理意愿特征和内生性，官方流动性对私人流动性的补充功能大打折扣。这使得无论对流动性测量有多准确，在现实操作中都难以保证应对手段的有效性。

全球流动性管理是国际金融稳定性的重要保证。如何有效减缓全球流动性周期波动幅度、降低跨境流动性对宏观经济和金融体系的冲击，并且及时提供救助以避免系统性破产，是全球流动性管理的核心目标。实现这些目标，需要一个相对完善的对策框架，涵盖包括国别、双边、区域和全球在内的多层次应对方案。与此同时，有效的全球流动性管理涉及一揽子汇率的改革方案，需要与全球失衡、国际储备货币体系改革、全球金融安全网建设等密切协调。

全球流动性机制建设为中国参与国际金融治理提供了契机，也提出了挑战。中国采纳了国际标准，结合本土特征，对国内银行业制定了审慎监管措施。与此同时，中国作为重要的救助国，积极参与双边、区域和全球层面的全球金融安全网建设，并以推进人民币国际化参与国际储备货币体系改革。国家政策选择中，中国凭借有限的资本项目开放在相当程度上阻隔了跨境流动性的冲击，避免了本国金融部门陷入危机的泥潭。然而，伴随着更为灵活的汇率制度和人民币更加广泛的国际使用，需要一个更为开放资本项目，这需要政策制定者在各项政策之间谨慎协调。这其中，资本项目自由化次序和时点选择对保证中国金融稳定性十分关键。

## 第二节　资本项目开放模式

对资本项目自由化的讨论，就开放速度和顺序而言，其主张大致可以划分为三类：渐进的、激进的和中间的观点。渐进观点认为，资本项目的开放应该是经济自由化和结构调整过程中的最后阶段。较早期的讨论以麦金农（McKinnon，1991）为代表，重点分析宏观经济稳定性或经济改革的可持续性与资本自由流动之间的关系。根据麦金农（McKinnon，1991）的观点，只有当国内借贷活动能够在均衡（没有任何管制）利率水平上进行，国内通货膨胀率维持可控的水平并使本国货币没有必要持续贬值，具备充分的套利条件保证国际资本的自由流动，在这些条件下才能实现资本项目的全面开放。他警告，在条件不具备时过早开放资本项目会造成资本外逃和外债高筑[①]。概括而言，渐进观点对经济自由化最优顺序的设计是建立在这样一个基本假设基础之上的：金融市场与商品和要素市场的调节速度是不同的，金融市场的调节速度要快于商品市场和要素市场（Mathieson and Rojas – Suarez，1993）。

---

① 麦金农（McKinnon，1991）的分析仅限于具有金融压抑特征的欠发达国家。

如果金融市场的开放早于或同时于商品市场，实际汇率的升值会刺激大规模的资本流入从而破坏改革进程。激进观点与渐进观点相反，根据拉尔（Lal，1987）的结论，资本项目自由化与贸易改革、实行浮动汇率制度以及财政制度的改革应该在经济改革的初期阶段同时进行。由于金融与贸易自由化可以同时实现，拉尔甚至建议，间接投资和直接投资活动都应在世界通行的利率水平和通行的贸易品价格水平基础之上进行。这种激进观点更主要的是基于政治经济学的考虑，即强调国内改革的种种约束条件和在面对强大的外部压力时靠自身的能力推进改革的局限性。在激进观点看来，改革初期开放资本项目实际上是推动更广泛改革的重要催化剂。

本章节提出一种"积极的渐进模式"，其核心是在实现资本项目彻底自由化之前，建立一些必要的前提条件。这些前提条件在第二部分作具体分析。本章的第三部分和第四部分，将泰国作为激进模式的案例，具体考察了其开放资本项目的过程，并分析总结了其中的经验教训，以此分析这种激进模式在缺乏必要条件的情况下如何帮助酿成 1997 年金融危机的暴发[①]

**一、三种模式：激进、渐进还是积极的渐进**

与渐进观点和激进观点不同，近年来有越来越多的经济学家将注意力集中在开放资本项目的先后顺序问题上，至于开放的速度如何，并不是考虑的焦点。这种中间观点强调，资本项目的开放应该是整体宏观经济和结构改革进程的一部分，如何在国内部门改革和对外部门改革之间进行协调是考虑资本项目自由化顺序问题时的重点。费雪（Fischer，1997）认为，开放资本项目的益处是显见的，然而，在宏观经济框架和金融部门比较脆弱的情况下

---

① 对资本项目开放模式的详细分析，参见高海红：《资本项目自由化：模式、条件和泰国经验》，载《世界经济》2005 年第 1 期。早期分析可参见 Gao Haihong（2000），"Liberalising China's Capital Account：Lessons Drawn from Thailand's Experience"，ISEAS Working Papers by Visiting Researchers，No. 6.

开放资本项目是有相当高的风险。各国决策者应考虑的是如何将自由化的收益最大化，和将其成本最小化。约翰逊、达巴尔和埃切维里亚（Johnson, Darbar and Echeverria，1997）将资本项目自由化作为经济改革计划的组成部分，对资本项目自由化提供了概念性的框架分析。艾肯格林和穆萨（Eichengreen and Mussa，1998）同样强调资本项目自由化的风险，他们认为金融市场固有的信息不对称是导致问题的重要原因之一。在他们看来，成功的资本项目开放要有如下保证：良好的宏观经济政策用以消除金融部门整体的不平衡和有效地激励政策刺激个人的风险管理意识；充分的监督管理保证金融部门的安全运转。

哪一种观点更为可取？就理论讨论范畴而言，渐进观点忽视了资本管制成本，尤其是忽视了在将资本项目自由化进程无限期延迟的情况下，随之而来的是管制成本的不断增加和管制效率的相应丧失。管制成本主要来源于这样几个方面。首先，从传统的标准看，资本管制造成国内金融体系的无效率并且有碍多样性的发展，这反过来又损害了本国产品在国际市场上的竞争地位，增加了本国支出与财富对来自本国金融体系的冲击的脆弱性。其次，在维持各种管制措施的运行，像推行资本管制条例、监察各种违规的可能情形和对违规者施行各种惩罚，当中存在高昂的维持成本。随着管制时间的延长，尤其是在出现大量的以逃避管制为目的金融创新情况下，这种维持成本会不断提高。通常，逃避资本管制的主要渠道包括：（1）对出口进行过高标价和对进口进行过低标价，这是最常见的渠道；（2）跨国公司内部的转移定价；（3）商品交易中提前或滞后结算；（4）一些在经常项目下的交易，如在本国工作的外国人以及在外国工作的本国居民将其储蓄汇出或汇入，家庭成员之间的国际汇款以及旅游支出等，都作为获得和转移外国资产的途径；（5）金融创新，如非交割远期（nondeliverable forward）工具，既是资本管制刺激的结果，又反过来进一步为逃避资本管制提供方便①。最后，资本管制容易导致寻租行为。因此，如果对这些管制成本估计不够，渐进观点建议的渐进模式很容易被视为一种"静止"模式，从而尽可能延迟放松资本管制。

中间观点尽管强调资本项目开放早晚并不重要，重要的是与国内经济尤其是金融体系改革如何协调，实现有序的开放。但如果同意过早开放资本项目存在相当风险的话，如果同意资本流动结构与外资运用效率在相当程度上取决于国内金融体系的发展阶段和成熟程度的话，尤其当讨论金融体系相当脆弱的欠发达国家资本项目开放时，又不得不承认任何有序的开放都是需要时间的。

上述两点评论，表面上看起来相互矛盾，实际上却支持这样一种观点：对发展中国家而言，考虑到开放资本项目的风险和有序开放需要时间，渐进开放模式更为可取；但考虑到资本管制带来的高昂成本，这种渐进开放应是一种"积极的渐进模式"，不应是一种"消极和或静止的模式"，即某些金融部门可以在早期开放，但有些则必须放在后期阶段。简言之，这种积极的渐进模式，一方面对高昂的资本管制成本有充分的估计，避免将"渐进"演变成"静止"；另一方面为将开放资本项目的风险降至最低，避免将"积极"演变为"激进"。推行这种渐进模式，其核心是在实现资本项目彻底自由化之前，建立一些必要的前提条件。

---

① 非交割远期市场是离岸市场交易的一种，交易货币通常是对远期外汇市场交易进行管制的国家的货币，在这些国家，岸内（国内）远期市场交易往往是被禁止的。如在中国香港地区的市场就存在人民币非交割远期市场。从全球看，这种交易主要在纽约和伦敦市场。从原理上讲，这种交易不要求有实际交割，交易双方在交易开始时签订合同并确定交割合同时的价格。由于合同价格与基础通货汇率通过指数联结起来，在合同到期时，双方只根据协议价格与当期的实际价格之差额部分进行交割。那些资本管制的国家，想通过限制资本跨境流动在本国利率与国际市场利率之间插入楔子，即在存在利差情况下，试图限制任何保值或套利活动。但由于非交割远期交易通过提供汇率保值工具增加了人们持有对外债权的需求，而这种对外债权一般通过对贸易进行延迟或提前支付，或对贸易支付进行过高、过低标价，刺激了以套利或保值为目的的资本外逃艾肯格林和穆萨（Eichengreen and Mussa，1998）。

## 二、资本项目开放的前提条件

一些国家的经验表明，如果在开放资本项目之前施行了一些特定的政策和具备相应的条件，那么资本项目的可兑换性便是可持续的。尽管资本项目开放不意味着要等到具备所有的条件之后才开始推行，某些资本交易可以首先开放，其目的是有助于建立进一步开放的条件，但对实现一个完全开放的资本项目，下面的前提条件相当重要。

### （一）放松利率管制

根据一般理论，除非国内利率有充分的弹性并且与国际水平相差不是很大，否则当放开资本流动限制时该国的国际收支和汇率都将承受巨大的压力。宏观经济学中的三难选择表明，在固定汇率、自由资本流动和独立货币政策这三者之间，只能同时实现其中的两个目标，任何同时实现三个目标的尝试都可能以货币危机而告终。这其中的原因可以说是广为人知的。资本流动自由化程度越高，就意味着短期利率越主要由抵补性利息平价决定。

根据抵补性利息平价公式，外国利率和远期汇率是预先确定的，这样国内利率和即期汇率至少有一项必须是可变动的。如果货币当局试图既维持固定汇率又保持控制利率以实现国内货币政策目标的能力，其结果是平价关系的失衡，会刺激大规模的短期资本流动。因此，随着资本流动自由化程度提高，货币当局要同时实现货币政策和汇率政策的不同目标的能力将受到制约。比如，如果当局的货币政策以抑制通货膨胀为目标，那么汇率便无法作为支出转换工具以达到经常项目收支目标。这时，国内利率上升，在抵补性利息平价成立的条件下，由于外国利率和远期汇率是外生变量，预先给定的，这样必然导致本币升值，本币升值会扩大经常收支逆差。相反，如果汇率被用以实现特定的外部收支目标，如通过贬值扩大顺差或减少逆差，其结果是本国利率上升，如果货币当局的国内目标恰好是想刺激经济，那么这一国内目标便无法实现。固定汇率的情形与此相同。

上述分析的含义在于，在间接工具成为货币政策主要工具的国家，国内利率应在完全实现资本项目自由化之前有较大的灵活性，即尽可能实现利率市场化。利率市场化，简单地将有两层意义。其一，间接货币政策工具的有效性在相当程度上取决于中央银行对商业银行行为的影响能力。如果中央银行选择利率作为货币政策的中间目标，那么利率必须是有弹性的。其二，为避免在彻底消除资本管制、开放资本项目之时出现大规模的资本流入和汇率升值，可跨境交易的金融产品的国内利率与国际利率水平之间的差距不宜过大。提前实现国内利率的市场化将有助于缩小这种利差。

（二）实行灵活的汇率制度

根据三难选择，在一个资本自由流动的环境下，如果货币当局仍想保持货币政策的独立性，固定汇率目标的实现就相当困难。其他发展中国家的经验表明，从实行了相当一段时期的固定汇率制度转向有较大灵活性的汇率制度，既是可取的也是可行的。然而，各国从固定汇率退出的方式大有不同。在泰国的案例中，固定汇率的放弃是在金融危机中被迫进行的。这表明，在一个开放的资本项目下，当一个经济体和金融体系已经出现严重问题时，曾经作为经常项目逆差融资的私人资本流入开始萎缩，商业企业和银行仍持有大量的未进行套期保值的外币债务，政府政策的可信度开始受到怀疑。在这种背景下，放弃固定汇率的成本是相当高昂的。

实行固定汇率的国家应在彻底开放资本项目之前通过一种有序方式实现向灵活汇率制度的转变。否则，固定汇率制度在一个开放的资本项目环境中很容易以爆发货币危机为代价而被迫放弃，正如泰国等东南亚国家在1997年开始的货币危机中所经历的一样（高海红，1998）。从理论上考察，在制定退出策略时，一个最基本的原则是将退出所带来的风险降到最低，这就涉及一个退出的时机问题。根据艾肯格林和穆萨（Eichengreen and Masson，1998）的研究建议，退出固定汇率的最佳时机是当外汇市场相对平稳的时候，也就是说在外汇市场对汇率贬值没有较强预期的时候，或者投机压力不是很大的时候。在这种情况下当局增加汇率的灵活性，尽管仍然可能引起汇率变动，但市场没有理由认为这一变动是政府政策人为的结果，这样会避免过分的大规模的汇率调整。如果市场认为这是政府行为所致，便会丧失对政府政策的信心，从而引起恐慌而导致货币危机。然而，外汇市场的这种相对平稳时期往往只能持续很短时间，抓住这种机会的可能性是相当有限的。这样，就有一个退出固定汇率的次佳时机选择—市场有汇率升值预期时，尤其当一个国家正经历大规模资本流入，汇率有较强升值压力之时。在这一时期增大汇率的灵活性，很容易引起汇率升值。汇率升值又有助于应付资本大规模流动带来的通货膨胀压力。而且汇率升值不像贬值那样会引起对政府政策可信度的任何怀疑从而导致货币危机。

（三）克服国内金融体系的弱点

尽可能克服国内金融体系的弱点是实现资本项目完全开放前提条件之中最重要的一条。从亚洲金融危机的教训来看，这些弱点不克服，资本开放所带来的风险是相当高的。这些弱点概括起来有四个。

弱点之一是国内金融体系对银行业的过分依赖，表现为国内信贷占GDP较高比重。这种较高的国内信贷比率反映了国内金融体系在某种程度上的扭曲，换句话说反映了资本市场发展的相对落后。由于对银行的过分倚重，容易产生银行体系的系统性低息贷款，从而刺激信贷的过度增长。这种信贷过度增长会因在一个开放的资本项目环境下被进一步放大，从而使信贷质量很难得以保障（胡祖六，1998）。同时，由于资本市场相对落后，银行业并没有在一个充分竞争的环境中发展，国内银行往往缺乏竞争力。一旦本国银行业对外开放，外国银行进入本国市场时，脆弱的本国银行业很容易被击垮。

弱点之二是不良贷款的超常累积。从国际经验来看，如果利息或本金支付超过到期日90天或180天，便成为不良贷款。不良贷款的多少是银行体系健康与否的一项重要指标。在一个银行体系中，如果只有少数几家银行出现由不良贷款产生的流动性问题，有两种途径可以帮助解决：通过良好发育的货币市场或通过中央银行（吴晓玲，1998）。但是如果存在大规模的不良贷款，公众会因此丧失信心，进而从银行大量提现。如果这个国家实行资本管制，这种信心危机很容易导致巨额货币从银行体系流入商品市场，从而形成通货膨胀压力。如果这个国家实现了资本项目自由化，信心危机便很容易导致对本国货币汇率的直接冲击，由此产生的货币危机便在所难免。

弱点之三是缺乏对金融体系谨慎的管理和监督。从一般意义上说，谨慎监管通过增强和保障金融和支付体系的有效运作来实现储蓄和投资的有效配置。中央银行缺乏对整个金融体系充分的监管能力，往往是导致欺诈和腐败行为的根源之一。而且，在缺乏有效监管的金融体系之中，银行部门通常相当脆弱。脆弱的银行又倾向于盲目扩大其收支表，如果这个金融体系是开放的，这些银行膨胀的资产，其风险不仅暴露于本国市场，同时暴露于国际市场。

弱点之四是存在隐含的担保和由其产生的道德风险。道德风险通常产生于封闭金融体系或新兴市场中官方提供的各种安全网，而这些安全网在许多封闭金融体系或新兴市场中不可避免地存在。一方面，在一个相对封闭和有诸多管制的金融体系中，其金融结构也是无弹性的。这意味着大部分金融机构持有的金融资产缺乏多样性，以及外国资产的比例较低。这样，大规模的具有对整体经济造成影响的冲击很可能带来企业部门的债务偿付困难，从而对金融部门的收入和资本头寸产生直接的影响。在这种情况下，官方提供的安全网是十分需要的。另一方面，在压抑的金融体系中往往存在金融机构的垄断现象。这些具有垄断地位的金融机构能够在相对大的存贷利差中营运，而这种利差通常由政府指定的利率水平保障的。当金融体系逐渐开放，这些金融机构所面对的竞争压力的增强将缩小利差并使垄断利润消失。尽管这是一种效率的增进，但在大量金融机构面临严重亏损和倒闭的情况下，政府的保护能起到防止整体金融体系崩溃的作用。进一步讲，在大部分新兴市场中，隐含的汇率担保、隐含和显见的对金融体系和外部债务的担保等相当普遍地存在。这些政府安全网与其他任何保险一样，会产生道德风险。例如，如果储蓄受到政府完全担保，储蓄者便没有足够的刺激监督银行管理者的行为。

那么如何减少政府安全网的保护，从而减少败德行为？一些经济学家认为，等待一个封闭的金融体系依靠自身的能力克服这些问题相当难，反而，一个开放的资本项目却有助于减少官方的担保，从而限制道德风险（Mathieson and Rojas‐Suarez，1993）。另一些经济学家则认为，即便在一个自由化了的资本项目条件下，信息不对称也会产生败德问题（Eichengreen and Mussa，1998）。在实践中，一些可行的具体措施包括：让利率和汇率等资产价格由市场决定；中央银行将对短期利率的控制作为货币政策的实施工具；金融市场应在充分的管理和监督之下。

**（四）保持稳健财政和良好的宏观经济**

在实现资本项目彻底自由化之前，实行以减少预算赤字为目的的财政改革以及避免以通货膨胀的方式为财政赤字进行融资是十分必要的。如果财政赤字以增发货币的方式弥补，会刺激本国居民产生将资产转移到国外以逃避通货膨胀税。进一步讲，即使大规模的财政赤字通过发放债券的方式弥补，在一个开放的资本项目下仍然是有风险的。这种风险来自不断累积内债外债使得市场对这个国家的偿债能力产生疑惑，从而对国家的信誉产生动摇。一个健康的财政状况是维持国际金融市场信心的基本因素之一。

良好的宏观经济状况，包括保持低的通货膨胀率、可维持的经常项目逆差，一个包括货币、财政和汇率政策在内的彼此配合的宏观经济政策框架，以及良好运转的金融体系，对一个可持续的、开放的资本项目十分重要。

## 三、泰国金融危机的教训

对泰国案例的考察发现，在缺乏必要的前提条件下，以激进的方式实现资本项目的自由化，其代价很可能是一场严重的金融危机。

### （一）泰国激进的资本项目开放模式

在实现经常项目可兑换性之前，泰国就已经部分地开放了资本项目。在20 世纪 70 年代中后期，尽管当时泰国政府对利息、红利和本金的汇回施行外汇管制，但外国证券的流入基本上是自由的。只要在泰国银行进行了注册，对外借款也可以自由地进行。

1985 年，泰国在出口导向发展战略的指导下开始改革其贸易部门，并且通过税收和制度改革以进一步鼓励外国资本的流入。1990 年 5 月 4 日，泰国政府接受国际货币基金组织协议的第八条款，实现了经常项目可兑换性。随之而来的是一系列进一步对外汇管制的放松，如取消购买、出售或携带出入境外汇数额的限制、放宽上缴外汇的要求，以及扩大了居民外币账户和非居民泰铢账户的运用范围等①。

1991 年，泰国政府推行了三项重大措施鼓励外国直接投资，这包括允许 100% 的外国股权持有公司出口其全部的产品、修改 1977 年订立投资鼓励法案以进一步鼓励直接投资，以及允许泰国投资者以直接投资为目向国外转移一定数量的美元等。与直接投资领域开放几乎并行的是证券投资的进一步自由化，包括取消对外国投资者的投资基金、贷款再支付和利息支付汇回的任何限制；降低汇出境外红利的税率由 20% 到 15%；泰国居民境外投资或对境外有至少 25% 泰国股权参与的公司进行放贷时不需要泰国中央银行的批准，只有每年 500 万美元的额度限制，等等。

从 20 世纪 90 年代初期开始，在短短的几年间，泰国实行了多项金融自

---

① 泰国政府第一轮放松外汇管制的措施实行于 1989 年。紧接着第二年就实现了经常项目的可兑换性，取消了对经常项目下的全部外汇交易的限制，这可以作为第二轮放松外汇管制。1991 年和1992 年，泰国又连续采取措施进行第三轮和第四轮放松外汇管制的改革。对泰国 1985～1997 年国内部门和对外部门的改革，R. 博特里·约翰逊、萨利姆·达尔巴尔和克劳迪娅·埃切韦里亚（R. Botry Johnson, Salim M. Darbar and Claudia Echeverria, 1997）进行了系统的描述。

由化措施，其重点集中在三个方面：放松对资本流入的管制、减少对金融机构经营业务范围的限制，以及放宽外国金融机构进入本国金融市场的要求。可以说泰国开放资本项目，尤其是资本流入自由化措施的实施，采取的是一种相当激进的方式。这其中，最重要的步骤是 1993 年曼谷国际银行业便利（BIBF）的开业。

BIBF 的建立是泰国致力于发展次区域金融中心战略的核心步骤。而泰国发展次区域金融中心战略又源自泰国政府对当时世界经济的这样一种判断：随着冷战结束，可能从中获得的主要收益之一来源于前中央计划经济进入国际市场的强烈愿望和经济重建对国际融资的巨大需求。根据泰国中央银行在其报告中的检讨，泰国政府建立 BIBF 的主要目的是想利用地域优势，在东南亚前中央计划经济体与国际资本之间设立一个金融中介。然而这一中介的设立是有相当成分的人为因素，或者说缺乏实际的需要①。

BIBF 的建立事实上将泰国的国内金融市场与国际市场紧密地联系起来。在 BIBF 中注册从事国际银行便利的商业银行，可以接受外币存款或者向外国银行或居民进行外币借款、可以在泰国发放特定额度的外币贷款、可以与海外客户进行不同外币之间的交易、可以提供或担保外币债务，等等。泰国中央银行还继续放松对外国商业银行开办分支机构的限制，有关离岸市场的法规和条例非常松散，以使营运机构的负担减少到最小。1995 年，省级国际银行业便利（PIBF）建立，在这个市场上，海外的基金既可以以泰铢也可以以外币的方式开展信贷活动。

与此同时，泰国政府实施一系列措施大幅度开放国内股票市场，如减低

---

① 当时的情形是，每一个东南亚国家都想通过建立离岸市场，以优惠的税收来吸引国际资本。但问题是，像泰国这样的国家在政治上、经济上和金融基础设施方面在当时仍不具备任何作为离岸中心的优势，尤其相对于原有的地区性金融中心，如中国香港地区和新加坡。现在看来，当时泰国对建立这样一个离岸中心需要的真实性的判断是错误的，或者说这场危机使得泰国政府不得不对 BIBF 的发展进行重新定位，即如何调整政策使 BIBF 成为中国香港地区或新加坡的补充（Bank of Thailand，1998）。

红利税、证券出售的资本收益税和对红利汇出境外征收赋税的税率等。

在资本流出自由化方面，泰国政府的态度相对谨慎。1990年，泰国的商业银行被许可向非居民发放贷款，但有限额规定；1994年，泰国政府提高对泰国居民向海外投资的限制，即在投资流向的海外公司必须有至少25%泰国股权参与的规定的基础之上，进一步提高参与比率；在境外资本和货币市场的购买、超过1000万美元的直接投资和境外不动产的购买，都要经过泰国银行的批准；在泰国境内发行的共同基金被限定为只能投资于国内市场。因此，如果将资本流入与流出分别考察会发现，泰国开放资本项目的重点是鼓励资本流入，一方面，对资本流入的自由化采取一种激进的方式；另一方面，对资本流出的自由化采取一种渐进的方式。

上述快速开放资本流入的种种措施，加上高利率政策和国内股票市场改革，以及高速经济增长，使得泰国在短短的6年间经历了占GDP的9%～13%的净资本流入。在危机爆发之前，商业银行负债包括BIBF贷款，从1991年年底的206亿美元增加到1996年底的419亿美元[1]。在这种快速流入、流动性充斥和缺乏可盈利的投资项目支持的情况下，大部分的流入资本流入了股票和不动产便是不可避免的了。

在利率期限结构和相对风险都对短期贷款形成刺激的情况下，泰国外部债务的平均期限大幅度缩短。短期债务从1989年的26%增加到1995年的50%，远远高于新兴市场平均25%的水平[2]。持续的巨额经常项目逆差、高利率、高通货膨胀，以及金融体系存在的严重的缺陷，使得整个经济体在外部冲击之下相当脆弱。

（二）经验教训

泰国的经验和教训应该从如下几个方面检讨。

---

[1][2]　Gao Haihong（2000），"Liberalizing China's Capital Account: Lessons Drawn from Thailand's Experience"，ISEAS Working Papers by Visiting Researchers，No. 6.

一是开放资本项目环境下缺乏弹性的汇率政策和较低的货币政策有效性。通过将泰铢钉住美元权数占90%的一货币篮子，直到1997年亚洲金融危机爆发，泰国一直维持一种类似固定汇率的制度安排。这种汇率政策，在快速的资本流入自由化进程中，给货币政策的自主性带来了相当的困难。在泰国，货币和经济变量之间的关系变得十分不稳定，这迫使泰国银行不得不采取"多重指标"方法来监控货币条件和对政策施行与否的必要性进行估计。"多重指标"包括：短期利率、商业银行存贷款利率、银行准备金、货币总量、资本流动、私人信贷扩张和信贷的部门配置（Bank of Thailand，1998）。多重指标方法实际上在相对动荡的金融环境下不能为货币政策提供准确的依据，这在某种程度上损害了中央银行对经济和金融市场的发展作出及时和可靠估计的能力，同时也损害了中央银行向市场传递政策信号的能力。另外，泰国银行的国内公开市场操作因多年政府财政盈余造成的国内公债市场狭小的严重制约。

对于保卫还是放弃钉住汇率，泰国银行曾经面临着这样的政策困境：一方面，如果继续维护泰铢稳定，就不得不继续承受泰铢实际有效汇率大幅度升值造成的出口竞争力的下降和经常收支的恶化；另一方面，如果让泰铢浮动，又担心由此引起的投机压力和市场信心的丧失从而导致对泰铢疯狂的抛售和货币危机。泰国银行最后的选择是尽可能地保持钉住汇率制度[①]。这一选择的基本目的是争取更多的时间克服经济和金融部门中的问题，而不必同时面对货币危机的风险。结果与泰国银行意愿相反，一方面经济基本面的问题反而恶化，另一方面货币危机不可避免地出现。泰国不得不在金融体系崩溃的同时放弃固定汇率制度。

---

① 泰国银行在当时认为泰铢贬值利大于弊。第一，泰国出口在很大程度上依赖进口原料，这意味着泰铢贬值对泰国出口的刺激作用是有限的；第二，大规模的未进行套期保值的外币负债会因泰铢贬值导致大量的企业破产、失业和社会问题；第三，金融机构资产质量会因企业破产而进一步恶化；第四，贬值提高进口成本和工资成本，从而加剧通货膨胀压力；第五，以高利率遏制通货膨胀会使虚弱的金融机构更难以恢复（Bank of Thailand，1998）。

在泰国的货币政策的有效性方面，开放的资本项目在一定程度上改变了货币政策效应向实体经济的传递机制。例如，1993 年 BIBF 的开业扩大了向海外融资的渠道，从而降低了筹资成本。结果是 1993～1996 年，银行信贷以平均 23% 的增长速度迅速扩张。与此相应，商业银行和金融公司在私人部门信贷融资中扮演重要的角色，占总信贷融资额的 89%。为减缓信贷过度扩张，泰国货币当局在 1996 年实行了一系列政策措施，如要求从事 BIBF 的金融机构向当局提交信贷计划，提高负债支付最低限额等。但在一个开放的金融体系中，私人部门可以绕过国内金融中介直接获得海外融资。这样，泰国当局的一系列控制信贷扩张的政策几乎是无效的。

二是政府的担保和败德行为的存在。隐含的政府担保和缺乏谨慎的监督机制，是造成泰国金融体系脆弱性的关键因素之一。这些担保主要存在如下领域。第一，钉住汇率制度是对通货币值的一种隐含担保，换言之，泰铢短期资产的名义值是固定的，这也是对外币资产价值的一种隐含担保。这样，外汇风险升水一直维持较低的水平，投资者也会对泰国金融状况充满信心。然而当 1997 年出现大规模资本外流时，这种担保便不复存在了。第二，泰国商业银行和其他金融机构存在隐含的政府担保。泰国金融体系的特点之一是"进入难、退出也难"。尽管 BIBF 的建立对外国金融机构部分开放了国内金融市场，核心银行业务却始终保持在本地机构的手中。事实上，经济与政治因素的结合保证泰国的商业银行即便负债累累也不致倒闭。另外，泰国银行体系具有垄断结构，这反映为存贷利差较大。当泰国金融体系开放程度不断提高、金融体系的竞争压力增强，以及垄断利润开始受到侵蚀时，本国金融机构就更加依赖官方的支持和保护。在政府安全网的保护之下，泰国银行和其他金融机构认为政府理所当然地会替他们承担损失，因此便无所顾忌地参与高风险投资项目，从而大量银行暴露于资产价值收缩的风险。1994年和 1995 年，当曼谷商业银行出现经营困难和挤提时，泰国银行用近 70 亿美元的银行金融机构发展基金给予支持，而且不顾这家银行违犯了中央银行的多项规定并参与非法的交易（Doner and Ramsey，1999）。当1997年泰国银行面对着外国投机者的冲击对陷于困境的银行和泰铢币值进行保护时，泰国政府便不得不放弃了其对金融机构的保护。

三是对银行过度倚重的脆弱性和谨慎监督与管理的缺乏。泰国的金融体系长期以来过度偏重银行业的发展。这种由银行控制的金融体系，其表现不仅仅是体系中银行数目众多，也反映了银行信贷在金融体系中的决定性作用，还反映了本国金融结构的扭曲——缺乏发达的资本市场，从而成为导致信贷过度增长的主要原因之一。在开放的资本项目条件下，随着外国资本的大规模流入，这一过度信贷的程度被进一步放大了。

另外，泰国银行以抵押为基础发放贷款，泰国企业又对不动产部门进行了大量的再贷款，这使得大部分过度贷款对资产价值收缩相当脆弱。在泰国，大部分的金融机构贷款是以抵押为基础的，而且不动产可以作为银行贷款的抵押物。在不动产价格和股票价格飙升的时期，由于人们普遍认为不动产和股票市场的收益是相当大的，这样金融机构也认为没有必要花费资源对这些基础抵押物进行估价。同时，银行还面对股东们的压力，不得不进行高风险投资以便获取潜在的利润和极具吸引力的红利支付。这反过来又进一步减弱了银行对借款者的监督和在借款者出现不良信号时采取必要行动的动力。这种存在于金融体系内部不断增加的风险不幸地被不动产市场和股票市场的暴涨掩盖了。

银行贷款的接受方是企业。在泰国，大部分企业是家族所有的，而且严重依赖对银行的借款。直接融资和长期债务工具的发展远远滞后于间接融资工具市场的发展。通过公共募集方式筹措资金的成本要比从银行借款的成本高得多，而且具体程序也相对严格，而银行又与企业有长期建立起来的关系。因此，泰国的公司对利率的上升和外部资本融资成本的增加相当敏感和脆弱。更进一步，大部分银行贷款流向所谓的优先部门：大的制造业部门和出口行业。而这些贷款的绝大部分又被这些企业重新贷给它们的子公司用以投资不动产。

在开放资本项目的环境下，大规模流入的外国资本投向不动产部门，而在这中间，泰国国内银行起着重要的中介作用。在资本流入迅猛增长的1987～1991年，股票和房地产市场价格以年平均50%到90%的速度上涨[①]，这进一步膨胀了泰国金融体系的信贷规模。当整体经济活动在1996年开始收缩之时，股票和房地产市场价格面临严重的下跌压力。由于这些资产已经作为金融机构贷款的抵押，这样，投资者，包括那些可以在瞬时间之内抽逃资金的外国投资者，便对发放贷款的金融机构的资产质量产生担忧。

在谨慎监管方面，泰国存在严重的问题。例如，与东南亚各国相比，泰国的贷款分类制度和准备要求制度十分落后。银行的未收利息收入可以累进增长至12个月之久，这便造成对银行的收入和资本过多地估计。更重要的是，泰国金融体系缺乏透明度和及时可靠的信息披露。在泰国，不良贷款数字在1997年第一次公开。从这种意义上讲，泰国金融体系谨慎监管的虚弱和透明度的缺乏在错误地配置资源，尤其在错误地运用大规模流入资本方面起着关键的作用。


## 四、小结

对于发展中国家来说，以一种"积极的渐进模式"实现资本项目自由化，包含两个含义：一是避免将"渐进"演变成"静止"，充分估计高昂的资本管制成本；二是要兼顾"积极"与"谨慎"，以便将开放资本项目的风险降至最低。可持续的和可带来收益的资本项目自由化，要有一些必要的前提条件作保证。这包括，应尽可能克服本国金融体系的弱点；本国利率或者本币汇率，或者两者同时应具有充分的灵活性；隐含的担保和由其产生的败

---

[①] Gao Haihong（2000），"Liberalizing China's Capital Account: Lessons Drawn from Thailand's Experience"，ISEAS Working Papers by Visiting Researchers，No. 6.

德行为应尽可能减少；进行必要的财政改革以及避免以通货膨胀的方式为财政赤字进行融资；良好的宏观经济状况。泰国的经验很有借鉴意义。对泰国快速开放资本项目的过程进行考察发现，由于缺乏相应的前提条件，以激进的方式实现资本项目的自由化，其代价便是一场严重的金融危机。

中国在亚洲金融危机期间对资本项目维持相对严格的管制，这种管制在相当意义上使中国幸免于 1997 年蔓延几乎整个亚洲地区的货币危机。然而，从中长期考虑，这种管制只能起到一种短期的隔离作用，这意味着，其一，中国存在着高昂的资本项目管制成本；其二，中国的资本项目开放或迟或早会实现，这已经成为改革开放进程中的不可逆转的重要步骤；其三，在危机爆发之前存在于泰国金融体系中的种种弱点，目前在中国同样存在，这应是考虑为彻底实现中国的资本项目自由化建立一系列必要条件的重点。

## 第三节　金融危机与汇率制度选择

汇率制度因素在 1997～1998 年亚洲金融危机中发挥了重要作用。危机前，亚洲各国普遍采用的类似钉住的汇率制度曾经在亚洲经济起飞和快速增长中起到积极的作用，而同时，也正是这种汇率安排成为促成这次危机爆发的重要因素之一。危机爆发后多数危机国家已经不得不放弃原有的汇率制度，而面临着重新考虑未来的汇率安排。那么，应该选择哪一种汇率安排更符合本国经济的特点？是待本币汇率稳定之后，恢复原来的类似钉住的汇率安排形式，甚至采取更为严格的固定汇率制度（印度尼西亚试图采用一种货币局制度）？还是彻底放弃钉住汇率，实行自由浮动汇率？或者，采用一种中间形式的汇率安排，如制定汇率浮动区间？各种选择的利弊得失，既涉及理论分析的一般性标准，又涉及经济体自身的特点。本章节分析亚洲货币危机形成中的汇率制度因素，并结合汇率制度选择理论分析的一般原则，讨论亚洲各国和地区对汇率制度的调整①。

## 一、亚洲金融危机形成

在 1997～1998 年亚洲金融危机爆发之前，稳定汇率是亚洲各国和地区主要的政策目标之一。然而，从汇率制度形式来看，亚洲地区所采用的汇率安排并不是某种公开而正式的钉住汇率，或是任何一种较为固定的汇率制度。根据国际货币基金组织的划分，亚洲地区大多采用较为灵活的汇率安排（IMF，1997a）。其中，泰国采用的是钉住货币篮制度；印度尼西亚、韩国、马来西亚和新加坡实行的是管理浮动制度；菲律宾采用的是单独浮动。与西半球国家不同，在亚洲，没有一个国家和地区（中国香港地区除外）正式与美元挂钩。但是，在实际运作中，这些国家和地区都将本币与美元挂钩，美元占本币名义汇率定价中的权数之大，以至形成了一种隐含的钉住美元汇率制度，表 2-3 反映了这一事实。

表 2-3　　　　　　　　　　　美元在各国货币名义值中隐含的权数*

| 货币 | 韩元 | 新加坡元 | 马来西亚林吉特 | 印度尼西亚卢比 | 菲律宾比索 | 泰铢 |
|------|------|----------|----------------|----------------|------------|------|
| 美元权数 | 0.96 | 0.75 | 0.78 | 0.95 | 1.07 | 0.91 |
| 日元权数 | -0.01 | 0.13 | 0.07 | 0.16 | -0.01 | 0.05 |

注：*由杰弗里·弗兰克尔和魏尚进所做的估计。

资料来源：Frankel and Shang - Jin Wei（2008），Estimation of De Facto Exchange Rate Regimes：Synthesis of the Techniques for Inferring Flexibility and Basket Weights"，NBER Working Paper 14016；International Monetary Fund，World Economic Outlook，1997。

这种与美元币值密切的关系一方面保证了名义汇率的稳定，另一方面也使

① 对亚洲货币危机与汇率制度的详细分析可参见高海红：《从东亚货币危机看汇率制度的选择》，载《管理世界》1998 年第 6 期。

得这些货币的名义值和实际值深受美元、日元和欧洲国家货币间汇率的影响。

1991~1995年，美元兑日元和兑欧洲国家货币的名义汇率经历了一个下跌的过程。而钉住美元的亚洲国家货币也同时出现了实际汇率的贬值。然而，从1995年春季开始，美元兑其他主要货币的汇率大幅度上升。结果，钉住美元的亚洲货币相对日元等其他主要货币的名义汇率也相应大幅度升值。这便直接恶化了一些钉住美元汇率制度的国家和地区的贸易条件。同时，实际汇率的升值，对原本已经面临问题的出口竞争力更是雪上加霜，马来西亚、印度尼西亚、菲律宾和泰国的经常项目逆差急剧增加。另外，这种事实上的钉住汇率制度在20世纪80年代中后期，特别是20世纪90年代以来受到资本大规模流入的严重冲击，形成实际汇率升值的巨大压力，这又进一步损害了这些钉住货币国家的产品在国际市场上的竞争力。

20世纪80年代中后期，国际资本因看好亚洲地区的经济高速增长大量流入这一地区。表2-4给出了国际私人资本流入亚洲一些国家和地区的情况。

表2-4 净私人资本的流入（占 GDP 的百分比）

| 涉及年份 | 印度尼西亚 | 韩国 | 马来西亚 | 菲律宾 | 新加坡 | 泰国 |
|---|---|---|---|---|---|---|
| 1983~1988 * | 1.5 | -1.1 | 3.1 | -2.0 | 5.0 | 3.1 |
| 1989~1995 * | 4.2 | 2.1 | 8.8 | 2.7 | 3.8 | 10.2 |
| 1991 | 4.6 | 2.2 | 11.2 | 1.6 | 1.7 | 10.7 |
| 1992 | 2.5 | 2.4 | 15.1 | 2.0 | -2.7 | 8.7 |
| 1993 | 3.1 | 1.6 | 17.1 | 2.6 | 9.4 | 8.4 |
| 1994 | 3.9 | 3.1 | 1.5 | 5.0 | 2.5 | 8.6 |
| 1995 | 6.2 | 3.9 | 8.8 | 4.6 | 1.3 | 12.7 |
| 1996 | 6.3 | 4.9 | 9.6 | 9.8 | -10.1 | 9.3 |
| 1997 | 1.6 | 2.8 | 4.7 | 4.7 | -5.5 | -10.6 |

注：* 为年平均数。

资料来源：International Monetary Fund, World Economic Outlook, 1997.

　　国际资本的持续流入，给亚洲国家和地区的稳定汇率政策带来了巨大的压力。这意味着，除非让名义汇率升值，否则实际汇率必然升值，而且以一种人们不愿接受的渠道升值——通货膨胀率上升。通常，抵消因资本流入带来的通货膨胀压力有三种政策选择：其一，改变汇率政策，通常允许名义汇率升值，或调整汇率变动规则，使汇率波动更有灵活性；其二，保持名义汇率不变，但辅之以中和性干预政策——通过公开市场操作、增加银行存款准备金要求和提高贴现率吸收多余的货币供给；其三，消减政府开支；其四，实行暂时的资本控制。

　　通过改变货币的相对价格减轻资本流入带来的通货膨胀压力，是浮动汇率相对固定汇率的优势之一。从亚洲国家的实际做法看，由于担心汇率波动将阻碍本地的贸易和投资的增长，亚洲国家和地区并没有改变稳定汇率的政策，即便在20世纪80年代期间一些国家的经常项目收支普遍为顺差，本币需求上升的情况下，相应的国家和地区仍未对本币采取适当的升值措施，而任凭本币低估。而到了20世纪90年代，当亚洲大部分国家和地区的经常项目出现逆差之后，并没有采取本币贬值的措施，致使本币由低估转为高估。

　　在其他措施中，实行资本控制被普遍认为成本太大，不到万不得已一般不会采用。事实上，泰国在1995年为减缓资本流入对泰铢汇率造成的冲击曾采取了一些资本控制措施，但其效果只是暂时的。

　　这样在保证名义汇率稳定的前提下，针对国际资本流入所带来的膨胀性冲击，可能采取的措施主要是削减预算赤字和中和性干预了。通过削减预算赤字来减少国内总需求，曾经是亚洲各国的一项重要措施。由于亚洲国家普遍采取平衡财政收支的政策，使得通过紧缩预算减小膨胀性压力的余地越来越有限。

　　而另一方面，采用冲销干预，吸收过多的国内货币供给，从而抑制通货膨胀，其作用亦越来越小。事实上在20世纪80年代中后期，亚洲各国的货币政策一直较为宽松，利率低下，加之国际资本的持续流入，这为20世

90 年代出现的经济过热埋下了隐患。从各项中和措施看，亚洲地区短期的债券市场始终很不发达，通过中央银行发行债券来减少货币供应的公开市场操作基本是无效的。这样，政府只有通过提高银行的准备金要求减少流通中的货币量。事实上在 20 世纪 90 年代期间，许多亚洲国家的中央银行迫使其金融机构承受近乎惩罚性的高利率。本国高利率与外币利率相比形成利差，又进一步刺激资本流入，尤其是短期资本流入。

与此同时，亚洲国家，特别是泰国和马来西亚的本国高通货膨胀率和持续增加的经常项目逆差已经表明竞争力在恶化。1993 ~ 1996 年，多数亚洲国家的通货膨胀率或多或少地高于其贸易伙伴国加权平均的通货膨胀率。同时，国内资产价格膨胀已经相当明显。这一过热经济在另一个方面则表现为名义汇率稳定背后的实际汇率升值。事实是，在 1990 ~ 1997 年初的多数年份里，亚洲从各国和地区货币（除了韩元和新加坡元）的名义汇率非常稳定，而实际汇率却多半严重升值。

1990 ~ 1997 年初，港元汇率严格钉住在 1 美元兑 7.8 港元。马来西亚林吉特兑美元的名义汇率波动也不超过 10%，即在 1 美元兑 2.7 至 2.5 之间。泰铢也有效地钉住美元于 1 美元兑 25.2 至 25.6 之间。在菲律宾，比索的波动在 20 世纪 90 年代上半期基本维持在 15% 之内，汇率在 1 美元兑 28 到 24 比索之间浮动。而且，从 1995 年春季开始直到 1997 年，比索汇率基本固定在 26.2。但与此同时，这些货币的实际汇率却在升值。以 1990 年为基期，到 1997 年春季，马来西亚林吉特的实际汇率升值 19%；菲律宾比索升值 23%；泰铢升值了 12%；印度尼西亚卢比升值 8%；新加坡元升值 18%；港元升值 30%。到 1997 年初，一些地区的货币已经严重高估，经常项目收支进一步恶化，加之国内经济已经明显过热，种种信号表明，名义汇率必须作相应的调整。如果货币当局不主动行动，外汇市场便出现投机性抛售，货币危机也就在所难免，而在亚洲则最终演变为金融体系危机。

### 二、汇率制度因素

上述对亚洲货币危机形成中汇率制度因素的分析，在一定程度上反映了钉住汇率自身的缺欠。事实上，汇率理论有关固定汇率制度与浮动汇率制度优劣的讨论由来已久，而经验研究也没有能够证明哪一种汇率制度更有利于经济的稳定和发展。

如果将国际货币基金组织成员方中的发展中国家分为两组，一组是采用钉住汇率制度的国家，另一组是采用可变动汇率制度的国家，前者包括钉住单一货币和一篮子货币的国家；后者包括管理浮动和单独浮动的国家。从这两种不同汇率制度下的宏观经济特征来看，并没有表明哪一种汇率制度更具有优越性。

一般认为，固定汇率的优势之一便是为政府施加货币和财政政策纪律。将本国货币汇率钉住，这便限制了政府通过铸币权进行预算赤字融资。如果货币当局推行无节制的货币政策（如过度的货币增长），将导致本币贬值的压力，这有悖于稳定汇率的目标。同时，如果通过发行债券或增税和减支等手段，一方面，利率会因债券融资而上升，随之而来的资本流入又将冲击钉住汇率水平；另一方面，增加税收在短期内往往是很困难的。因此，采行钉住汇率的国家也需要在财政政策上与钉住汇率目标相协调，确保低而稳定的通货膨胀率。在实行相对固定汇率制的国家甚至将汇率作为一种名义锚，以钉住汇率安排作为反通货膨胀的工具。

从 1995 年以来两组国家的通货膨胀率变动趋势看，与实行可变动汇率的国家相比，钉住汇率国家的通货膨胀率持续保持相对低的水平，而且其变动也相对平稳。但是到了 20 世纪 90 年代，两组国家的通货膨胀率的差距在缩小。

从两组国家通货膨胀率的走势比较看基本与理论结论相一致，但也有例外的情形。有些实行灵活汇率的国家，其通货膨胀率也相当低，而且还保持较好的经济增长。因此很难说钉住汇率一定意味着低通货膨胀率。在一些国家，这种不调整预算失衡所带来的通货膨胀成本会通过外汇储备的损失或外部债务的累积而转移至未来，直到钉住汇率不能维持为止。事实上，浮动汇率也能在某种意义上对政府施加财金纪律，其成本是汇率和其他价格的变动。与储备的损失和外债的增加等相比，汇率和价格的变动在某种程度上更容易监控和管理。

在将钉住汇率作为名义锚的国家中，名义汇率基本固定，或者本币略有贬值，其幅度不超过国内与被钉住国家的通货膨胀率之差。结果是多数国家的实际汇率升值，经常收支恶化。而为弥补经常项目的失衡，这些国家以提高国内利率和承诺名义汇率稳定来吸引外资流入，实现资本项目的顺差。但当国际投资者预期高估的实际汇率和持续的经常项目逆差这两对问题不能在继续发展，钉住汇率难以维持的时候，会突然抽回资本，从而导致经常收支的危机和汇率的大幅度贬值。1997 年爆发的亚洲货币危机在一定程度上反映了这一过程，尽管亚洲地区和国家并没有将钉住汇率作为一种名义锚，其结果是相近的。

汇率制度与经济增长之间并没有确定的关系。从有关汇率制度传统的争论中可以看到，固定汇率的支持者强调，固定汇率消除了汇率波动可能给国际经济交易带来的额外的不确定性和风险，从而促进国际贸易和投资的发展，同时避免类似在 20 世纪 30 年代出现的竞争性货币贬值的可能性，促进国际经济合作，这些都有利于经济增长。然而浮动汇率的支持者则认为，由于浮动汇率制保证各国货币政策的独立性，又能使国内经济与外部价格冲击隔绝开来，这将有利于实现国内经济目标。在强调浮动汇率促进经济稳定方面，弗里德曼早在 1953 年指出，在面临外部冲击的情况下，与其让其他经济变量进行调整，不如让汇率变动进行调整。他认为汇率的变动要比国内价格的变动灵活。在本国竞争力下降的情况下，如果为维持汇率固定而紧缩国内货币政策，促使国内价格下降来恢复国际竞争力，其代价将是高昂的。由于国内价格刚性，要使价格下降到需要的水平就必须采取十分严厉的紧缩政策，这将造成国内较高的失业率。

从经验研究的结果看，20 世纪七八十年代，在实行钉住汇率的国家和实行灵活汇率的国家之间，产出的增长并没有明显的差别。但到 20 世纪 90 年代，差别反映在实行灵活汇率国家的产出增长率比实行钉住汇率的国家高。由于国际货币基金组织将多数亚洲的货币列为灵活汇率制度的分类当中，因此产出增长率的差别基本上是由亚洲地区在这一时期的高增长带来的。而实际上，如果按亚洲地区的汇率安排实际操作的钉住汇率来看，这一产出的差别将不如实际结果所表现的那么明显。

对汇率制度优劣的争论在相当程度上集中在投机的稳定性问题上。固定汇率的支持者认为，浮动汇率下的投机通常是不稳定的，而这种不稳定性投机会通过几种途径形成"错"的汇率，这种错的汇率不能促成资源的最优配置。在一些支持者看来，这种错的汇率是由投机的非理性所致。表现之一是"风险过度厌恶"（too risk adverse）的投机者对汇率的预期往往是根据过去的信息，而不是根据当前的信息。这样，当一种"软"货币表现出有太大的风险，而另一种"硬"货币表现为相当安全的时候，市场参加者们不愿放弃手中的硬币和转持软币，这便使软货币进一步贬值，硬货币进一步升值。由此造成的软币低估和硬币高估是与基本经济因素相背离的。非理性投机表现之二是"随波效应"（bandwagon effect）。这是一种投机制造投机的现象。当某一新闻，比如货币供给未预料的增加在市场流传的时候，会使投机者产生对通货膨胀过度悲观的预期，结果投机者抛售本币的程度要大于最终货币量的增加应带来的本币被抛售幅度。当流传的新闻中包含的货币量增长率变为实际增长的货币供应增长率时，本币贬值的幅度要大于应贬值的幅度，直到人们明显意识到这种随波效应在起作用时，过度的抛售才会停止。著名的汇率经济学家 R·多恩布施于 1983 年证明即使是理性的投机也会产生错的汇率。由于存在不确定性，市场参加者很容易受一些似是而非的、实际上并不是影响汇率的重要的基本经济变量的影响，而他们的预期则往往以此为基础。这样，一些实际上并不相关的变量的变化会导致汇率大幅度的变化。而如果市场参加者们将其注意力完全移向一些本与汇率变化不相关的信息上，这很可能导致汇率过度的变化，甚至出现主要货币严重的危机。理性投机者形成错的汇率的另一个原因是"理性泡沫"（rational bubble）。当市场参加者认为一种货币已经高估时，他们仍相信这一货币的升势还将持续一段时期，在一定时期持有该货币其贬值风险是有限的，因此理性投机者们仍不愿抛售已经高估的货币，致使其进一步高估，直到他们认为从高估的汇率中所获得的资本收益足以抵偿汇率突然下跌的风险。这种投机会使汇率高估持续，并增加宏观经济的不稳定性。

有多种理由证明投机是具有不稳定性的，会产生错的汇率。但是，有些经济学家对此提出疑问，他们认为，如果当初所固定的汇率水平并不是适当的，或者就是错的，那么就不存在一个标准判定浮动汇率下的投机可能形成的汇率一定是与基本因素不对应的错误汇率。即使最初的固定汇率是正确的，经济基本因素变化了，原有的固定平价也将被证明是错的。因此，以不稳定投机反对浮动汇率制的观点是受怀疑的。

浮动汇率的支持者认为投机是稳定的。投机者往往是在低价时买进、高价时卖出，从而减小价差，使汇率变动至与基本经济因素一致时的水平。当然，偶尔有投机者会在低价时错误卖出，这会使其承受损失。

从理论上讲，有关汇率制度的争论并没有结果。同时，经验研究也未得出明确的结论。尽管1973年许多国家开始采用浮动汇率制度，但在理论上，那些浮动汇率制的支持者们并没有获得争论的优势。而在浮动汇率时代，由于允许汇率制度选择存在多样性，对汇率制度选择的讨论更注重国家经济政策目标的确定、经济结构的特点以及受到冲击的形式。具体来看，影响汇率制度选择的因素包括下述几个方面（IMF，1997）。（1）经济规模和开放程度。对于一个小型开放经济，即贸易占GDP比重很大的经济体，应该实行相对固定的汇率制度。而对于一个较为封闭的经济来说，最好考虑采用灵活的汇率制度。（2）通货膨胀率。如果一个国家的通货膨胀率高于其贸易伙伴国的通货膨胀率，这个国家货币的汇率应具有一定的灵活性，以避免其商品在国际市场上因国内相对较高的通货膨胀率而失去竞争力。（3）金融体系的发展程度。对于一个金融市场尚未成熟的发展中国家来说，如果让本国货币的汇率自由浮动，那么较小规模的外汇交易就会导致汇率的大幅度波动，金融市场发展程度越低，越应采用固定的汇率制度。（4）劳动力市场的灵活性。劳动力流动性越低，工资和价格越具有刚性，越适合采用灵活的汇率制度，以应付来自外部的冲击。（5）资本流动性或资本市场的开放程度。资本流动性越高，或资本市场越开放，越难以维持固定的汇率制度。（6）国内的名义冲击。当国内的名义冲击较大时，如一个国家的经济非常容易受到国内货币需求发生变动所带来的冲击，那么无论本国货币当局的政策目标是稳定价格还是稳定产出，汇率的稳定程度越高越可取。（7）国内和国外的真实冲击。如果一个经济体对来自内部或外部的冲击，如本国总需求的变动或国外对本国商品的需求的变动非常敏感，就应该选择相对灵活的汇率制度。（8）政策制定者反通货膨胀的可信度。如果中央银行没有足够的能力控制本国的通货膨胀，那么通过固定汇率制度，将固定汇率作为一种名义锚，将有助于树立货币当局控制通货膨胀的信心。

汇率制度的好坏，更主要取决于个体经济的自身特点。而从各国的角度来看，一个国家对汇率制度的选择基本上依据其对不同的汇率制度可能带来的成本和收益的估计，汇率制度选择具有明显的本国特色。经济理论虽然为选择适当的汇率制度提供了一些总的原则和框架，但在实际中，理论提供的原则必须结合本国实际情况。

## 三、灵活性的汇率安排

在经历了 1997 年金融风暴之后，亚洲国家恢复原来的固定汇率安排是一种不现实的选择。由于亚洲各国和地区的经济特点各有不同，在汇率制度安排上并没有一套一般性的标准。但从根据国际货币基金组织对亚洲一些国家的贷款条件来看，要求危机国家进一步开放资本项目，这意味着新的汇率安排要有一定的灵活性，以适应未来更大的资本流动对国际收支项目的冲击，加大汇率调节收支的作用。显然，那些已经放弃钉住汇率制度的国家恢复原来的安排已经是一种不现实的选择。

一方面，如果再恢复固定汇率制度，将再度丧失国内货币政策的独立性。也就是说，在资本流动性提高的情况下，仍将汇率固定，国内货币当局将无法通过扩张性货币政策增加国民收入；也同样无法通过紧缩货币政策减低国内通货膨胀的压力，这便可能重蹈覆辙，再次出现类似 1997 年的危机。

另一方面，从发展中国家的实践看，有越来越多的国家实行较为灵活的汇率安排，这其中的一个主要原因是美元、日元等主要货币汇率变动所呈现出的短期汇率易变性和中长期汇率偏离基本经济因素的错位。由于浮动汇率下各种影响汇率变动因素的作用，尤其是预期的影响，主要货币的汇率在短期中经常发生未预料到的大幅度的频繁的波动，同时汇率短期易变性助长了金融投机，而不稳定性投机又会进一步增加汇率的波动。与汇率错位有关的随波效应也会使汇率容易发生大幅度的变动。这便增加了国际贸易支付和国际投资收益的不确定性。钉住单一主要货币并不能减少汇率变动给发展中国家贸易部门和国际投资的风险，而且会增大这一风险，除非本国贸易地区结构单一。

实行自由浮动汇率制度同样不是最好的选择。如果对照上面提到的影响汇率制度选择几项因素，亚洲地区，尤其是东南亚国家和地区大多属于小型开放经济。从通货膨胀率的指标看，亚洲国家的通货膨胀率较为温和。在劳动力市场方面，亚洲地区的劳动力市场有一定的灵活性。同时，允许汇率自由浮动，将不可避免地使收支项目的变动在短期内深受汇率易变性的影响，在中长期增加汇率的错位风险，从而影响国内宏观经济稳定，对于一个贸易占国民收入很高比重的经济体来说尤其难以承受这样的冲击。

亚洲国家汇率制度适当增加汇率的灵活性。由于长期以来亚洲一些国家过分强调美元的权数在货币定值中的作用，致使这些货币深受美元走势的影响。正如上述分析，这些国家经常项目的恶化与美元在 1995 年以后的升值不无关系。从 1975 年以来的发展趋势看，选择钉住货币篮制度的国家在考虑本国贸易伙伴的重要性同时，都尽可能选择更广泛的货币篮。这实际上能保证本国货币汇率的相对稳定。因此，危机国在重新考虑选择货币篮的时候，可以适当调整钉住货币的权数和扩大货币篮的范围。

更进一步的选择是制定汇率波动区域，如在本币与货币篮之间确定中心汇率的基础上限定汇率波动幅度。通过增加一定的不确定性限制公司和银行过度举借外币债务，这在一定程度上可以避免泰国在 1997 年危机之前所发生的那种情形。一般认为，这种汇率波动区域安排界于浮动汇率和固定汇率之间，在一定意义上集中了两种极端性安排的优点，一方面有助于施加货币和财政政策的纪律，另一方面在资本流动性较强的环境下提供了抵抗冲击的灵活性。当然，根据国际货币基金组织的划分，亚洲国家和地区仍属于较为灵活的汇率安排之列，而在实际操作中制定汇率波动区域，可以使当局在未经公布的一篮子货币的基础上调整汇率。经验表明，许多国家在一种较为灵活的汇率安排实行一种未公开的钉住货币篮制度，其好处是可以避免当局将根据事先公布的做法跟随主要货币汇率的变动进行频繁地调整，而固定汇率制下公开贬值本币容易给其他牵连国家实行报复性措施以口实。采取更为灵活的汇率制度可以使当局在未经公布的一篮子货币的基础上调整汇率，这可以利用主要货币汇率的波动来掩饰本币的有效贬值。

无论如何，稳定汇率是亚洲地区多年经济稳定高速增长的关键因素，尽管经验研究表明汇率制度与经济实绩之间并不存在必然的联系。而在经历了亚洲金融危机之后，亚洲各国重新选择汇率的安排取决于各国经济的自身特点，以及国际经济环境的变化，更重要的是，本国宏观经济政策要与汇率政策目标相协调，这是确保实现良好经济实绩的关键。

## 四、小结

　　一些国家在开放本国金融市场，允许外国资本更加自由流动的条件下，往往是增大汇率变动的灵活性，通过汇率调整来实现外部收支平衡的目标，外部冲击通过汇率波动与国内经济隔绝开，保证外部失衡不至于干扰国内的政策目标。而对于因汇率灵活性增加带来的各种风险进行规避和抵消，更多是从政府监控和市场运作中的避险技术方面来考虑的。随着本国金融市场的不断发展和完善，可运用的避险工具和途径不断增加，管理部门对风险监管的有效性不断提高，如此规避汇率风险的可能性和能力都将增强。与其他一些发展中国家经验不同的是，亚洲一些国家在1997～1998年亚洲金融危机中对固定汇率的放弃完全是被动的，是在强大的投机冲击之下不得已作出的选择，结果是与此相伴的全面的金融危机。

　　亚洲金融危机在某种意义上是金融自由化之后金融投机对固定汇率制度冲击的实际写照。这一教训说明，放松金融管制，即便是采取一种谨慎和渐进的方式，如果不同时增大汇率的灵活性，终将避免不了资本流动性的冲击。而提高防范各种风险的能力，则是减缓冲击和消除其负面影响的关键。

# 第三章

# 人民币国际化的战略选择

人民币国际化是中国重要的金融战略。本章讨论人民币国际化的战略选择，从人民币国际化的概念出发，对货币国际化的理论和经验文献进行总结，阐述人民币国际化的国际背景和国内动因，同时对人民币国际化的进程和相关政策进行梳理，并将人民币国际化进程纳入国际货币体系多元化变革的框架之中进行分析。第一节讨论人民币国际化的含义与进程；第二节分析人民币国际化的政策次序，第三节考察人民币国际化与多元国际货币体系的互动关系。

## 第一节　人民币国际化的含义与进程

全球金融危机爆发以来，国际货币体系正经历深刻的变革。一方面，尽管美元仍然占据核心地位，但非美元货币的作用有所提高，国际储备货币体系呈现多元化趋势。另一方面，为适应新兴市场经济体整体实力的提升，国际金融机构面临着改革。中国凭借其改革开放以来快速的经济增长和在全球经济格局中不断上升的地位和实力，积极参与了国际货币体系改革。其中，人民币国际化成为中国重要的对外金融战略，在国际储备体系多元化进程中发挥重要作用。与此同时，伴随人民币国际化进程的不断推进，中国对外金融开放和国内金融改革也不断深化，从而与人民币国际化形成互动关系①。

---

① 针对人民币国际化与中国金融开放关系的详细论述可参见：高海红：《人民币国际化》，载《中国对外开放 40 年》，张宇燕主编，经济管理出版社 2020 年版。

## 一、人民币国际化的概念和文献研究

围绕人民币国际化的文献讨论，高（Gao，2018）给出了较为完整的阐述。就概念而言，货币国际化并没有理论定义，也没有官方界定。通常，按价值储藏、交换媒介和计价单位这三项货币功能划分，如果一种货币能够在跨境交易中使用上述功能，则该货币就具备了国际货币功能。根据凯南（Kenen，2009）的定义，货币国际化是指一种货币的使用超出国界，在发行国境外可以同时被本国居民或非本国居民使用和持有。凯南（Kenen，1983）对货币的国际使用按货币功能划分提供了较早的理论探讨。钦恩和弗兰克尔（Chinn and Frankel，2005）编制了国际化货币所具备的国际功能的一份清单（见表 3 – 1）。根据这份清单，一种货币成为国际货币，需要其为居民或非居民提供价值储藏、交易媒介和记账单位的功能。具体来讲，它可用于私人用途的货币替代、投资计价以及贸易和金融交易；同时也可用作官方储备、外汇干预的载体货币以及钉住汇率的锚货币。这种划分可以作为理解人民币国际化的理论框架（见表 3 – 1）。国际货币的使用又可以分为官方和私人使用这两个类别。比如用以价值储藏，国际货币可以作为其他国家官方拥有的储备资产，或者作为央行之间的互换货币。国际货币基金组织的特别提款权篮子货币中的五种货币——美元、欧元、英镑、日元和人民币是国际货币基金组织成员普遍使用的官方储备货币。私人交易中的银行存款也可以视为货币的价值储藏之需。作为交易媒介，中央银行若对外汇市场进行干预时使用某种货币，该货币便具备了国际货币的交易媒介职能。在计价单位方面，在贸易和投资中进行计价的货币行使了计价职能。这其中，国际货币基金组织特别提款权使用可以行使计价单位的货币，因为特别提款权主要用于在国际货币基金组织与成员方中央银行之间的账户往来。然而，在实际交易中，上述职能划分存在相互交织的情形。比如，在贸易结算中，若出口商在签署合约之时用的是一种货币，但在执行合约进行交割的时候使用另一种货币，在这种情况下交易媒介和计价单位的功能便难以区分。钦恩和弗兰克尔（Chinn and Frankel，2005）、伊藤（Ito，2011）等对国际货币的职能进行了详细的分析。需要指出的是，以货币功能对国际货币进行界定并非严谨，但却可以作为评估货币国际使用程度的参考指标。

表3-1 国际化货币功能

| 货币功能 | 官方用途 | 私人用途 |
|---|---|---|
| 价值储藏 | 国际储备 | 货币替代（私人美元化）和投资 |
| 交易媒介 | 外汇干预载体货币 | 贸易和金融交易结算 |
| 记账单位 | 钉住的锚货币 | 贸易和金融交易计价 |

资料来源：笔者根据钦恩和弗兰克尔（Chinn and Frankel，2005）和凯南（Kenen，1983）的研究结论整理得出。

### （一）成为国际货币的条件

有哪些因素决定一个国家的货币能够成为国际货币？一般认为，首要条件是一国的经济规模在全球经济中占有绝对大的总量份额，并且该国是贸易大国。其次是该货币的发行，中央银行要有公信力和独立性。此外，该货币具有内在价值的稳定性，而内在价值是由该国经济和政策的稳定性以及货币当局维护货币稳定性的能力的综合体现。从经济条件看，货币的国际使用需要该货币具有可兑换性，不存在获得和放弃该货币的限制，不存在进入该货币交易市场的限制，货币发行国要有足够大容量、高流动性和一定深度的发达的金融市场。从历史经验看，一国在国际上的政治、军事实力等非经济因素也在相当程度上决定该国货币的国际地位。在各项条件中，除去规模和非经济因素等，从技术层面看，货币可兑换性和资本项目开放是决定货币国际化程度的初期条件（Kenen，2012）。决定国际货币地位的另一个重要因素是"网络外部性"因素，或者是当一种货币已经在相当长时间行使国际货币职能，即便支持该货币的基础因素发生了不利的变化，由于存在一种惯性，首先放弃或者改变现有习惯的个体需要付出额外的成本，这便降低了采取行动的意愿。美元在过去相当长时间里之所以占据国际货币的主导地位，与这一网络外部性有关（Eichengreen，2011）。

高海红和余永定（2010）特别强调三个因素，即货币的可兑换性、金融市场发展和汇率的灵活性。

首先是货币的可兑换性。从理论上讲，可兑换程度是货币国际化的关键。中国的资本管制在相当长时间里限制了非居民获取人民币资产。资本管制的结构在很大程度上决定了非居民获得和使用人民币资产的渠道和规模，也决定了居民在国外使用人民币的渠道和规模。然而，历史上却存在一些例外情况。例如，德国和日本的经验表明，虽然资本管制限制了货币的可获性，但是却不能阻止货币离岸市场的形成，比如德国马克之欧洲美元市场的发展以及日元之欧洲美元市场的发展都是在德国和日本实施资本流动限制的情况下发生的。与此同时，也有一些情况显示，货币的可兑换并不必然意味着货币的国际化。亚洲有几种完全可兑换货币，如中国香港地区的港元和新加坡元，但它们都不是国际货币。即使日元在国际市场上是最重要的亚洲货币，相比美元和欧元，它仍然是一个分量较轻的关键国际货币。上述分析对中国实现人民币国际化有着很深刻的含义：第一，货币可兑换确实能带来一些便捷性，但是可兑换并不必然导致货币的国际化。只有当经济规模和影响力足够大的时候，对一种货币的国际需求才能发生。第二，尽管一定程度的资本管制依然存在，市场力量也能够推动货币国际化进程。第三，货币国际化既不应该成为中国的政策目标，也不应该成为加速货币完全可兑换步伐的借口，货币国际化和货币可兑换同步前行而形成一个互动过程，这对中国来说是最佳的路径选择。

其次看国内金融市场发展。中国金融市场的特征是银行业是主导，资本市场直接融资的比重很低，并且债券市场尤其狭小。根据中国证券监督委员会的《中国资本市场发展报告》，截至 2007 年底，中国和其他国家的金融资产组成显示，证券资产（股票和债券）总价值仅占中国金融总资产的37%；而美国、英国、日本和韩国的证券资产（股票和债券）总价值占其金融总资产的比例分别为 82%、71%、62% 和 75%。相对较小的直接融资市场限制了居民和非居民对人民币的使用。更重要的是，债券市场可视为一种货币潜在国际使用的一个关键指示器。相较而言，中国的债券市场规模很小。截至 2007 年底，中国债券市场仅占总金融资产的 6%，其中 5% 为政府债券，企业债券仅为 1%①。这与美国、英国、日本和韩国相对成熟的市场相差甚大。中国已经形成这样一个共识，即欠发达的金融市场成为人民币国际使用的一个严重障碍。历史经验表明，发达的金融市场是使一种货币成为国际货币的关键因素。布雷顿森林体系的崩溃并没有终结美元的国际货币地位。一个重要的原因是相比美国的两个竞争对手——欧盟和日本，美国有全球最具流动性、深度和广度的金融市场。更具体地说，由于货币市场的缺陷，中国几乎不存在与美国联邦基金利率、英格兰银行利率和日本隔夜拆借利率等同的、可以为市场提供参照的人民币基准利率。中国的利率并没有完全实现彻底的市场化，中国人民银行的利率政策对经济的整体利率结构影响有限。这限制了中国货币当局充分利用由更多的人民币国际使用所导致的利率快速反应。在人民币国际使用之前，中国应该建立一个更加自由的市场决定的利率机制。

最后是汇率的灵活性。国际货币的功能并不取决于汇率制度的类型。以美元为例，自 1944 年以来，美元经历了从可调整汇率制度到浮动汇率制度几种不同类型的汇率制度。但是，汇率制度的变化并没有改变美元作为国际货币的地位。一些专家认为，汇率的灵活性是货币国际化的一个条件，因为没有一个国家会让它的货币与一种钉住美元的货币挂钩。在笔者看来，中国

---

① 资料来源：Wind 数据库。

建立一个更加灵活的汇率的主要原因在于政策选择的三角难题，即在固定汇率下，自由资本流动将会给国内货币政策的独立性带来麻烦，进而损害央行政策的公信力。

美元和日元的国际化进程为人民币成为国际货币提供了有价值的历史借鉴。艾肯格林（Eichengreen，2011）从较长的历史视角，分析美元替代英镑的过程，认为在"二战"后相当长时期中美元利用"嚣张的特权"（exorbitant privilege）维持了其国际货币地位。他认为，人民币的出现是有历史原因的，但人民币对美元国际货币地位形成实质性的挑战尚需时日。针对日元国际化的经验研究以及对人民币的启示，高木（Takagi，2012）对1984～2003年日元国际化进程做了全面的回顾和分析。他的研究探讨了在20世纪80年代日美贸易纠纷以及汇率合作过程，分析日本如何在来自美国的外部压力和国内真实需要之间进行权衡，解释了日元国际化的国内外政治、政策背景，以及在提出日元国际化目标之后日本决策当局如何遭遇国内金融市场发展方面的各种瓶颈。河合和高木（Kawai and Takagi，2011）则进一步从日元国际化经验来引申探讨人民币国际化的决定因素。他们重点考察总量因素在决定国际货币地位中的重要性，其结论是，尽管较大的经济规模有助于提升货币在国际货币体系中的地位，但其作用是有限的，一个国家的中央银行公信力、发达的国内金融市场以及资本项目开放程度在很大程度上最终决定货币在国际市场上的使用程度。换言之，中国经济规模和贸易地位有助于提升人民币的地位，但不是决定人民币国际化的唯一条件。人民币国际化也会对国际货币体系的演进产生影响。普拉萨德和叶（Prasad and Ye，2012）列举了人民币成为国际货币具有的潜力以及分析人民币国际化对国际货币体系多元化的影响。普拉萨德（Prasad，2017）的研究认为从制度性因素角度看，中国现存的国有体制和缺乏法律依据的制度机制，将在今后相当相当长时间制约人民币成为国际性的安全资产。艾肯格林（Eichengreen，2017）从国际货币体系演进历史以及人民币的兴起，分析国际货币体系未来的走势，认为形成多元化的国际储备货币体系是很有可能的，而如果管理适当，多元化国际货币体系也可能是稳定的。

一个国家货币能否走出国门，最终是由这个国家的经济规模、国际贸易和国际金融在全球的影响力决定的。德国马克境外市场的发展并没有得到德国货币当局的支持，但是市场力量最终起了决定作用。而欧洲马克市场的迅速发展，又反过来迫使德国政府放弃对马克境外交易的限制。由此可见，货币国际化实现的重要基础是市场力量，市场需要构成货币国际化的真实原因。

（二）收益与成本分析

货币国际化是一把双刃剑，有收益，也有成本。大体来看，第一，中国的贸易企业是人民币国际化的受益者，因为人民币国际化将降低中国企业所面临的汇率风险。人民币国际化意味着更多的外贸和金融交易将由人民币计价和结算，中国企业面对的汇率风险将降低。同时，人民币国际化可以推动跨境交易。一方面，跨境贸易发展带来的人民币跨境流动为人民币贸易结算系统的建立提供真实的市场基础；另一方面，人民币贸易结算可以反过来推动中国的跨境贸易的发展。人民币国际化和中国对外贸易发展之间存在一个良性的互动过程。第二，中国的金融机构也从人民币国际化进程中获得收益。人民币国际化将提高中国金融机构的融资效率，从而大大提高其国际竞争力，因为金融机构获取人民币资产比获得外币资产更容易。金融机构竞争力的提高将进一步推动中国金融服务行业的扩张。第三，人民币国际化有助于中国国际金融中心建设。人民币国际化过程将伴随着人民币业务的不断扩大，相应地，人民币各种金融工具和市场也得到发展，虽这将有助于中国的国际金融中心发展，加快上海国际金融中心的建设，壮大中国香港地区作为全球金融中心的地位。第四，人民币国际化可以帮助中国维持其外汇储备的价值。中国是世界上持有外汇储备最多的国家。然而，全部外汇储备都以外币计价的资产。其中，以美元计价的资产占总储备的70%以上①，美国通过简单的通货膨胀手段就可以稀释其债务，中国完全受制于美国。第五，人民币国际化意味着非居民将持有人民币，这有助于中国货币当局向外部世界收取铸币税。铸币税是货币发行国获取的货币面值和货币发行成本之间的差额。一种国际货币的增发等价于向世界其他国家收取铸币税。第六，人民币国际化有助于世界新的金融格局形成。金融危机表明美元作为国际货币的霸主地位正在发生动摇，国际货币多元化时代即将到来。人民币国际化顺应这一多元化的发展趋势，反映中国在全球中的地位和影响力，为在美元和欧元之外提供了另一个新的国际货币选择，是国际货币体系改革的组成部分，是国际货币体系多元化的组成部分。

当然，人民币国际化并非没有成本。由于货币国际使用要求资本项目开放以及货币的充分可兑换性，这在国内金融机构缺乏竞争力、国内金融市场发育不足以及存在金融体系脆弱性条件下，过快的金融开放会加大资本外流的压力，从而对金融稳定形成不利影响。在文献研究方面，高和余（Gao and Yu，2012）较早建立了人民币国际化必要性的分析性框架。尽管一种货币的国际化并不等于资本项目自由化和本币可完全自由兑换，但是，资本项目自由化和本币在一定程度上的可自由兑换性是一种货币国际化的前提条件。支持资本管制的论点都可以用作反对人民币自由化的理由。中国之所以需要维持对跨境资本流动的管制，主要原因如下。第一，中国金融体系依然十分脆弱；第二，中国正经受过度货币化。中国广义货币（M2）占 GDP 的比率为180%②，如果取消资本管制，资本外流的规模可能十分巨大（余永定，2011）。如果没有资本管制，外汇交易需求将十分巨大，而且成本十分昂贵；第三，中国资本市场规模仍然有限，跨境资本流动的任何重大变动都

---

① 资料来源：国际货币基金组织数据库。
② M2 是货币供给的广义指标，包括基础货币、活期存款和定期存款等。

可能轻易导致中国资产价格大幅波动；第四，中国经济结构仍然缺乏弹性，企业应对汇率和利率变化的调整十分缓慢，企业需要资本管制为其提供喘息空间；第五，中国金融机构缺乏竞争力，仍然需要一定程度的保护。

人民币国际化成本和收益并存，很难对其进行量化测度。此外，当考虑到人民币国际化时，外部因素同样重要。换言之，其他国家是否乐意接受人民币国际化同样是决定人民币能否称为国际化币的重要因素。

货币国际化对货币政策的有效性也会产生影响。在这方面，高（Gao，2010）较早地进行了概念性分析，区分了货币的国际使用对国内货币政策产生影响的各种渠道，研究认为通过货币总量、国外货币替代、跨境套利交易等渠道，货币国际使用对国内货币政策的有效性影响，其方向和强度取决于货币政策中间目标的设定、国内利率市场化程度以及国内金融市场深度和流动性等条件，货币国际化的效应会有所不同。具体来看，第一，人民币国际化意味着债券和股票等直接融资市场中人民币的私人使用增加，这会刺激直接融资市场的发展，这是因为人民币金融工具的放大使用有助于增加金融市场的流动性和规模，使得市场利率对官方利率的调整反应更为迅速。金融市场流动性越强，市场利率对官方利率变化的调整越敏捷。换言之，人民币国际化将增强货币政策的有效性。在中国的利率实现市场化之前，人民币国际化不太可能通过利率渠道放大货币政策的效应。因此，在充分利用人民币国际化所带来的更迅速地利率调整前，一个更加自由的利率机制首先应该到位。第二，人民币国际化将刺激针对货币政策变化的套利活动。从理论上讲，套利活动的负面影响是显而易见的，因为由大规模瞬时资金参与的套利活动很可能会刺激短期投机性资本流动，它可能带来"羊群效应"，并对中国的金融市场稳定产生负面影响。这种由套利带来的负面影响正是德国和日本曾经在一段时间里抵制其货币国际化的重要原因。第三，人民币国际化将导致货币替代的发生，以及境外人民币存款规模的增长。境外人民币居民持有量的增加会对中国国内货币需求的稳定性产生巨大影响。第四，欧洲—人民币市场的发展很可能是与人民币国际化相伴而生的结果。美国政府在 20 世纪 60 年代对美元国际借贷和投资的限制促成了欧洲美元市场的发展。类似的例子发生在 20 世纪 70 年代，当时，德国货币当局限制非居民发行马克债券，其结果是德国以外的欧洲马克市场迅猛发展。值得一提的是，德国政府曾经担心国内和欧洲马克市场之间的套利交易，因为它可能使货币政策更难操作。

（三）人民币跨境使用的研究文献

人民币在亚洲区域的使用广受关注，其重要原因是人民币最早走出国门是通过与中国邻国的边贸、旅游和劳务交换等渠道实现的。因此，对人民币境外流动规模的估算在早期阶段颇受文献的关注。但是由于缺乏可靠的数据，还因为统计口径差异，对人民币境外流动规模的估计结果差异较大（高海红，2011）。但无论如何，人民币在周边国家的流通实际上构成了人民币国际使用的初级形态。换言之，人民币国际化实际上始于人民币区域化（Gao and Yu，2012）。针对人民币在亚洲区域的使用情况，这些经验研究提供了一些动态结果。比如河合和庞廷斯（Kawai and Pontines，2014）比较了人民币和美元在亚洲区域的影响力，其研究发现，从 2005 年中国人民银行开始放宽人民币汇率波幅后，人民币汇率对于亚洲地区其他货币波动的影响力要大于美元的影响力。这一发现具有重要的政策含义，即人民币灵活性对人民币在亚洲区域的使用是正向因素。另外，由于存在着在岸和离岸两个市场，人民币不同定价和波动关联性，以及对其他亚洲货币的影响可以引申出人民币对区域货币汇率变动的影响力。在这方面，舒等（Shu et al.，2015）研究了中国香港地区人民币离岸市场和人民币在岸市场汇率变动对亚洲其他货币均具有显著的影响。伊藤（Ito，2017）采用新的数据从货币各项职能的角度验证人民币在亚洲区域的使用情况。他的研究表明亚洲其他国家将人民币作为储备货币的程度呈上升状态。针对货币的跨境使用，麦考利（McCauley，2011）和苏巴奇和黄（Subacchi and Huang，2012）对人民币离岸中心建设、各个离岸市场之间的关系、在岸市场和离岸市场人民币汇率以及跨境人民币流动的动态监控进行了讨论。

## 二、人民币国际化路线图

讨论人民币政策动机，首先需要提出的问题是：中国是否真的希望人民币国际化？假定中国政府希望人民币国际化。接着的第二个问题是：人民币怎样才能实现国际化？在回答如何实现人民币国际化时，一个关键的问题是：人民币国际化是否有可以遵循的模式？具体讲，从长远来看，中国是应该像美国一样在全球独自发挥作用，还是应该采取德国模式使自己完全融入亚洲，这是中国制定人民币国际化或区域化政策时，必须考虑的一个战略性问题。换句话说，人民币是或将成为平行于美元和欧元的独立的国际货币，还是或将与亚洲其他国家货币完全融合，成为新的亚元的一部分？高海红和余永定（2010）和高海红（2010）针对这些问题进行了系统的研究。

### （一）德国模式还是美国模式

美元和欧元是"二战"结束后货币国际化最成功的两个案例。然而，这两种货币的国际化路径却大相径庭，大体可以将其划分为两个模式：德国模式和美国模式。德国模式经历两个步骤：德国首先加入区域货币安排，即众所周知的欧洲货币单位（ECU），其次创建一种新的、单一的区域货币以取代所有成员方货币。由于这种模式将消除所有参与国货币，采用这种模式，中国应该首先加入有完全保证的亚洲货币联盟，将人民币自我消亡，最后被一种新的亚洲单一货币所取代。德国模式是以放弃主权货币为妥协，以区域高度的一体化为依托，在全球金融秩序中以货币联盟形式获得一席之地。如果选择这种模式的话，人民币国际化基本上是以区域货币联盟的形式而终止。而美国模式是美元在全球范围内寻求独自主导作用的货币国际化模式。这一模式需要货币发行国在全球范围内有足够的经济、政治和军事实力。采用美国模式可能使人民币成为一种平行于美元、欧元或日元的一种完全独立的国际货币。

理解中国政府在人民币国际化初期的这些考虑十分重要。全球金融危机迫使中国不得不在亚洲和世界范围内承担更大的金融责任，而且这种迫切要求超过了以往任何时候。在货币合作的某些特定阶段，区域化和全球化是相冲突的。因此，人民币国际化最棘手的问题是，在市场需求和政治考虑的基础上，鼓励人民币在亚洲区域使用是否有可行的路线图，并在此基础上使人民币逐渐国际化。由于对中国外汇资产潜在损失的担心以及为了避免汇率风险，中国货币当局对人民币国际化表现出更积极的态度。与此同时，美国政府预算赤字也大幅度上升。尤其是在美元贬值以及美国国债收益率下降的情况下，中国遭受巨额资本损失。更为棘手的是，中国能采取的措施十分有限。中国必须竭尽所能降低可能的损失，同时应该减少失误，避免使情况更加恶化。在此背景下，人民币国际化、国际金融体系改革以及区域金融合作正被提上中国的政策议程（高海红和余永定，2010）。

（二）人民币区域与国际角色并行

人民币国际化的成功需要依靠市场力量，也需要依赖用战略思维精心设计的路线图。在早期阶段，人民币国际化的进程可以开始于促进跨境贸易和金融交易人民币计价。人民币区域化也可作为各种政策驱动过程的结果，例如：发行人民币债券（政府和企业债券）；鼓励使用人民币作为中国自由贸易区（FTA）的计价货币；签署货币互换（双边和多边）协议，并以人民币作为支付方式；与其他亚洲国家签署本币合作协议，扩大本币结算范围。

在中长期，人民币区域范围使用将成为人民币覆盖中国邻国更多区域的自然结果。人民币区域化将是人民币走向国际化不可避免的一步。当然，中国国内金融市场的平行发展和调整也是使人民币国际化走向成功不可分割的一部分。

与此同时，国内的一系列发展对实现人民币国际化的推进至关重要。这些发展包括：实现人民币完全可兑换；开放国内金融市场；实现人民币汇率的灵活性；加强中国金融体系建设；进一步发展国内货币、债券和股票市场；建立一个先进的结算系统；改善法律体系等。

人民币国际化不必一蹴而就，而应该以渐进的方式推进。人民币可兑换在相当程度上需要实现资本项目自由化。一个良好和有序的资本项目自由化进程将给人民币国际化的顺利实现以极大地帮助。中国政府一直对资本项目开放很谨慎。在过去十几年中，中国遵循良好的次序以渐进的方式实现资本项目的可兑换。概括来讲，中国的资本项目自由化遵循着先开放长期资本流动，后开放短期资本流动；先开放直接投资，后开放证券投资和衍生品市场；对弱势行业采取适当的保护使之不受外部过度的竞争和不必要的冲击。中国在很多领域加快解禁其资本管制。例如，进一步实施"走出去"战略，推进外国直接投资（FDI）流出，这一战略有效地促进了人民币的国际化；降低对跨境股权投资限制，在适当的范围内扩大外资对人民币股权市场的进入；开发人民币固定收益投资产品，鼓励非居民借款者发行人民币债券；进一步开放中国的金融部门，在适当的领域放松对外资金融机构的准入管制。总之，实现资本项目自由化与实现人民币国际化相辅相成。

实际上中国在过去多年间更积极地参与央行间双边货币互换，并对亚洲区域储备基金库做出很大的贡献。中国积极扩大鼓励在贸易和金融交易结算中多使用人民币。但是，值得注意的是，尽管这些措施有助于降低中国积累美元资产的速度，但在保护中国巨额美元资产价值方面，这些措施的功效将十分有限。

美元作为国际储备货币的主导地位，使美国经常项目赤字不断累积，现在美国已经成为世界最大债务国。如果美国政府希望稀释其债务，通过制造通货膨胀就可以轻易办到，而对世界范围的美元资产持有者则意味着资本损失。在此背景下，中国提出改革国际货币体系。这就是为什么中国人民银行行长周小川呼吁："创立一种新的国际储备货币，这种新的储备货币与世界各国货币脱钩，并能在长期保持稳定，从而消除以信用为基础的国家货币的内在缺陷"①。虽然人民币国际化在减少中国所持有的美元资产价值的潜在损失方面的能力有限,如果人民币一旦成为国际货币,并且中国对美国的债权大部分以人民币计价,中国的命运将会好很多。此外,不论中国的最终目标是创立一种新的区域货币,比如说亚元,还是使人民币成为一种与美元、欧元和日元并肩的国际货币,处在起始阶段的人民币国际化对这两个目标都是有利的(高海红和余永定,2010)。

## 三、人民币国际化的国际背景

1971 年,尼克松总统宣布美国不承诺按照既定挂钩平价将美元兑换为黄金。布雷顿森林体系摇摇欲坠。在与欧洲使团进行谈判的时候,当时的美国财长康纳利有句名言:"美元是我们的货币,是你们的问题"②。这句话此后被广为流传,成为美国不负责任的政策态度的真实写照。2009 年,全球金融危机爆发不久,中国人民银行行长周小川提出"超主权货币"概念,主张建立与主权国家脱钩、并能保持币值长期稳定的超主权国际储备货币③。周行长这一超主权货币主张,阐述了美元作为单一主权货币行使国际储备职能造成国际货币体系内在的不可持续性,同时也表明中国对美国不负责任政策态度的不满。

布雷顿森林体系瓦解以来的四十多年间,国际经济结构发生了重大的变化。中国经济的崛起是格局变化的重要力量。从经济总量看,中国的名义GDP 于 2006 年和 2007 年分别超过英国和德国,2010 年超过日本,跃居全球第二大经济体。与此同时,中美之间经济总量差距在缩小。从储蓄流向看,中国和一些具有较高储蓄率的国家总体处于顺差地位,这与具有较低储蓄率并且经常项目长期处于逆差状态的美国形成较对照,从而决定了全球债

---

①③ 周小川:《关于国际货币体系改革的思考》,中国人民银行网,2019 年 3 月 23 日。

② 文兴:《重温美国前财长康纳利名言:"美元是我们的货币,但却是你们的难题"》,载《金融投资报》2018 年 8 月第 18 版。

权和债务关系：中国和顺差国家处于债权人一方；而美国处于全球最大的债务人一方。然而上述全球经济实体结构变化的同时，国际货币体系在较长时期仍然延续以美元为中心，以其他货币，尤其是新兴市场经济体货币为外围的国际货币格局（高海红，2015）。根据国际货币基金组织的数据，从1999年第一季度至2021年第一季度，在国际货币基金组织成员方手中持有的可明确币种的外汇储备中以平均占比比较，美元占64.58%，欧元为22.55%，日元占4.42%，英镑3.90%，从2016年第四季度至2021年第一季度，人民币平均占比为1.75%，位居第五。在全球外汇市场交易中，交易量最大的为美元，占总交易量的一半，其次是欧元，占总交易量的1/3。可见，以美元为中心的国际货币体系与日益多元化的全球经济格局之间出现显著的不匹配。

（一）美国货币政策外溢性的负面效果

在现有国际货币的格局之下，美国的国内政策具有很强的外溢性。当美国货币政策发生调整，国际外汇市场会迅速做出反应，美元汇率变动带动其他国家的货币币值的相应变化。而由于息差的变化，其他国家货币当局面临货币政策的调整压力。更进一步，由于美元是国际货币，一些将美元作为主要货币锚的货币当局不得不对外汇市场进行干预。而对外汇市场的干预将损耗本国外汇储备，这对一些外部收支条件恶化，存在经常项目逆差的国家来说将造成货币危机风险。一些国家借助资本管制阻止大规模的资本流动。但是对多数国家来说，资本管制是一项短期政策，常态下保持一定的资本开放对国内储蓄不足的国家尤其必要。面对美国货币政策或松或紧的变化，这些国家始终处于被动应对的地位。当资本大规模流入时，其会助燃国内资产价格泡沫。当资本大规模流出时，本国的银行会面对挤兑，加上本国货币贬值压力，资本外流与货币贬值形成联动作用，进而造成货币危机。在资本管制方面，这些国家更是处于两难境地：资本开放有危险，资本管制有成本。此外，更深层的问题是发展中国家存在的"原罪"问题和"美德悖论"。对发展中的债务国来说，这些国家通常对外拥有期限较短的美元债务，而国内贷款则是期限较长的本币贷款，这在期限和币种两个方面出现双重错配。在双重错配普遍存在的情况下，银行体系面临严重的风险，政府不得不通过稳定汇率对银行提供担保。这一现象也可以解释发展中国家在汇率制度选择中存在的"浮动恐惧"现象。对于一些储蓄较多的发展中国家来说，存在着"美德悖论"，只要本国货币不是国际货币，为了保持出口竞争力，这些国家作为债权人仍存在浮动恐惧，仍受制于美元本位（McKinnon and Schnabl，2004）。上述现实的结果，是在缺乏全球性金融机构行使监控中央银行流动性创造的情况下，美联储在事实上是美元流动性的唯一创造者。这一独特位势将美元流动性与美国经常项目逆差挂钩，从而形成这样的局面：那些运行经常项目顺差、持有美元资产的国家在缺乏选择的情况下只能持续购买美元资产，美元资金因此回流至美国，这便构成了全球失衡的重要来源。由于美国没有承担美元汇率稳定的义务，美国的货币政策外溢性将由其他国承担，美国在吸纳全球资金流入的同时不需要担心资本流入带来的国内通货膨胀压力。

储备货币的主要功能通过保持足够数量的外汇，用以应对在发生外部冲击和危机时出现对外融资困难；用以提供偿还外债以及用外部资产提供本国货币支持；为政府提供应对外债以及应对国内自然灾害的手段。然而，为了保证上述功能的正常实施，适当的外汇储备管理十分关键。适当的外汇储备管理，一是确保适当的外汇储备规模；二是确保外汇储备的流动性，控制外汇储备对市场和信贷风险的暴露；三是在中长期，在确保流动性和风险有效的控制的前提下提供一定的盈利性。然而，全球金融危机对外汇储备持有国的储备管理带来重大的挑战。美国经济学家克鲁格曼在《纽约时报》撰文称之为"美元陷阱"（Krugman，2009）。

（二）国际储备供给和全球安全资产短缺

在过去多年间，各国中央银行倾向于将级别较高的政府债券作为储备资产。特别是新兴经济体快速的经济增长，对国际储备资产的需求随之而迅速增加。对储备资产的需求需要具有财政清偿力担保的安全资产的供给来满足，而后者需要储备资产提供国政府不断发行政府担保的债券，从而不断累积债务。经常项目逆差仍是全球流动性的重要来源，与此同时，资本项下的资金流动成为一个更主要的流动性来源，而在其背后，预算赤字可以说是全球流动性供给的根源。在缺乏类似金本位所能施加的财金纪律的今天，发债变得相对容易，即使各国都存在预算约束，在特定时期也变得不具有约束力。以美国为例，从 20 世纪 70 年代中期以来，美国联邦债务法定限额不断上调。特别是从 2008 年金融危机开始，这一限额上调速度加快，幅度增高。在 2009 年，上限额度为 12.1 亿美元，2010 年提高到 14.29 亿美元；2013 年更是突破了 16.39 亿美元高限。大规模发债既满足了全球储备资产增加的需求，也同时破坏了储备资产所具备的特质：有信誉担保的较高清偿力。这就形成了一个悖论：储备资产需求增加，需要具有这种清偿能力的政府债券的发行增加；债券发行得越多，清偿性就会受到越大影响。

全球流动性概念在自 20 世纪 70 年代以来发生了很大的变化，流动性的变现途径已经多元化了，获取的便捷程度也得到了提高。在固定汇率下，美国政府是流动性的提供者；浮动汇率下，流动性提供者是多元的，可以是政府，也可能是金融市场中的交易对手。由于渠道的多元化，这就使得流动性概念变得难以把握。国际清算银行报告给出一个如何界定、量化全球流动性的框架。比如按主体划分，全球流动性包括官方流动性和私人流动性。官方流动性是只有货币当局才能创造和提供的流动性；私人流动性包括融资流动性、市场流动性、风险承受流动性，分别代表私人机构的融资能力、融资规模和金融杠杆程度。

金融危机以来，全球安全资产在供求结构、数量等方面发生了变化。一方面，新兴市场出于预防性需求的储备资产需求不断上升；另一方面，在供给方，主权债级别的降低导致合格的安全资产提供者减少。在过去多年间，美国、德国和英国等主要国家的 10 年期国债收益率呈现总体下降趋势，反映了较多的需求追逐有限供给。事实是，在危机爆发和金融动荡期间，投资者风险偏好降低，对安全资产需求激增的情况下，美元资产的避险功能相当明显。然而，由于资产的安全性需要受政府清偿能力的担保，这在公共债务持续增高的条件下，资产的安全性受怀疑。至少在余永定（2014）看来，中国承受净投资负回报的同时，心甘情愿将外汇储备（存量和增量）投资于假设中的安全资产——美国国债。不考虑中国外汇储备累积中的政策原因，在这一看似"非理性"行为背后，实则反映中国外汇储备配置中安全资产选择所面临的困局。在安全资产短缺下，人民币国际储备货币地位的提高将为全球安全资产提供一个选项。

（三）多重储备体系需要多重最后贷款人

浮动汇率下特里芬难题表现为美元作为单一储备货币与其币值稳定性之间存在矛盾，这是全球失衡与金融不稳定性的来源之一。然而，多重储备资产是否能缓解这一难题？这里要回答更根本的问题是，多极储备体系是否在稳定币值方面比单极体系更稳定？理论上，多极和单极都存在均衡状态，但是准确地说，国际货币体系处于非多极、非单极的过渡期。在过渡期内，由于储备结构调整的不确定性，特别是新兴货币具有较高的风险溢价，这将导致资本流动和外汇市场的剧烈波动。

金融稳定是一种公共产品。在缺乏机构框架来锁定职责的情况下，单个货币发行国缺乏承担最后贷款人、提供公共产品的动机。危机期间，美联储是最后贷款人，因为无论如何，短缺的流动性是美元。然而，最后贷款人一直是一个有争论的问题。争论焦点有两个：一是可能产生的道德风险，因为任何担保和救助都会产生受援者对进一步救助的期望，这可能延缓他们针对危机根源采取的整治行动，或者造成搭便车行为；二是救助的效率问题。由于流动性危机和清偿力危机两者有本质的区别，前者可通过及时救助得以缓解，而后者的解决方案只有倒闭。在现实中很难对两者进行有效甄别，这无疑加大了救助效果的不确定性。然而全球危机爆发和随后各国和国际的救助政策实践，至少在如下问题上达成共识：最后贷款人的存在非常必要，而且，它应该是多元化的，既包括公共部门，也包括私人部门；它也应该是多层次的，包括全球性的金融机构，如国际货币基金组织和世界银行，也包括区域性金融稳定机制，如清迈倡议多边机制（CMIM）、欧洲稳定机制（ESM）等；它还包括各国中央银行之间的双边合作，如货币互换。储备货币多元化从根本上讲是市场自然选择的结果，在缺乏全球性安排的条件下，多重最后贷款人是化解金融风险最可行的合作方式。在这样的背景下，人民币成为储备货币将对中国的中央银行承担全球最后贷款人角色提出新的要求。

## 四、人民币国际化进展

2009 年以来，人民币国际化经历了起步时期、快速发展时期和停滞时期（高海红，2019）。这三个时期的变化受多重因素的影响，其中政策推动、央行合作、人民币汇率变动以及资本开放节奏决定人民币国际使用变化的进度。从总体使用情况看，作为储备货币，人民币于 2016 年 10 月正式纳入国际货币基金组织特别提款权，成为篮子货币。人民币在成员方外汇储备中的持有比率从初期的 1.07% 上升至 2020 年一季度的 2.02%。全球有约 70 个国家的中央银行将人民币作为储备货币。在交易货币功能中，根据国际清算银行每三年的统计，在全球外汇市场交易中人民币占全球交易额的比重从 2004 年的 0.1% 提高到 2019 年的 4.3%，排名在同期从第 35 位上升至第 8 位（BIS，2018）。在国际支付体系（SWIFT）中，人民币从 2010 年的第 35 位上升至 2015 年 8 月排名第 4 的最高位，随后有所下降，但仍保持在第 5 ~ 6 位的水平。人民币也实现了与欧元、日元、美元、英镑、新西兰元和新加坡元等货币建立了直接交易；离岸人民币市场发展迅速，香港是最主要的离岸人民币中心。此外，伦敦、新加坡、首尔、纽约、台北、巴黎、悉尼、法兰克福、卢森堡以及迪拜等地的人民币业务也正在兴起。人民币清算行也几乎遍布亚洲、欧洲、美洲和大洋洲的主要的国际金融中心。2015 年，中国人民银行建成统一的人民币清算系统（CIPS）。CIPS 上线运行，其业务覆盖至 171 个国家和地区的 3300 多家银行法人机构①。金融基础设施的建设为人民币国际化在交易领域提供了极大的便利（见表 3-2）。

表 3-2　　　　　人民币国际使用的主要用途（截至 2018 年底）

| 私人用途 | 官方用途 |
|---|---|
| 贸易结算 | 央行之间货币互换 |
| 贸易信贷 | 货币直接交易 |
| 银行存贷款 | 外汇储备（SDR 和部分国家央行） |
| 债券市场 | 金融基础设施（清算系统 CIPS） |
| 股票市场 | |
| 直接投资 | |
| 银行间市场 | |
| 项目融资 | |
| 大宗商品和能源（如黄金和原油期货） | |

资料来源：笔者根据相关资料编制。

## （一）贸易结算和投资计价货币

人民币国际化初期主要是靠政策推动。其中，在贸易结算和投资计价方面，中国积极放宽人民币交易限制，有意识地进行政策指导，在人民币国际化最初阶段发挥了很大的作用。

人民币在周边国家的跨境使用是人民币贸易结算使用的前期形态。伴随着改革开放的不断推进，中国与周边一些国家经济活动增加，边贸活动开始活跃，人员往来也不断增加。与这些经济活动相伴的是人民币开始流出境

---

① 中国人民银行：《2021 年人民币国际化报告》，2021 年 9 月。

外，货币兑换所和一些钱庄开始经营人民币兑换业务，部分国家还可以用人民币作为支付手段。在蒙古、越南、老挝、缅甸、柬埔寨和尼泊尔等与中国边贸密切的国家，人民币流通规模较大；还有一些国家的商界也接受使用人民币进行交易（高海红和余永定，2010）。由于人民币在当时还不能在大多数邻国的银行体系中进行存款和贷款，人民币境外流通的数据很难获得，这在一定程度上促成了中国政府决心将境外流通的人民币正式纳入银行系统，以便更准确掌握人民币境外流动的规模。2004年，中国香港地区的银行体系正式获准，可以接受人民币存款业务。2009年7月，国务院批准颁布《跨境贸易人民币结算试点管理办法》。根据这一措施，在包括上海市和广东省在内的四个城市中开展人民币结算跨境贸易的试点。2012年3月，上述措施在全国铺开，人民币结算跨境贸易的限制全部取消。受到政策鼓励，人民币结算跨境贸易额在初期快速上升，使用人民币进行贸易结算的企业数量也不断增加。2009年，包括货物贸易和服务贸易在内的经常项目下的人民币收付年度金额仅为25.6亿元。2015年经常项目人民币收付额为72343.6亿元。随后受人民币贬值和临时资本管制措施的影响，人民币贸易结算功能有所收缩，2016年为52274.7亿元，而到2019年1月为3521.9亿元（见图3-1）。到2016年底，人民币贸易结算占中国对外贸易总额的27%左右，随后这一比重进一步下降，2020年经常项目人民币跨境收付占同期本外币跨境收入总额的17.8%[①]。人民币结算跨境贸易额的这一波动反映出人民币作为贸易结算货币的使用程度与人民币币值变动和资本管理措施的变化有较高的关联度：人民币升值以及较为宽松的资本管理环境鼓励人民币在跨境贸易的结算地位；而人民币贬值时期和相对收紧的资本管理措施会在相当程度上成为人民币发挥贸易结算功能的阻碍因素。

---

① 中国人民银行：《2021年人民币国际化报告》，2020年9月。

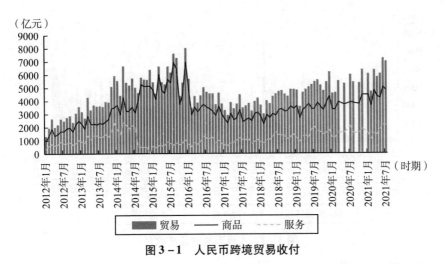

图 3-1　人民币跨境贸易收付

资料来源：Wind 数据库。

2011 年 1 月，中国人民银行又颁布《境外直接投资人民币结算试点管理办法》，解除了人民币对外直接投资的限制。随后以人民币计价的外商投资（RFDI）和以人民币计价对外投资（RODI）得到了发展。2011 年包括对外投资人民币收付和外商直接投资人民币收付在内的跨境人民币直接投资年度收付额为 1272.7 亿元；2015 年高达 5592 亿元。随后人民币计价的直接投资额有所下降，2018 年为 1173.3 亿元（见图 3-2）。

人民币在东盟国家使用具有特殊意义。在亚洲金融危机之前，东盟各国饱受"原罪"困扰，银行普遍面临双重错配，由此产生对美元的浮动恐惧。亚洲金融危机之后，这些国家又面对"美德冲突"，高储蓄国家不断累积外汇储备，其水平远超出合意的自保水平，并以美元资产形式在区外循环，这对区内长期投资具有挤出效应。归根结底，东盟国家对美元的依赖缘于美元的网络外部性，或者说缺乏美元替代。人民币在东盟国家的使用不是替代美元，但可以提供一个选项。

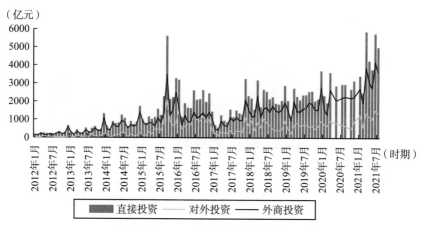

图 3 - 2 人民币直接投资收付

资料来源：Wind 数据库。

　　人民币使用对区域合作也有重要意义。东盟国家是 10 + 3 机制的重要
成员，10 + 3 是亚洲区域重要的合作机制，在金融领域，清迈倡议多边机
制（CMIM）是重要合作成果，是区域多边金融救助机制，拥有 2400 亿美
元的救助能力①。2021 年 CMIM 成员国修订章程，提升经济监控和风险应
对能力。最重要的，按修订的章程 CMIM 以美元提供救助的同时，也可同
时以人民币、日元等作为融资货币。CMIM 本币化与人民币区域化形成互
动关系。

　　人民币国际化起于人民币区域化。东盟是人民币使用的最具有真实需求
的区域。中国与东盟的贸易和投资联系日益密切。新冠肺炎疫情暴发后跨境
贸易几乎全盘停摆，唯有中国与东盟贸易保持增长。产业链的重新布局对东
盟国家使用人民币也构成了新契机。贸易联系是推动金融、货币联系最为传
统的渠道，这一渠道在东盟国家具有天然基础。另外，货币计价会影响贸易
联系。一些文献研究发现，用什么货币对贸易计价，会影响双边的贸易量。

---

　　① 资料来源：ASEAN + 3 Macroeconomic Research Office - AMRO 网站。

那些以美元作为第三方货币进行贸易计价的国家，其贸易量深受美元汇率变动的影响。过去一段时期美元走强，对一些国家的双边贸易萎缩有一定的作用。这一理论讨论对人民币贸易计价具有重要的启示。高和李（Gao and Li，2020）的一项最新研究成果发现，考虑中国在产业链中所处的特殊位置，中国与东盟国家贸易联系与人民币使用有显著相关性。人民币贸易计价在东盟有潜力。

与贸易计价职能密切相关的是汇率锚的使用。在贸易联系比较密切的国家之间，汇率波动也有很高的相关性。比如高和李（Gao and Li，2020）发现马来西亚、新加坡和文莱的货币与人民币的波动具有较高的关联性；泰国货币尽管与美元联动性较高，但与人民币的联动也具有显著性。一方面，汇率联动性是市场冲击的结果，另一方面，由于汇率稳定会降低贸易中的汇率风险，官方有意愿将主要贸易伙伴货币作为钉住锚。这里锚货币的概念主要包括两个含义，一是在汇率安排上主要钉住人民币，二是央行增加人民币的外汇储备。从经验研究看，东盟国家有动机将人民币作为货币锚。根据《2020 年人民币东盟国家使用情况报告》，截至 2019 年底，马来西亚、新加坡、泰国、印度尼西亚、柬埔寨和菲律宾 6 个东盟国家已经将人民币纳入外汇储备（广西金融学会，2020）。

从市场使用看，人民币具有吸引力的原因应主要是交易的方便性和较低的交易成本。人民币在境外的市场的交易成本远远高于美元，这极大阻碍了人民币的使用意愿。以 2020 年 9 月 8 日汇率看，曼谷银行的人民币买卖差价缺口高达 3.26%，而美元只有 0.96%[①]，交易成本最低的货币。截至 2019 年底，中国的商业银行已有 10 个东盟国家货币的银行柜台挂牌交易业务。这是很好的开始。早期建设人民币清算系统，在全球布局清算行，对人民币境外清算奠定了一定的基础。完善人民币清算体系更具有紧迫性，如加

---

① 资料来源：Bangkok Bank 官网数据。

大与 SWIFT 的合作。CIPS 对东盟 10 国全覆盖。这都有助于提升人民币交易的便捷程度。

（二）储备货币功能

人民币双边货币互换是以中央银行合作形式推动人民币成为储备资产的初期尝试。2008 年中国人民银行与韩国中央银行签署了 360 亿元的双边人民币货币互换，这是全球金融危机后中国央行签署的首个此类互换。此后，央行之间的人民币双边互换协议成为央行货币合作的重点。截至 2018 年底，包括续签在内的人民币双边互换协议共签署了 38 项（见表 3 - 3）。从传统功能看，央行之间的双边货币互换是以本国出现流动性困难的银行机构提供救助为目的。但诸多的人民币双边货币互换除了上述功能之外，还增加了促进双边贸易和投资的功能，即在必要时伙伴国可以透过本国银行系统为与中国贸易投资业务有关的企业提供贷款支持。可以说这些互换成为以中央银行合作的形式推动初期人民币国际化的重要途径。

表 3 - 3　　中国人民银行的货币互换（截至 2020 年 8 月，包括续签）

| 伙伴经济体 | 规模（亿元） | 签署时间（首次） |
| --- | --- | --- |
| 韩国 | 3600 | 2008 年 12 月 |
| 中国香港地区 | 4000 | 2009 年 1 月 |
| 马来西亚 | 1800 | 2009 年 2 月 |
| 白俄罗斯 | 70 | 2009 年 2 月 |
| 印度尼西亚 | 1000 | 2009 年 3 月 |
| 阿根廷 | 700 | 2009 年 4 月 |
| 爱尔兰 | 35 | 2010 年 6 月 |
| 新加坡 | 3000 | 2010 年 7 月 |
| 新西兰 | 250 | 2011 年 4 月 |

续表

| 伙伴经济体 | 规模（亿元） | 签署时间（首次） |
|---|---|---|
| 乌兹别克斯坦 | 7 | 2011 年 4 月 |
| 蒙古国 | 150 | 2011 年 5 月 |
| 哈萨克斯坦 | 70 | 2011 年 6 月 |
| 泰国 | 700 | 2011 年 12 月 |
| 巴基斯坦 | 200 | 2011 年 12 月 |
| 阿联酋 | 350 | 2012 年 1 月 |
| 土耳其 | 120 | 2012 年 2 月 |
| 澳大利亚 | 2000 | 2012 年 3 月 |
| 乌克兰 | 150 | 2012 年 6 月 |
| 巴西 | 1900 | 2013 年 3 月 |
| 英国 | 3500 | 2013 年 6 月 |
| 匈牙利 | 100 | 2013 年 9 月 |
| 阿尔巴尼亚 | 20 | 2013 年 9 月 |
| 欧洲中央银行 | 3500 | 2013 年 10 月 |
| 瑞典 | 1500 | 2014 年 7 月 |
| 斯里兰卡 | 100 | 2019 年 9 月 |
| 俄罗斯 | 1500 | 2014 年 10 月 |
| 卡塔尔 | 350 | 2014 年 11 月 |
| 加拿大 | 2000 | 2014 年 11 月 |
| 苏里南 | 10 | 2015 年 3 月 |
| 亚美尼亚 | 10 | 2015 年 3 月 |
| 南非 | 300 | 2015 年 4 月 |
| 智利 | 220 | 2015 年 5 月 |

| 伙伴经济体 | 规模（亿元） | 签署时间（首次） |
|---|---|---|
| 塔吉克斯坦 | 30 | 2015 年 9 月 |
| 摩洛哥 | 100 | 2016 年 5 月 |
| 塞尔维亚 | 15 | 2016 年 6 月 |
| 埃及 | 180 | 2016 年 12 月 |
| 尼日利亚 | 150 | 2018 年 4 月 |
| 日本 | 2000 | 2018 年 10 月 |
| 中国澳门地区 | 300 | 2019 年 12 月 |
| 老挝 | 60 | 2021 年 5 月 |

资料来源：笔者根据中国人民银行网站的信息整理。

在国际货币制度安排层面，2009 年中国人民银行原行长周小川提出建立"超主权货币"主张，这是对未来国际储备体系建设的一个理论指引。在实践中，在全球层面，2015 年，国际货币基金组织对特别提款权的货币组成进行了新一轮评估。按照 2011 年修订的标准，成为特别提款权篮子货币条件有两个：一是货币发行国贸易规模；二是成员方持有其储备货币的比重。后者要求该货币能够为成员方"自由使用"。2016 年 10 月，人民币正式纳入特别提款权货币篮子。在新的货币篮子中，美元占 41.73%，欧元占 30.93%，人民币位居第三，占 10.92%，日元比重为 8.33%，英镑为 8.09%[①]。人民币成为特别提款权篮子货币提升了特别提款权对全球重要的经济体的代表性，尤其代表了新兴经济体的重要性。与此同时，由于特别提款权中的篮子货币是国际货币基金组织成员方持有的官方储备货币，这在一定程度上说明人民币储备货币地位的"官方地位"得到了国际金融机构的认

---

① IMF（2016），"Launches New SDR Basket Including Chinese RenminbI"，Determines New Currency Amounts，September 30.

可。更重要的是，人民币加入特别提款权有助于推动中国进一步国内金融改革和扩大对外金融开放。而后者与人民币储备货币地位的提升形成良性循环。

### (三) 离岸人民币市场

中国香港地区离岸人民币市场发展是人民币国际化进程中十分重要的组成部分。在改革开放之前，香港是外国资本进入中国内地的"门户"或"脚踏板"。在1997年中国香港地区回归之初，中国香港地区曾担心将失去其作为金融中心地位的优势，因为随着中国内地金融业的不断开放，外国金融机构更愿意绕过中国香港地区直接与中国内地进行商业合作。然而实践证明中国香港地区在诸多方面仍具有竞争力，这要感谢其拥有的自由市场准则、充足的专业人才以及完善的金融基础设施。从中国（含香港地区）协同发展的全局角度看，由于资本项目开放是一个渐进的过程，人民币国际化需要在一个风险可控的程度上展开，同时又要有足够的岸外发展空间，中国香港地区因此成为人民币国际化"试验田"的理想之地。事实上，早在2004年中国香港地区银行体系开始接受人民币存款之前，因中国香港地区与中国内地的商业活动不断增加，以及中国内地赴中国香港地区人员流动的不断扩大，已经有相当数量的人民币在中国香港地区流通。在人民币存贷款正式纳入中国香港地区银行体系之后，特别是中国香港地区的总结算系统（RTGS）的建立，为人民币在中国香港地区离岸市场交易提供了极大的便利。中国香港地区已经成为最大的人民币存款所在地。

除了中国香港地区自身的金融中心优势，人民币升值预期是中国香港地区离岸人民币市场发展的重要因素，中国香港地区人民币存款的增长与人民币升值幅度之间存在很大的相关性（见图3-3）。这是因为，由于存在人民币升值预期，金融机构愿意持有人民币资产。同时，由于人民币存款在中国香港地区与中国内地之间存在利差和汇差，人民币单向套利颇具吸引力。人民币套利活动一方面刺激了市场对人民币流动性的需求，但同时也造成跨境短期资金的持续流入，助长了"热钱"对国内金融稳定所造成的不利影响。

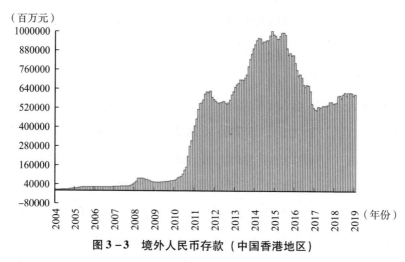

**图 3-3 境外人民币存款（中国香港地区）**

资料来源：Wind 数据库。

　　继香港之后，伦敦、新加坡和台北开始发展离岸人民币业务。随后，欧洲大陆的卢森堡、法兰克福和巴黎等地也在出现人民币清算和交易。在欧洲、美洲、中东和澳洲等主要城市，中国人民银行指定中国的银行作为人民币清算银行，这为人民币业务的发展奠定了基础。人民币清算行这一"遍地开花"势头，得益于政策推动，更重要的是市场需求的结果。这同时也为各个离岸人民币市场之间的关系提出了新的课题。比如，如何在不同市场、中心之间进行分工，合作，以及如何形成良性竞争关系。一种观点认为，如果香港与伦敦比较，香港将可能扮演人民币资金的集散地或中转站，而伦敦则成为真正的人民币国际交易离岸中心（Subacchi and Huang，2012）。

　　与离岸人民币市场平行发展的同时，中国政府于 2013 年 9 月决定成立上海自由贸易区（SFTZ），目的是通过局部资本项目开放，在上海建设人民币在岸（onshore）市场。在人民币可兑换性持续扩大、自贸区模式可复制，以及资本开放风险可控的原则下，上海自贸区成为人民币国际化新的"试验场"。特别是通过设立外汇交易账户（FT），在上海注册的机构可以享受最大的人民币自由可兑换程度。比如，注册机构可以以离岸市场、非官方干预的人民币汇率（CNH）从事兑换，不受结汇头寸的限制，母公司与子公司之间可以进行人民币资金的转移，等等。2015 年，上海自贸区模式已经扩展至天津、广东和福建。2016 年自贸区模式扩展至全国，这为人民币实现全面的可兑换性形成压力，也为国内利率市场化等金融改革提出了要求。

## 五、小结

中国加入世界贸易组织的成就之一是通过引入外部竞争为国内改革形成"倒逼机制"。人民币国际化也可以被视为中国在新时期为了在国际货币体系中重新定位，以及为打破国内瓶颈、进一步促进国内金融改革的一项新的努力。

人民币国际化进展的重要标志是人民币发挥国际储备货币职能。而人民币成为国际储备货币需要中国经济实力的支持。中国成为全球经济总量仅次于美国的经济大国，这为提升人民币在国际货币体系中的地位提供了基础性支持。同时，中国有意愿减少对美元的过度依赖，以避免本国较高的储蓄转化为美元资产，从而面临"美元陷阱"的困境。更重要的是，全球金融危机爆发证明了改革现有国际货币体系的急迫性。国际储备体系正走向多元化，尽管美元仍然是全球最主要的货币，但欧元、日元、英镑以及特别提款权等都在行使一定程度的国际货币职能。人民币是首个加入国际储备货币体系的新兴市场国家的货币。人民币的加入一方面改善储备货币体系对新兴经济力量的代表性，另一方面也是储备体系多元化的重要组成部分。

人民币国际使用的下一步应如何推进？

首先，人民币金融交易功能需要市场基础。中国持续的金融开放会进一步提升人民币在跨境交易中的可获得性，鼓励更多的市场主体参与交易。2018 年之后，包括取消境内外机构投资者的额度限制、允许美国运通在中国市场开展银行卡清算业务、公布 2020 年版的外资准入负面清单等一系列的开放措施，都将在更大范围和更深层次上实现金融体系的开放，为人民币跨境使用排除制度性障碍。更重要的是，如果将金融开放与完善国内金融市场的建设相结合（包括培育一个流动性更高、范围更广的多层次资本市场），释放市场动力，将有助于大幅提升人民币的金融交易职能。当然，金融开放要与汇率政策、宏观审慎政策相协调。尤其是在跨境资本流动风险加大的情况下，决策者需要综合考虑金融稳定与资本开放之间的平衡关系。从经验看，在资本开放的条件下，灵活的汇率政策具有外部冲击的缓冲作用；而对资本流动风险的管理，则将更倚重宏观审慎政策。

其次，人民币在贸易和投资交易中的计价功能方面，仍有很大的提升空间。中国与伙伴国家的区域经济一体化是人民币国际使用的基本面因素。美元作为国际货币强大功能的特征之一，是其用于非美国家之间的贸易计价。一些研究表明，在一些以美元为第三方计价货币的国家，其贸易额深受美元汇率周期的影响。从另一个角度理解，一些与中国具有高度经贸关系的伙伴国，尤其是产业链关联度较高的区域，比如东盟，其双边贸易中如若直接使用人民币计价，将有助于避免美元周期对贸易额的不利影响。

再次，利用市场规模优势提升大宗商品交易中人民币的定价能力。2018年人民币原油期货推出具有重要意义，该市场已经吸引了 4 万注册账户和 52家海外机构[1]，在时区与交易多样性等方面，已显现与布兰特和西得克萨斯原油期货互为补充的特征。此外，在铁矿石、橡胶等其他类大宗商品期货市场也实现了人民币交易。中国是世界最大的原油进口国，人民币成为重要的计价货币具有天然的市场基础。作为全球重要的大宗商品需求方，提升人民币在大宗商品交易的定价能力、增加人民币金融服务品种，对人民币跨境使用具有重要意义。下一步人民币计价功能应考虑扩展至大宗商品的现货市场。

最后，把握国际货币多元化趋势。新冠肺炎疫情暴发后，从全球金融市场需求和投资者偏好看，美元的安全资产特质强化了美元的国际货币地位。然而对美元的过度依赖，也隐含了风险。美国不断攀升的公共债务对美元资

---

[1] 资料来源：上海国际能源交易中心网站。

产的支持能持续多久，全球安全资产是否从短期性短缺演变为结构性缺口，此类问题加上地缘政治变化的不确定性加大，都将促使更多的公共部门和私人部门以多元化来化解相应的风险。欧洲已重提欧元的国际货币地位问题，一些私人货币也开始成为各部门持有或交易的选项，还有一些中央银行以发展数字货币为契机建立本币交易的基础设施。提升人民币的国际使用，理应是国际货币多元化诸多努力的组成部分。

## 第二节　人民币国际化的政策次序

在各项配套政策中，资本项目的开放程度和速度，汇率政策的灵活性程度，国内金融市场的发展以及国内金融改革的步骤之间如何协调，是决定人民币国际化能否顺利推进的关键。针对配套政策时序的讨论存在着争议，而争议的焦点是对解除资本管制风险的看法有所不同。一些对中国资本项目开放持相对激进的主张认为，只有资本开放和实现货币可兑换性才能实现人民币走出去的目的，而针对资本项目开放时序和风险的可控性方面，这一主张所持有的观点也相对乐观。在 2012 年中国加快资本开放时期，这方观点比较具有代表性（中国人民银行调查统计司课题组，2012）。而另一些经济学家则认为，资本项目较快速开放同时，汇率制度改革和国内金融改革相对延迟，只会增加资本流动风险，甚至阻碍人民币国际化进程（余永定，2011；张斌，2011；张明，2011）。

中国资本项目自由化是人民币国际化的一个重要前提。2012 年 2 月 24 日央行一位资深官员在接受《中国证券报》记者采访时，概括了中国资本项目自由化三步走计划。在开始的三年，中国将放松对人民币在直接投资中使用的限制，以人民币进行的对外投资也可以自由流出中国。接下来的 3~5 年，对商业信贷的管制将会放松，中国的商业银行可以在海外增加发放以人民币计价的贷款。在未来的 5~10 年中，中国将逐步在房地产、股票和债券方面对外国投资者开放。这一计划完成之后，中国在实现人民币的可兑换性上会取得巨大的进展。在国内对人民币国际化开始出现质疑的背景下，这一以非官方形式发布的规划无疑是中国人民银行对人民币国际化趋势不可逆转的肯定。

资本项目自由化的目标的实现同样需要国内金融改革取得重大进展。中国人民银行试图利用人民币国际化的讨论推动国内金融市场的改革，以及推动货币和汇率政策的改革。在中国政府的不同部门中，对各项改革的态度，中国人民银行相对开明和公开。国内对放开利率管制有很强的呼声，因为这样可以使大量的中小型企业获得贷款；汇率的浮动也会给货币政策更多的自主性空间。中国的私有部门支持以市场化为导向的金融改革，而国有部门更加犹豫不决。过去几年享受利差补贴的国有银行和依靠垄断地位生存的国有企业，对金融自由化持抵触态度。对于政府来说，金融自由化也意味着不得不放弃过去在国内银行体系中的大部分影响力，而后者一直是政府操控中国经济的最有力工具。

此外，快速的金融自由化会带来金融风险，这在韩国和墨西哥的经验中得到见证：在没有健全的国内金融机构和健康发展的资本市场情况下，迅速开放金融市场会造成金融危机。也正因为金融和经济危机可能导致社会动乱和政治不稳定，中国的资本项目自由化预计会缓慢推进——其步伐可能要比中国人民银行计划建议的慢得多。在放开资本项目之前，中国需要进行国内的金融改革，比如进行利率自由化改革与建立浮动汇率机制。这是因为在利率管制和汇率变动僵硬的情况下，资本项目开放会使国际游资合法地针对利率差异和汇率差异进行套利套汇，大规模的国际资本流动会危及国内金融稳定。总之，除非中国政府在短期内加快国内金融改革的步伐，资本项目全面可兑换性不太可能快速实现①。

---

① 高海红和乌里奇·乌兹（Ulrich Volz）：《中国是否准备好开放资本账户？》，载《新产经》2012 年第 6 期。

## 一、资本项目开放的渐进主义

考虑到开放资本项目的风险和有序开放需要时间，中国在放松管制的过程沿用的是一种渐进主义。这一渐进主义，体现为中国对资本管制放松有一个精心设计的序列，即先开放长期资本流动，后开放短期资本流动；先放开直接资本流动，后放开间接资本流动；保护国内弱势部门免受外部竞争和不必要的冲击。

### （一）资本管制成本

1996 年 12 月 1 日，中国接受了国际货币基金组织协议条款的第 8 款，承诺实现经常项目下人民币完全可兑换性。随之多项放松外汇管制的措施开始推行，这包括将外资企业（FFEs）纳入银行结售汇体系；放松对私人用汇的限制；废除所有残存的对非贸易和非经营性部门的外汇限制；以及进一步放松贸易项下的外汇管制。1997 年 4 月，国务院通过了《中华人民共和国外汇管理条例》的修正法案。这将中国的外汇体制改革纳入法制法规轨道。国务院批准一些国内企业可以不受时间限制地保留特定数额的外汇，并且可以与指定银行进行外汇交易。这样，伴随着人民币实现经常项目可兑换性，中国在经常项目下的外汇供求基本上能反映实际供求，这为向更灵活的人民币汇率决定机制的确立奠定了基础。在过去的几十年间，中国成功地放松外汇管制。更重要的是，中国沿用了资本开放的渐进模式，并不断在开放与稳定之间进行权衡。

在 1999 年初，中国政府公开许诺外汇体制改革目标的三个不变：经常项目下的货币可兑换性不会逆转；对资本项目的管制措施不会增加；未来实现资本项目自由化的目标不变。上述承诺的目的在于消除外国投资者对中国可能因亚洲金融危机而减缓金融开放进程的担心。由于中国政府扮演着金融体系最后担保人的角色，政府任何坚定的意志和决策都有可能付诸实践，从这种角度讲，上述承诺应该是可靠的。此外，有两个重要的因素决定了中国减缓资本项目自由化进程的余地相当有限。

一是 2001 年中国加入世界贸易组织（WTO）。这一努力是建立在中国承诺进一步开放相关领域市场的基础之上的。尽管加入 WTO 不直接涉及中国资本项目的开放，但是其间接影响是不能忽视的，尤其是开放金融服务业，如放松对外国保险业和银行业进入中国市场的限制等，将在事实上迫使中国不得不进一步开放本国资本市场。

二是资本外逃不断增加所反映的高昂的管制成本。从理论上讲，资本项目的管制成本主要来源于这样几个方面。首先，从传统的标准看，资本管制造成国内金融体系的无效率并且有碍多样性的发展，这反过来又损害了本国产品在国际市场上的竞争地位，增加了本国支出与财富对来自本国金融体系的冲击的脆弱性。其次，在维持各种管制措施的运行，如推行资本管制条例、监察各种违规的可能情形和对违规者施行各种惩罚，其中存在高昂的维持成本。随着管制时间的延长，尤其是在出现大量的以逃避管制为目的金融创新情况下，这种维持成本会不断提高。通常，逃避资本管制的主要渠道包括：（1）对出口进行过高标价和对进口进行过低标价，这是最常见的渠道；（2）跨国公司内部的转移定价；（3）商品交易中提前或滞后结算；（4）一些在经常项目下的交易，如在本国工作的外国人以及在外国工作的本国居民将其储蓄汇出或汇入，家庭成员之间的国际汇款以及旅游支出等，都作为获得和转移外国资产的途径；（5）金融创新，如非交割远期（nondeliverable forward）工具，既是资本管制刺激的结果，又反过来进一步为逃避资本管制提供方便。最后，资本管制容易导致寻租行为。

自 1996 年 12 月中国实现了经常项目的可兑换性之后，中国政府就一直面临着在经常项目交易的外汇管制取消的环境下如何保证资本项目管制的有效性这一艰巨的任务。从理论上讲，在实现经常项目可兑换性之后，如果继续保持对资本项目的严格管制，其管制成本将是非常大的。1998 年，国家外汇管理局（SAFE）会同海关等其他部门进行了一次全国性的外汇大检查，发现非法外汇活动相当猖獗，在中国至少有 12 种渠道通过经常项目和 18 种渠道通过资本项目进行的资本非法流进流出。例如一些授权进口公司或外资企业利用假进口发票向指定银行购买外汇，然后汇出境外。其他非法的资本流动如通过出具假的或无效的资格凭证、商业文件等向银行套汇。一些非法外汇活动与地下经济，如走私，联系在一起。更多的资本外逃采取出口高报价和进口低报价的方式，目的是将外汇资金滞留在国外。这些形式的资本外逃甚至无法反映在国际收支的"误差和遗漏"项上。而且要将交易按目的不同清晰地划分出经常项目和资本项目的界限有相当的困难。经常项目的可兑换性使得一些以规避资本项目外汇管制为目的的资本流动得以通过经常项目交易来实现。例如，由于中国允许国内个人将海外汇回的外汇自由地兑换为人民币，这样一些国外资金便通过这一渠道进入国内资本市场，如投资国内A 股市场，尽管这一市场是禁止海外资金进入的。同时，大量的非法外汇中介机构起到了帮凶的作用。一些中资企业和外资企业利用外汇管理中的漏洞和弱点将外汇资金移进移出。例如，根据有关法规，超过三个月的逾期进口支付应该注册为外债。只要"债务人"获得国家外汇管理局的批准，这类外债可以在到期时得到授权银行的再支付。这意味着这笔外汇在资本项目下合法地流出了。与此同时，这些"债务人"，多数情况下是外资企业，还可以利用有效进口凭证从授权银行得到相应的外汇支付，而不必经过国家外汇管理局的任何审批。这意味着同样一笔外汇又在经常项目下合法流出了。这样，一笔外汇可以被一家实体通过经常项目和资本项目合法地流出两次。在这一例子中，外汇管理的漏洞存在于外汇管理部门和外汇授权银行之间缺乏有效的协调。对非法的外汇活动进行统计是相当困难的。如果用广义的资本外逃概念，反映出来的数字可能更大。

　　为了打击不断增加的资本外逃和日益猖獗的非法外汇活动，在 1997 年中期 SAFE 与海关总署签订了的打击骗汇等非法外汇活动的备忘录。在 1998 年下半年，国务院草定了一个惩罚非法外汇交易的法案，将以欺骗的手段获得的外汇定为犯罪，惩罚范围由过去的仅限于国有公司、企业和单位扩大到所有的公司、企业和单位。这种加强管理的努力并不意味着中国在进一步加紧资本管制。而是意味着中国政府已经意识到在一个开放的经常项目条件下对资本项目的管制成本的很高的，效率是越来越有限的。可以说，如果经常项目下人民币可兑换性不会逆转的话，那么迟早迟早迟晚，资本项目必须实现自由化。

### （二）先易后难

中国首先开放外国直接投资（FDI），较早地取消了外资的汇兑限制，这与当时中国引资政策和鼓励外资流入相配合，推动中国融入全球产业链和国际金融市场。对金融服务业，中国较早地放松了对银行部门的管制，中国加入WTO时的承诺在中国银行业开放中发挥了重要作用。中国将证券资本流动开放放在后续阶段，并采取十分谨慎的态度。在开放初期，主要以发展国内资本市场和服务于国有企业改革进程为主要目的。随后，开放目的是重点获取国际经验规范国内市场上的各项规章和制度，并为国内金融市场引入创新机制。这其中，2002年开始实行的境外合格机构投资人（QFII）制度是中国国内资本市场开放最重要的一步。

中国对证券投资资本流动的管制仍然相当的严格。证券投资组合流动始于1991年，那时上海证券交易所（SHSE）和深圳证券交易所（SZSE）开始发行B股，为国外投资者投资于中国资本市场提供了合法渠道。在随后的几年中，出现了其他一些渠道，如H股、美国存托凭证（ADR）、全球存托凭证（GDR）、可转换债券以及两地上市股票。这些措施在开放初期实际上伴随着中国国有企业改革（SOEs）的进程。2002年开始实行的QFII制度。实施QFII制度的目的是利用QFII的国际经验规范A股市场上的各项规章和制度，并为国内金融市场引入创新机制；最重要的是，国内金融机构可以从其国外对手的身上学到先进的理论、国际金融市场实践经验以及QFII所倡导的"价值投资"理念。2007年，中国开始实施境内合格机构投资人（QDII）制度，允许境内机构投资者投资海外市场，这项措施不仅扩大国内资本全球配置渠道，也缓解当时由于外汇储备累积造成的国内经济通货膨胀压力。伴随人民币国际化战略的逐渐展开，人民币在贸易结算和投资计价中的使用的限制也被取消，2011 年人民币计价的人民币合格境外投资者（RQFII）和人民币合格境内机构投资者（RQDII）也得以退出，这样，居民以人民币在境外从事证券投资以及非居民以人民币在中国境内证券市场投资的渠道开始放宽。同一年，中国的短期货币市场也开始开放，允许授权的中央银行和金融机构从事业务。

　　2012 年是中国较快货币可兑换性的一年。2012 年 4 月，人民币汇率机制在参照一篮子的有管理的浮动汇率制度基础上，进一步扩大日波动上下限幅度，提升了人民币的灵活性。而人民币仍在延续自 2005 年汇改之后的升值趋势。从 2005 年 4 月至 2014 年 3 月，人民币兑美元升值了 26%①。人民币升值加上制度的相对灵活性极大提升了人民币资产的吸引力，为人民币国际化提供了重要的窗口期。这样加大力度推进人民币可兑换性是一种顺势而为的举措。2013 年上海自贸区建立，在自贸区注册的机构开立自由贸易（FT）账户，这一账户允许母公司与子公司之间较低限制的自由汇入和汇出，人民币汇率也可以采用中国香港地区的市场汇率（CNH）。这在自贸区局部基本上实现了人民币的可自由兑换。2014 年沪港通建立，实现了资本市场的进一步一体化。2015 年货币市场全面放开，外国的中央银行，国际金融机构以及主权财富基金等在银行间市场从事业务不再受到额度的限制。与此同时，集合类证券市场也逐渐开放。在此期间国际货币基金组织考虑将人民币纳入其特别提款权的篮子，人民币是否具备"可用性"以及人民币汇率是否由市场决定成为重要的条件。在这样的背景下，中国人民银行在2015 年 8 月 11 日决定停止对人民币中间价进行干预，实现人民币汇率浮动。这一决定是人民币最终成功加入特别提款权篮子的重要步骤。然而在当

---

　　①　资料来源：Wind 数据库。

时美联储货币政策面临转向，中国经济增长开始放缓等因素作用下，人民币出现大幅度的单向贬值，资本大幅度外流。

（三）资本双向流动管理

从 1998 年开始，在相当长的时期，中国资本流动呈现的是净流入状态（见图 3 - 4）。2015 年，形势出现逆转，当时正置人民币急剧贬值，国内经济增长放缓，美联储加息在即。前一时期快速的资本开放也为资本流动提供了便利。为了应对大规模资本流出，从 2016 年开始，央行采取一系列收紧资本流出管理措施。比如 2016 年 11 月银行办理资本项下业务，单笔购汇、付汇以及本外币支出等值 500 万美元（含）的交易，均需事先通过信息交互平台进行大额报告。在包括中国人民银行、国家外汇管理局、国家发展和改革委、商务部等有关部门完成真实性、合规性审核后，同意办理再予办理。国家外汇管理局对外直接投资项下流出额度超过 5000 万美元（含）以上的对外投资项目进行管控，在有关部门完成真实性、合规性审核之后，再予办理。

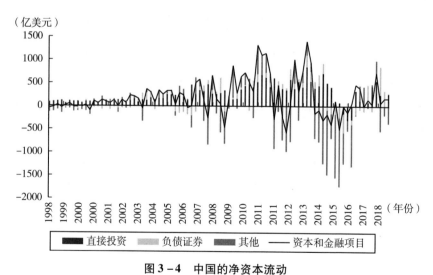

图 3 - 4　中国的净资本流动

资料来源：Wind 数据库。

2017～2018 年在资本项目开放方面采用的一些新的措施，进一步简化了外汇管理，注重流入和流出的双向流动。比如取消合格境外机构投资者（QFII）每月资金汇出不超过上年末境内总资产 20% 的限制，境外合格机构投资者可依据其资产规模的一定比例自动获得投资额度，基础额度内额度申请无须审批；取消 QFII、RQFII 本金锁定期要求，将现存的 QFII 投资 3 个月锁定期、RQFII 非开放式基金投资 3 个月锁定期全部取消，允许开放式基金按日申购、赎回，QFII、RQFII 可根据投资情况汇出本金；允许 QFII、RQFII 对其境内投资进行外汇套保，对冲其汇率风险。同时，推动银行间债券市场对外开放，对境外机构投资银行间债券市场不设额度限制，无锁定期要求。此外，开通深港通，取消沪港通、深港通总规模限制等。与此同时进一步开放金融服务业，将单个或多个外国投资者直接或间接投资证券、基金管理、期货公司的投资比例限制放宽至 51%。上述措施实施三年后，投资比例不受限制；取消对中资银行和金融资产管理公司的外资单一持股不超过 20%、合计持股不超过 25% 的持股比例限制，实施内外一致的银行业股权投资比例规则，三年后将单个或多个外国投资者投资设立经营人身保险业务的保险公司的投资比例放宽至 51%，五年后投资比例不受限制[①]。2018 年进一步将股指纳入 MSCI，国内评级机构对外开放，实施债券通。与金融服务业开放相比，资本项目开放会更为审慎。一种方式是在普遍推开之前在自贸试验区先行，以此降低可能的风险。

（四）资本项目可兑换的时间表

2007 年全球金融危机爆发，为中国重新审视其金融改革、开放步骤以及人民币在全球货币体系中的作用提供了新的契机。伴随 2009 年人民币允许在贸易项下中作为结算货币，以及 2011 年人民币允许在直接投资中计价、

---

① 李苑：《外国投资者投资证券、基金管理、期货公司的投资比例限制将放宽至 51%》，上海证券报·中国证券网，2017 年 11 月 10 日。

开放中国银行间市场等一系列推动人民币国际使用的措施出台。可以说
2012 年以来，人民币国际化战略将资本项目开放推向了快车道。以往，中
国官方很少针对资本项目开放公开具体的时间表，也没有对开放各个阶段的
目标和时限进行承诺，其目的是为其他政策调整留有余地。但是，中国人民
银行于 2012 年以非官方形式发布的一项研究结果，在事实上给出了资本项
目开放的时间表（见表 3 - 4）。这项研究针对不同的资本项目类别，根据开
放风险程度的高低对开放阶段进行了排序。其中，对风险较高的衍生品等市
场，其开放所带来的风险较高，适合放在最后阶段完成。而对风险较低的直
接投资和商业贷款项目，可在较短段时间内全面开放。总体看，这一研究结
果表明了中国中央银行的立场，即认为中国正处于开放其资本项目的战略机
遇期，并认为开放的风险是可控的。与此同时，公开地制定计划无疑也是一
次有意义的民调——倾听来自民众对这一问题的看法，包括支持观点，也包
括反对意见。在中国人民银行发出加速开放中国金融业信号后，对资本项目
自由化的讨论也骤然增多。中国资本项目开放方向不会发生变化，但将更加
注重与其他政策和改革措施的配合，在开放节奏上会仍然一如既往的遵循渐
进主义的原则。

表 3 - 4　　　中国人民银行非官方人民币可兑换时间表（2012 年）

| 资本项目 | 风险性 | 开放阶段选择 |
| --- | --- | --- |
| 货币市场工具 | 衍生的需求，风险大 | IV |
| 金融机构信贷 | 衍生的需求，风险大 | IV |
| 债券类证券 | 与真实经济需求相关，风险中 | III |
| 股票类证券 | 与真实经济需求相关，风险中 | III |
| 商业贷款 | 与真实经济需求相关，风险低 | II |
| 个人资本交易 | 监管难度大，风险高 | IV |
| 不动产交易 | 与真实经济需求相关，风险中 | III |

续表

| 资本项目 | 风险性 | 开放阶段选择 |
|---|---|---|
| 直接投资及清盘 | 与真实经济需求相关，风险低 | I |
| 级和投资类证券（如基金、信托） | 监管难度大，风险高 | IV |
| 担保、保证等融资便利 | 监管难度大，风险高 | IV |
| 衍生及其他工具 | 监管难度大，风险高 | IV |

注：开放阶段 I、II、III、IV 分别为短期安排、中期安排、长期安排和未来安排。

资料来源：中国人民银行调查统计司课题组：《我国加速开放资本账户开放条件基本成熟》，载《中国证券报》，2012 年 2 月 23 日。

### （五）从管制向宏观审慎管理

针对资本项目开放的速度和模式一直以来都具有很大的争议。这其中主要考虑的是，在国内金融市场不发达、金融市场化程度较低的情况下快速开放会所造成突发的金融风险。尤其是中国汇率政策走向、国内金融市场发展等与资本项目开放、人民币国际化的可持续性密切相关。快速的资本开放会诱发大规模、顺周期的短期资本流动，对金融稳定造成冲击。除非货币当局装备了一套完善的资本管理审慎措施工具，否则放弃了资本管制等于放弃金融稳定的最后一道防线。在常态下，宏观审慎措施应该是资本流动管理的常备手段。它有诸多的工具，包括对国内金融机构歧视性外汇政策，如外汇敞口限制、外币资产投资限制、外币贷款限制、外币准备金要求等；还包括减少系统性风险措施（Ostry et al.，2011）。宏观审慎措施对资本总流动规模管理尤其有效，因为总规模扩大容易导致金融风险，更具有易变性、顺周期、溢出和瞬间收缩特征。在极端情况下，资本急停和资本外逃都是引发危机的重要导火索。

经过多年的努力，中国事实上已经取消了大部分资本管制。继 2013 年上海自由贸易区（FTA）建立，中国多个城市成立了类似的资本项目开放实验区，中国开始采用资本流动的宏观审慎框架对跨境资本流动进行管理。这一措施与资本管制有本质的不同：前者是价格管理，比如采用外汇敞口限制、外币资产投资限制、外币贷款限制和外币准备金要求等对国内金融机构歧视性外汇政策，上述措施在很多国家的运用是非常成功的，国际货币基金组织也有一套工具建议；后者是行政措施。2016 年 6 月这一宏观审慎框架已经从几个自贸区扩展至全国，在全国范围内实施实现全口径跨境融资宏观审慎管理。2017 年 2 月，中国人民银行副行长、国家外汇管理局局长潘功胜接受第一财经专访时对又发文对这一政策版进行了解释。包括：允许中资企业外债结汇，统一中、外资企业外债待遇；审慎有序推进跨境融资管理改革；中国人民银行和国家外汇管理局取消事前审批，允许企业在统一的规则下，自主决定借用本外币外债的规模和时机；加强全口径外债和跨境融资统计监测，完善宏观审慎管理①。

总之，中国在逐渐告别资本管制时代，向更为灵活的宏观审慎管理时代过渡。从资本管制向审慎管理过渡是中国金融开放平稳推进的重要保障。

## 二、汇率灵活性

在人民币汇率具有充分弹性之前快速实现资本项目开放，这对汇率稳定造成了威胁。更进一步，在国内金融管制存在金融市场发育程度较低的条件下，快速开放资本项目将导致严重的金融体系风险。1997～1998 年亚洲金融危机之前，许多亚洲国家采取固定汇率和资本自由流动这一政策组合，其结果是货币危机的爆发。亚洲金融危机的教训之一，就是资本项目过早开放和固定汇率的政策组合，这是一个有毒的政策组合。一方面，当时一些过早和快速开放资本项目的国家经历了大量的资本流入，在这种情况下，大规模的资本流入助燃了国内的资产价格，引发的通货膨胀的压力；另一方面，由

---

① 杨燕青、聂伟柱、宋易康：《【独家】专访国家外汇局局长潘功胜：打开的窗户不会再关上》，第一财经，2017 年 2 月 13 日。

于采取了固定的汇率制度，使得汇率丧失了吸收外部冲击的功能。更重要的是，当时的固定汇率还导致了一定程度上的国内金融脆弱性。很多国家的中央银行实际上是通过固定汇率对本国银行提供一种担保，这种担保助长了这些银行大面积的双重错配，在外债不断累计的情况下，金融脆弱性不断增加。可以说危机前普遍实行的资本自由流动与固定汇率组合，对危机爆发有不可推卸的责任。中国在当时将人民币严格钉住美元，是一种硬钉住制度。这一制度实际上是将人民币美元名义汇率作为货币政策的名义锚，这与当时多数亚洲国家所采取的汇率制度相似。所不同的是，在当时，中国资本大门仍然关闭。中国在 1996 年 12 月刚刚接受了 IMF 第八条款，承诺解除对经常项目下交易的汇兑限制。简言之，中国当时的资本管制与固定汇率的组合有效地将中国与世界市场隔绝，使中国免受危机冲击。此后，伴随中国不断在融入世界经济，特别是人民币国际化战略的推进，让中国的灵活的汇率制度和比较开放的资本项目的这种政策组合更加清晰，也显示开放的进程与人民币国际化进程是相辅相成的。

（一）不断走向灵活性的汇率制度改革

在相当长时间里，中国汇率制度是建立在一系列结售汇法规的基础之上，外汇供给和需求受到严格的限制。这在有资本管制的情况下，人民币汇率稳定的目标是不难实现的。然而，随着中国不断放开对资本项目的限制，资本流动性的提高将不可避免地使货币当局面对"三角难题"：在一个资本自由流动的环境下，如果货币当局仍想保持货币政策的独立性，固定汇率目标的实现就相当困难。其他发展中国家的经验表明，从实行了相当一段时期的固定汇率制度转向有较大灵活性的汇率制度，既是可取的也是可行的。

中国于 2005 年 7 月进行了汇率制度改革，将钉住美元制改为参考一篮子货币的管理汇率制度。此后人民币波动区间数次扩大，人民币波动幅度也不断增加。与此同时，伴随资本项目的逐步开放，人民币交易也日趋活跃，形成了人民币的三个市场以及人民币的三个汇率：人民币在岸官方汇率

（CNY）、离岸人民币远期非交割汇率（NDF）以及离岸人民币即期汇率（CNH）（见图3-5）。由于在人民币这三种汇率之间存在价差，以价差为基础人民币套利活动十分活跃，这引导资金跨境流动，后者又对汇率产生影响。伴随人民币套利活动的扩大，并在跨境资本流动由于与人民币汇率水平之间建立起更为密切的联系，这对央行维持汇率稳定带来了挑战。

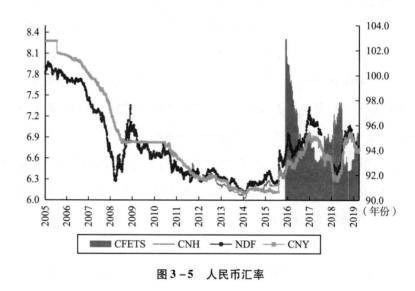

图3-5 人民币汇率

注：左轴显示 CNH，NDY 和 CNY 双边汇率；右轴显示 CFETS 指数。

资料来源：Winds 数据库。

人民币汇改的"惊险一跳"发生在2015年8月11日。2015年，人民币汇率改革的压力再度升温。其中的原因是中国的贸易形势比较严峻，虽然人民币兑美元汇率相对稳定，但人民币对欧元和日元，以及人民币贸易加权汇率都在相对升值，这在一定程度上损害出口竞争力。更重要的原因是，国际货币基金组织在2015年针对人民币加入特别提款权的技术指标进行全面评估，在各项指标中，人民币汇率由于存在不同的汇率，国际货币基金组织认为这是人民币加入特别提款权的技术障碍。为此，中国人民银行在2015

年 8 月 11 日决定放松对人民币汇率中间价格的干预，以希望在岸汇率的完全市场化，从而消除国际货币基金组织的顾虑。然而，实际情况是，由于存在贬值预期，短期过度冲击严重，在岸汇率与离岸汇率之间汇差出现严重背离。由于担心进一步贬值和对资本流出的进一步刺激，中国人民银行不得不动用外汇储备进行干预。与此同时，2015 年 12 月，中国人民银行有将人民币汇率形成机制参考由 13 种（后来增加为 24 种）货币贸易加权构成的篮子（CFETS——中国外汇交易系统），公布人民币 CFETS 指数。同时，人民币汇率指数也参考了包括 40 种货币在内的国际清算银行的有效汇率篮子，以及包括 4 种货币（2016 年 10 月 1 日之后人民币作为特别提款权篮子货币，为 5 种货币）的国际货币基金组织的特别提款权。这一举措，根据官方看法，是引导市场从仅关注人民币兑美元双边汇率转向关注人民币兑一篮子货币的有效汇率。前者波动性较大，而后者更趋稳定，并真实反映人民币价值的变化。CFETS 引入人民币中间价格的决定公式当中，这一新的制度具有独特性，兼具市场决定和政府干预。新机制之所以有市场决定成分，是因为这其中的 CFETS 指数是根据贸易加权，考虑了 24 种货币对人民币汇率变动，而这些汇率随市场而变动。另一方面，根据央行的解释，CFETS 重新钉住一篮子货币，它应该具有稳定性的特征，但实际上从 2016 年 7 月到 2017 年 5 月底 CFETS 指数下降程度大于双边的人民币跟美元的贬值程度。从 2016 年底至 2017 年 7 月初，CFETS 下降了 8.4%，而同期人民币对美元贬值了 6.1%[①]。有观点认为，人民币中间价格钉住 CFETS，并不是传统意义上稳定性钉住（余永定和肖立晟，2017）。央行的干预成分更重要的是体现在汇率中间价形成公式中加入的"逆周期因子"。这一因子的引入使得人民币中间价决定变得不透明，当然也为官方干预留出余地。

---

① 资料来源：Wind 数据库。

（二）汇率灵活性与稳定性之间的权衡

这样一种精心设计的制度反映了在汇率稳定与灵活性之间央行的徘徊态度。稳定汇率需要至少两个条件：第一个条件是充足的外汇储备，但问题是多少外汇储备是充足的？第二个条件是必须同时进行资本管制，问题是管制到什么程度才能够有效？在稳定性与灵活性之间权衡具有合理性。但由于政策的反复，会对市场释放负面信号。更重要的是政策"开倒车"的做法是危险的，把原来开的门现在关上了，除非在危机爆发的极端情况，通常这可能对决策当局信用和承诺有不良的影响。对人民币来说，由于存在两个市场和两个价格（CNY 和 CNH），这使得央行必须兼顾不同的市场走势，甚至在必要时对离岸价格实行干预，因为离岸价格对在岸价格走势有预期作用。同时中国人民银行还需要对跨境资本的套利活动进行有效监控。在 2016 年期间，中国采取了一系列收紧资本流动管理措施是有效的。但在收紧的资本管理形势下，人民币国际化进程自然受阻。

从货币国际化的角度来看，稳定的汇率并不是人民币国际化的必要条件。美元国际化进程经历了不同的汇率制度安排，这包括"二战"之后布雷顿森林体系下的美元—黄金本位制度，也包括布雷顿森林体系崩溃之后的浮动汇率制度。对于人民币而言，灵活的汇率为人民币可兑换和资本开放提供更大可能行，而后者是人民币可获性的重要条件。三元悖论仍然存在，即汇率稳定、资本自由流动以及货币政策独立性这三者之间，只能同时实现两项目标。在保证货币政策独立性的前提下，实现资本更自由地流动需要汇率具有更大的灵活性。尽管短期看货币币值变化会影响市场需求和交易的变化，但从长期看，灵活的汇率将有助于推进人民币国际化进程。人民币汇率制度的灵活性是中国的长期目标，其重要性不仅仅是通过汇率变动缓冲外部冲击，发挥汇率应有的作用，也为中国进一步开放资本项目的同时确保国内货币政策的独立性创造必要的条件。

### 三、发展国内金融市场

在改革开放初期，中国金融体系处于金融抑制状态。在利率管制和市场准入限制的条件下，金融资源配置扭曲，中国实际利率长期处于负的水平，享受利差补贴的国有银行和依靠垄断地位生存的国有企业吸纳了大部分的金融资源。在这种情况下，居民消费受到严重挤压。与此同时，在银行存贷比率的限制下，监管套利盛行，最为突出的是影子银行的兴起。在影子银行发展初期，影子银行以银行的理财产品为主体，通过银行与信托、银行与证券、银行与银行等通道进行组合投资，其中大部分资金通过地方政府融资平台投向房地产和一些产能过剩的领域。这一中国式的资产证券化，具有通常的信贷风险和违约风险，同时由于银行的深度参与，使得其担保体系变得更为复杂和隐含，系统性风险更加难以衡量。

然而，影子银行的发展在另一方面对中国金融自由化的推进有积极的作用。由于银行理财产品的收益率远远高于银行的存款利率，这对政府尽快去除利率管制形成了巨大的压力。中国利率市场化改革，以贷款利率自由化为先，2013 年 7 月首先取消银行贷款利率下限；2015 年 10 月进一步取消商业银行存款利率浮动上限。利率自由化对人民币国际化有重要的积极作用。从理论上讲，人民币金融工具的放大使用又有助于增加金融市场的流动性和规模，使得市场利率对官方利率的调整反应更为迅速，从而增强货币政策传导机制的有效性。金融市场流动性越强，市场利率对官方利率变化的调整越敏捷。而后者又进一步提高了市场流动性，增大了人民币使用的吸引力。

国内金融市场发育程度是影响该国货币国际使用的重要条件。经验表明，货币的国际使用，从根本上来说是其有没有市场的吸引力。从金融市场的角度看，市场吸引力大小有两个很重要的指标：一个是金融市场的深度和流动性，其特征是有足够多的参与者和多种交易产品。在交易规模足够大的情况下，该货币资产的买卖差价会大幅度收紧，价格波动性大幅度降低。具有上述市场特征的货币通常受市场追捧，不论是居民还是非居民都愿意以交易为目的来持有该种货币资产。从市场深度指标衡量，与美国等发达国家相比，中国的资本市场深度总体有限。2018 年中国股票市值仅占 GDP 的 46.5%，而美国为 148.5%，日本为 106.2%，英国为 98.3%。从债券市场看，尽管中国债券市场市值庞大，但以 GDP 比率看，中国仅有不到 70%，远低于日本（220% 以上），甚至低于亚洲的韩国和新加坡①。换言之，中国资本市场的深度远远不足。

衡量国内金融市场发育程度的另一个指标是是否有完善的金融基础设施，统一的金融市场，特别是是否有高效的清算体系。基础设施建设好坏，关系到金融交易成本，关系到使用货币进行借贷、投资或者进行风险对冲时的便利程度。从清算系统建设角度看，人民币跨境银行间支付系统（CIPS）的建立成为处理人民币境外交易的统一清算平台，这对人民币国际使用提供极大的便利。

国内金融结构是否影响该国货币在国际上的使用是一个没有确定答案的问题。通常以直接融资为主导的金融结构，即市场主导型的金融结构下，资本市场较为发达，该国货币具有较强的金融交易功能。美国是典型的市场主导的金融体系，这对保持美元金融交易市场在全球中的优势地位具有重要的支持性作用。如果国内金融结构以银行主导，则该国货币的国际使用程度相对较低。比如日本和欧元区都以银行主导型的金融体系为主。在欧元推出的初期，由于欧元区固定收益市场得到了极大发展，再加上欧元区统一了欧元支付系统，使得欧元计价的债券市场大幅度增加，并一举超越美元在这一市场中的份额。银行业在中国国内金融资产中占大部分比重。2018 年人民币贷款占同期社会融资总规模的 81.4%，而在 2013 年曾降至 51.4%②。相比之

---

① 资料来源：CEIC 数据库。
② 资料来源：Wind 数据库。

下，包括企业债券和股票在内的直接融资比重 2018 年只有 14.8%[①]（见表 3 - 5）。尽管如此，直接融资比重仍然较低。发展国内直接融资市场是进一步推进人民币国际化的重要步骤。

表 3 - 5　　　　　　中国的国内金融结构：全社会融资总额结构　　　　　　单位：%

| 类别 | 2007年 | 2008年 | 2009年 | 2010年 | 2011年 | 2012年 | 2013年 | 2014年 | 2015年 | 2016年 | 2017年 | 2018年 |
|---|---|---|---|---|---|---|---|---|---|---|---|---|
| 银行人民币贷款 | 69.9 | 70.3 | 69.0 | 56.7 | 58.2 | 52.1 | 51.4 | 59.4 | 73.1 | 69.8 | 61.2 | 81.4 |
| 公司债券 | 3.8 | 7.9 | 8.9 | 7.9 | 10.6 | 14.3 | 10.5 | 14.8 | 19.1 | 16.9 | 2.3 | 12.9 |
| 股权 | 7.3 | 4.8 | 2.4 | 4.1 | 3.4 | 1.6 | 1.3 | 2.6 | 4.9 | 7.0 | 4.5 | 1.9 |
| 委托贷款 | 5.7 | 6.1 | 4.9 | 6.2 | 10.1 | 8.1 | 14.7 | 15.23 | 10.3 | 12.3 | 4.0 | -8.3 |
| 信托贷款 | 2.9 | 4.5 | 3.1 | 2.8 | 1.6 | 8.1 | 10.7 | 3.1 | 0.3 | 4.9 | 11.6 | -3.6 |

资料来源：Wind 数据库。

金融市场的发育程度直接影响货币的载体（vehicle）功能。所谓载体货币，是指能够行使第三方货币职能的货币，具体表现为使用该货币的交易双方都是非居民。在过去多年间，美元国际货币地位主要靠载体货币职能来支撑，在国际交易中成为最大的第三方货币。更重要的是，一旦一种货币被第三方使用，其功能很容易延伸至其他领域，比如延伸为储备资产和锚钉住货币。目前人民币的国际使用主要与贸易交易有关，而且，主要是有本国居民（企业）参与的交易。上述分析的含义在于，载体货币职能不是靠双边货币互换来实现的，贸易规模对货币的国际使用也存在局限性。载体货币主要依赖金融市场交易，因为金融交易量远远大于贸易交易量，而且金融交易不受地理限制。从这种意义上讲，未来金融市场的发展将对人民币载体货币功能的提升起到决定性作用。

发展直接融资是中国金融改革的一项重要任务。这首先需要整个金融监

---

①　资料来源：Wind 数据库。

管体系提高监管效率，统一分割市场。其次要建立可靠的评级体系，这对债券市场的发展尤其重要。再次是对国有部门的改革，这包括国有银行和国有企业的改革，扶持非国有金融机构的建立和发展，关闭僵尸企业，引导资金流向投资效率高的部门。最后通过税收等手段以及金融高科技支持资本市场健康发展，抑制短期投机性投资，形成多元化投融资渠道等。

总之，对人民币国际化发展而言，发展国内直接融资市场是进一步推进人民币国际使用的重要步骤。一个货币在国际竞技场上的成功，首先要求它在本国市场上的成功，因为本国金融市场的效率是货币竞争力的主要来源。人民币要成为国际货币，它必须要有一个具有高度流动性的国内金融市场的支撑。

## 四、"一带一路"倡议与人民币国际化

2013 年，中国国家主席习近平提出"一带一路"倡议（BRI）。"一带一路"倡议被普遍认为是中国参与国际市场、推动世界经济一体化、促进全球经济增长和发展的重要举措。事实上，"一带一路"倡议是一个多维度的国际合作倡议，其范畴涵盖政策、基础设施和互联互通、贸易和投资、金融、文化和人文合作。

"一带一路"倡议的实施以项目为基础，需要大量的资金支持。在推进中"一带一路"倡议的融资渠道主要来自国家开发银行和四大国有商业银行。截至 2016 年底，四大银行拥有 1.5 亿美元的未偿融资额，并额外获得了用于基础设施贷款、产能合作以及金融合作的 2.5 亿美元定向贷款额度。这其中，中国工商银行是最大的涉足"一带一路"融资的商业银行。丝路基金特别为"一带一路"融资而设立，已获得 40 亿美元贷款额度以及额外的 1000 亿美元的注资①。一些双边的开发性基金，如中俄基金等也相应设立，成为"一带一路"项目融资的组成部分。

---

① 资料来源：中国进出口银行官网。

伴随着"一带一路"倡议的不断推进，人民币的国际使用也随之增加。首先是中国企业对"一带一路"国家的投资将增加企业对人民币项目融资贷款的需求。中国的银行机构积极提供项目融资贷款，而人民币贷款将占绝大比重。其次是与"一带一路"国家贸易的扩大提升人民币结算比重，比如"一带一路"投资项目的实施需要中国企业提供的设备和产品所产生的贸易可以人民币进行结算。再次是在"一带一路"项目融资方面，中国公司增加在境外发行人民币债券，外国公司也在中国境内发行人民币债券，二者均扩大人民币债券发行与投资。此外，一些国际金融中心增加了与"一带一路"相关的人民币业务，或发挥第三方融资中介的作用，以此便利不断增加的融资需求。最后，随着贸易、投资和金融关联度的提高，中央银行之间的合作日益重要，"一带一路"国家有意愿持有人民币作为中央银行的储备货币，人民币在各国官方储备资产中的比重也有所提升。

## 五、实现人民币资本项下可兑换同时确保金融稳定

根据中国人民银行的设想，"人民银行将继续按照'成熟一项、推出一项'的原则，有序推进人民币资本项目可兑换，在风险可控的前提下，进一步提高人民币可兑换、可自由使用程度，更好地满足实体经济的需求。一是继续加快推动包括股票市场、债券市场和外汇市场在内的金融市场双向有序开放。二是进一步扩大合格投资者主体资格，增加投资额度。条件成熟时，取消资格和额度审批，将相关投资便利扩大到更多的境内外合格投资者。三是修改《中华人民共和国外汇管理条例》，并清理相关法律法规，将资本项目可兑换纳入法制框架。四是建立与国际金融市场相适应的会计准则、监管规则和法律规章，提升金融市场国际化水平。五是深入研究外债和资本跨境流动管理的宏观审慎政策框架，建立健全有效的风险预警和防控体系"（中国人民银行，2017）。由此可见，实现人民币可

兑换的设想仍以渐进性为原则，这综合考虑了资本开放与金融稳定之间的平衡关系。

如何对一个开放的经济体进行有效的风险对冲，是下一阶段金融开放和人民币国际化所要应对的重要挑战。资本流动通常会产生两类风险，一类是宏观经济风险，另一类是金融风险。宏观风险是指资本流动会造成本国货币汇率变动，也会影响国内的通货膨胀。资本流动的金融风险主要涉及的是信贷市场、资产价格和不动产市场风险，以及金融机构和非金融机构资产负债表的风险。对抗宏观经济风险的措施包括宏观政策和汇率政策，汇率政策是非常重要的能够吸收外部冲击的手段。而宏观审慎政策是应对资本流动所带来的金融风险的常备手段。资本管制是非常极端情况下采取的无奈之举，因为它的成本太高，不仅会造成资源配置扭曲，甚至还会把正常的资本流出变成资本外逃，这样使得监管当局对其监控更加困难。

## 六、小结

人民币国际化需要一系列的条件。理论上存在的中央银行货币政策独立性、资本项目开放和汇率灵活性之间"不可能三角"的关系，在实践中则表现为决策者在进行政策排序中所面临的一系列挑战。谨慎而现实的做法，是将资本项目开放、汇率制度改革以及国内金融市场建设几项措施并行推进。随着人民币国际化战略的推进，政策次序如何安排成为讨论的焦点。这其中如何处理资本项目开放、人民币汇率弹性以及国内金融改革之间关系尤为重要。资本项目开放是人民币可自由使用的重要条件。

首先是政策配合是否适当。这其中关于中国资本项目开放的速度和时序仍存在争议，因为它关系到如何平衡好金融开放与确保国内金融的稳定性。它也关系到其他政策是否到位。比如国内的金融改革是否顺利推进，国内的各种要素是否有效配置，人民币汇率形成机制是否具有足够的灵活性，等等。人民币国际化的成败在相当程度上取决于国内金融改革和开放的成功与否。日元国际化进程提供了很好的借鉴。尽管日元在国际市场上的使用程度大大低于当初提出日元国际化时候的预期，但是在 20 世纪 90 年代和 21 世纪初期，日本成功地实现了国内金融改革和自由化，这与当初的日元国际化目标有密切关系。换言之，日元国际化的经验表明，货币国际化的过程远比结果更有意义。

其次是以人民币国际化倒逼资本项目的开放，以资本项目的开放倒逼国内金融体系的改革，通过这两个"倒逼机制"，人民币国际化已成为中国金融改革和开放的重要组成部分。从 2009 年至今，这种倒逼机制在实践中是相当成功的，而且中国做到了将资本项目开放与人民币国际化战略互动，也真正开始了国内金融体系改革的进程。在这样的背景下，如何将倒逼逻辑理顺，如何在资本开放同时化解金融风险，如何通过发展国内金融市场促进国际货币的使用，是人民币国际化下一步的重要课题。

最后，伴随早期放松管制所带来的"政策红利"的用尽，人民币国际使用将主要靠市场来选择。这就需要人民币在交易功能方面有一个飞跃性的提升，一个具有高度流动性和具有相当深度和广度的金融市场将决定人民币能否进阶为主要国际交易货币的重要条件。与此同时，人民币流动性的主要提供者中国人民银行是否成为确立较高的可信度和具有较强的独立性，是人民币能否成为可接受的国际储备货币的重要因素。

## 第三节　人民币国际化与多元国际货币体系

国际金融危机以来，全球的过度信贷追逐有限的收益性资产，助长金融脆弱性并对金融稳定形成威胁。与此同时，美联储的货币政策变化产生溢出效应，对国际外汇市场和跨境资本流动产生重大影响。而这些事实特征的背后，实际反映了深层的国际货币格局变迁，以及多元化国际货币体系对全球金融稳定和国际金融合作提出的新要求。这其中，人民币国际化、中国与国际金融市场深度融合以及中国参与国际金融合作姿态都将发挥积极作用。与此同时，贸易保护主义兴起，全球经济增长同步下行以及诸多政策存在不确定性，全球资本对安全资产需求进一步上升。而美元作为主导性的国际货币对全球贸易和金融稳定的负面影响也不断显现。这些变化都为人民币国际化下一步的发展提供新的机遇和挑战。本章节从人民币国际化三阶段演进出发，结合国内条件和国际环境的新变化以及人民币国际化的市场力量主导，探讨人民币国际化进入新常态发展阶段面临哪些挑战与机遇，以及如何顺应国际货币体系多元化趋势①。

### 一、人民币国际化的国内动能

2018 年，人民币跨境收付占同期本外币跨境收付总额的 32.6%，连续八年成为中国的第二大国际支付货币（中国人民银行，2019）。这其中经常项目人民币跨境收付占同期本外币跨境收入总额的 14%；直接投资项下的跨境人民币收付占同期本外币收付的比重为 59.6%（中国人民银行，2019）。尤其是，人民币成功加入了国际货币基金组织特别提款权货币篮子，与美元、欧元、英镑和日元一道成为国际储备货币。经历了早期的政策驱动和后续的快速发展，人民币国际化进入了以市场主导的常态期。

回首过去十年，人民币国际化大致经历了以下三个阶段。

一是起步阶段（2009~2011 年）。这一阶段的特点：一是政策驱动，遵循渐进原则，由贸易到投资、由局部到全部地放宽已有对人民币跨境使用的限制。二是中国人民银行与其他中央银行合作，推出人民币货币互换。人民币货币互换同时兼具两项功能：伙伴国既可以在出现流动性危机时可以启

---

① 针对人民币新常态的部分内容可参见：高海红：《国际货币体系重建中的人民币》，载《中国金融》2018 年第 3 期；高海红：《人民币国际化的新常态》，载《中国金融》2020 年第 3 期。

动互换进行危机救助，也可以将互换协议额度用于其贸易和投资活动。值得关注的是，后一功能是传统货币互换流动性救助功能的延伸，实属中国人民银行的创新举措，为人民币国际化的起步发挥了重要的作用。三是离岸人民币市场发展，中国香港地区国际金融中心承担了重要的试验田角色。中国香港地区银行业早在 2004 年就开展人民币存贷业务，将早期境外流通的人民币纳入了银行系统。伴随人民币在跨境贸易和投资使用的扩大，中国香港地区作为国际金融中心的支持作用凸显。这一作用体现在，一方面中国香港地区以其国际金融中心的优势吸引了离岸人民币交易主体的参与以及交易规模的扩大；另一方面中国香港地区市场的离岸性质又确保了大陆对资本项目保持有限度的开放，对跨境资金流动风险进行有效的缓冲。这一时期离岸人民币市场具有类似 20 世纪五六十年代欧洲美元市场以及 20 世纪 80 年代欧洲马克市场发展的特点，即呈现货币发行国家的经济快速增长、境内存在一定程度的资本管制以及本币在境外流通规模激增这三个特征并存的局面。

二是迅速发展阶段（2012～2015 年）。这一时期人民币在计价、交易和储备等各项功能中的使用都有大幅度的增加。其重要推动因素。一是资本项目可兑换性的步伐加大。2012 年中国人民银行的课题组发表研究报告，以非官方形式阐述人民币可兑换的时间表，并按阶段评估风险和开放的次序（中国人民银行调查统计司课题组，2012）。这一时间表延续了中国资本项目开放所遵循的渐进主义、先易后难和留有余地的基本原则。更重要的是由于有了具体的开放时序，其改变了早期货币可兑换中摸着石头过河的实施方式，这对市场而言带来的是一种稳定的预期。这一时期多项开放政策出台，资本项目开放程度大幅度提升。二是人民币升值推动人民币资产的需求。这一时期人民币的升值带动跨境贸易和投资人民币计价快速发展，离岸市场业务十分活跃。但与此同时也因人民币单边升值预期，更多的企业愿意持有人民币资产，而不愿持有人民币负债，造成在进口中人民币的使用远远低于出口中对人民币的使用。与此同时，跨境套利活动增加，资本流动波动性提高，这些为金融稳定形成挑战。

三是常态阶段（2016 年开始）。这一时期人民币的国际使用扩张速度有所减缓，然而市场因素对人民币国际化进程的影响越来越显著。人民币加入特别提款权后其国际储备货币地位得以正式确立，人民币国际使用也扩展至能源计价等重要领域，其功能分布更趋广泛。与前期起步和扩张态势相比，人民币国际化更具有常态性特征。首先，人民币币值更加依照市场供求而变化。这一时期人民币首先出现了阶段性贬值，早期人民币资产属性的吸引力有所下降。但由汇率制度改革不断深入，人民币汇率形成机制市场化程度提高，汇率灵活性加大，汇率波动更具有双向性特征。汇率双向波动的好处是使得人民币交易脱离了早期对升值的依赖，人民币更具有资产和负债的双重属性。其次，中国资本项目注重双向开放，尤其是通过将股票和债券纳入全球重要指数和大力开放国内金融服务业，进一步将国内市场与国际市场连接，为人民币提升其金融市场交易功能创造条件。再次，人民币跨境支付系统（CIPS）建设力度加大，CIPS 二期全面投产，参加主体不断扩大，境外直接参与机构增多，这一金融基础设施的建设降低了人民币交易成本，有助于提高市场的流动性。与此同时，伴随国内债券市场的发展，人民币收益率曲线不断完善，这为人民币投资提供了定价基准。最后，这一时期贸易摩擦不断和保护主义盛行，全球经济下行风险加大，国际货币体系多元化势头加速，这为人民币国际使用带来新的外部需求。

中国持续的金融开放对提升人民币市场功能起决定性作用。

中国在 2018～2019 年实施了一系列金融开放措施，包括取消 QFII 和 QDII 额度限制，将 A 股纳入摩根士丹利国际资本（MSCI）指数，人民币债券纳入彭博巴克莱全球综合指数，对包括商业银行、证券公司、期货公司、财富管理和保险等金融服务业对外资全资的开放。这些政策推出加快了金融开放的节奏，为人民币下一步的国际使用培育市场环境。

从国际比较来看，中国金融总体开放度仍相对较低。以国际投资头寸规模来衡量，2020 年底中国的资本项目开放度为美国的 19%；英国的 45%；德国的 69%；日本的 82%（见图 3 - 6）。与此同时中国金融开放具有不对称性。麦肯锡的一项研究发现与中国对外开放比较，中国国内金融市场开放程度略低。比如在中国银行体系中，全资外国银行比重仅占 2%。相比之下，美国银行体系中外资银行比重为 13%，英国为 45%。在股票市场方面，中国境内的外资公司仅占 8%，在美国和英国这一比例分别为 22% 和 54%（McKinsey Global Institute，2019）。从市场深度指标衡量，与美国等发达国家相比，中国的资本市场深度总体有限。2018 年中国股票市值仅占 GDP 的 46.5%。而同期美国的这一数字为 148.5%，日本为 106.2%，英国为 98.3%，德国与中国市场相当为 45.3%（见图 3 - 7）。尽管上述指标不能全面反映中国的金融开放程度和市场深度，但在一定程度上显示仍有很大的潜力和空间。

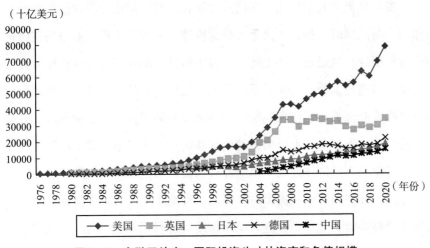

图 3 - 6　金融开放度：国际投资头寸的资产和负债规模

资料来源：国际货币基金组织数据库。

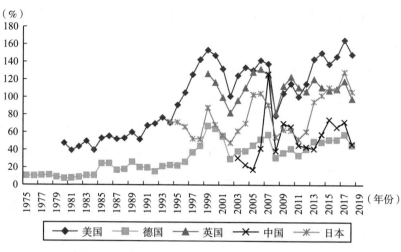

**图 3－7 资本市场深度：股票市值占 GDP 比重**

资料来源：Wind 数据库。

金融开放的意义在于通过降低准入门槛吸引更多的交易主体，这有助于扩大市场容量，提升人民币市场流动性。对于人民币这样一个新兴货币，市场广泛参与是提高其市场认知度的重要途径，对人民币交易功能的提升有决定作用。与此同时，加大人民币市场深度建设将提升本币债券市场在融资渠道中的重要性。从最近市场走势看，以本币计价的债券市场往往比以外币计价的债券市场更加稳定。尤其是在美元债累积过高的一些新兴经济体中，其银行机构普遍面临货币错配问题，偿债风险不断累积。在亚洲区域，有越来越多的经济体积极参与本币债券的发行和购买。人民币债券市场的开放和扩大将对其他新兴经济体发展本币债券市场提供示范效应。此外，加快金融基础设施建设和完善跨境人民币清算系统，有助于降低人民币交易成本，扩大人民币交易功能，尤其是促进人民币行使载体货币功能（第三方货币功能）奠定基础。

然而需要强调的是，金融开放伴随金融风险，加大跨境资本流动的波动性，特别是在金融动荡时期，短期负债证券资本的波动性较大，这会对宏观经济稳定性和金融稳定性带来冲击。因此需要宏观审慎的这个政策维护金融稳定。

中国的增长模式转换也有助于人民币贸易和投资计价功能的扩展。中国以消费带动增长，扩大进口需求。伴随全球价值链的重新布局以及中国产业升级，中国将逐渐从中间产品全球加工中心转身，中国市场将成为全球重要的最终商品消费地。根据国际货币基金组织测算，假设到 2027 年中国的消费总规模将达到美国的 55% ~74%。与美国比较，目前美国消费总规模是中国的 3 倍，而在 2000 年美国是中国的 13 倍①。如果未来中国市场巨大的消费潜力能够顺利释放，人民币的国际使用的提升将顺理成章。

## 二、美元主导国际货币体系的困境

在贸易摩擦持续，全球多边体系遭受重创情况下，美国不断降低其提供全球公共产品的意愿。更为重要的是，美国利用美元在全球支付体系中的独特作用实现其非经济目标。这一系列变化一方面加剧美元作为国际主导货币的困境，另一方面给非美元货币带来契机。

首先，长期以来美国靠资本流入降低其借债成本，通过国际贸易中美元计价能力带动美元资产需求，从而使美国获得因提供安全资产所得到的溢价，享受美元的嚣张特权（Barry Eichengreen，2019）。然而维系这一循环，在供给端需要美国不断发行国债来满足全球对美元资产的需求。美国联邦政府负债占 GDP 的比重在 2007 年为 64%，而全球金融危机过后迅速攀升，2018 年为 106%。特朗普执政期间实施的税改政策进一步缩减联邦财政来源，提高债务水平。2019 年美国联邦政府债务将达 1 万亿美元。由于美元具有国际储备地位，美财政部可以通过联邦政府发债来吸纳全球资金为财政赤字融资。本来美国联邦政府发债受上限制约，然而在过去多年间这一上限

---

① 资料来源：英国金融时报。

屡遭突破，尤其在全球金融危机之后呈陡升态势（见图3－8）。美国政府过度发债是对美元资产清偿力的一种腐蚀，后者直接影响资产的优质性，而资产的优质性是储备资产的价值所在。从这种意义上讲，布雷顿森林体系时期存在的特里芬难题在今天并没有消失，而是更加显著地以财政属性来展现。

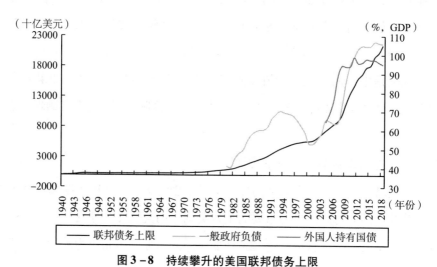

图3－8　持续攀升的美国联邦债务上限

注：左轴显示联邦债务上限；右轴显示一般政府负债和外国人持有国债。

资料来源：Wind 数据库。

　　其次，美国对美元币值奉行的善意忽视有所改变。长期以来，美国对美元币值的善意忽视隐含强势美元政策。1995 年美元面临贬值压力，时任美国财政部长的罗伯特鲁宾公开挑明美国需要强势美元，称强势美元符合美国利益也符合全世界利益①。强势美元政策在一定程度上反映了美国更加关注美元的储备货币功能。从美元指数走势与美元占国际货币基金组织成员方总外汇储备的比重关系看，1999～2016 年两者之间呈现同步走势（见图3－9）。但无论如何弱势美元都不利于美元国际地位的稳固性。

---

①　资料来源：《纽约时报》，1997 年 1 月 26 日。

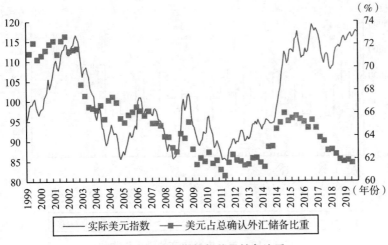

**图 3 – 9　美元指数与美元储备比重**

注：左轴显示实际美元指数；右轴显示美元占总确认外汇储备比重。

资料来源：Wind 数据库和 IMF 数据库。

再次，美元避险功能与美债收益率相互影响，显示全球安全资产的短缺。美元资产的吸引力来自美元交易的方便性和美元资产的安全性。尤其在市场动荡时期，美元资产需求旺盛，推高美债价格，压低美债收益率，美联邦政府十年期国债收益率曲线走势反映了这一关系。2018 年以来，持续发酵的贸易战所带来的高度不确定性，世界经济下行风险的不断集聚，投资人对资产不断进行重新定价，安全资产需求陡然上升。截至 2019 年 6 月底，包括私人部门和政府部门在内的外国投资者对美国中长期国债的购买额为 1.7 亿美元，达到 2015 年以来的峰值（见图 3 – 10）。美国国债购买的增加在一定程度上压低了美国国债的收益率，美国十年期国债收益率在 2019 年 8 月曾一度降至 1.49%，并与短期国债收益率形成倒挂①。而当美债收益率降低，美元资产变得不那么安全，投资人对全球安全资产的追求愈加强烈，安全资产供给则更加短缺。

———————

① 资料来源：美国联邦储备经济数据库。

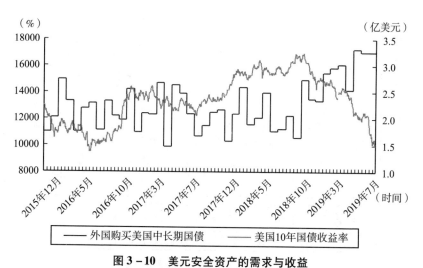

**图 3 - 10　美元安全资产的需求与收益**

注：左轴显示外国购买美国中长期国债；右轴显示美国 10 年国债收益率。
资料来源：Wind 数据库。

　　最后，全球对美元的过度依赖也使得美联储货币政策的外溢性增大。根据国际清算银行的估计，2009～2016 年，美国境外美元非银行信贷增加了 50%，达到 10.5 万亿美元。美元一直以来是新兴经济体外币融资的主要币种。截至 2017 年第一季度，美元占新兴经济体外币融资比率高达 80.6%[①]。美联储货币政策正常化过程中伴随利率上升和融资条件收紧，对跨境资本流动和美元币值产生影响。这种情况下，美元汇率变动以及美元计价资本的跨境流动对这些国家的外部债务产生影响；也会通过各种渠道对国内金融稳定产生破坏性作用。而那些国内债务负担较重，金融体系健康度较差的国家所收到的影响更大。此外，美国国内政治纠纷，对外贸易保护主义抬头以及其税改政策的实施等，都会强化美国政策对国际金融稳定影响的外溢性。尤其是，越来越多的证据表明美元作为主要计价货币对一国的贸易会产生影响。国际货币基金组织的研究表明，美元作为第三方货币承担贸易计价职能，这

---

　　① 资料来源：笔者根据国际清算银行数据库数据整理而得。

在相当程度上改变了汇率传递渠道。美元在过去一段时期的升值对相关国家贸易额的收缩具有显著影响（IMF，2019）。国际清算银行依据出口企业大样本数据研究发现，在美元信贷紧缩期间，那些对美元融资依赖程度较高的企业，其出口会出现收缩，而且收缩幅度要高于那些对美元融资依赖程度较低的企业。这一效应对那些深度参与全球价值链的企业更加显著（Bruno and Shin，2019）。这些发现为各国非美元计价货币提供了理论和经验支持。

需要指出的是，上述美元困境与长期存在的缺乏美元替代高度相关。比如欧元是继美元之后的全球第二大国际货币，但由于欧元的使用仅限于欧元区，其通常被认为是区域货币，而且不具有欧元区财政主权的支撑。日元也早已成为国际货币，并在动荡时期成为避险工具。但其国际职能受诸多因素制约。国际货币基金组织的特别提款权是由五种可兑换货币构成的篮子货币，但其具有合成货币的特征，且缺少二级市场的支持。黄金更具有商品属性，其波动性甚至大于主权法币，失去了锚定货币职能。而私人发行货币的兴起，例如基于 Facebook 的天秤币（Libra，后更名为 Diem）以及其他一些基于区块链技术的加密货币，将金融科技与货币交易相结合，也开始尝试扩展其国际货币职能，尽管其在多大程度上替代主权货币仍具有高度的不确定性。

## 三、向多元国际货币体系的过渡

国际货币体系正处于向人民币、欧元和美元共治的过渡期。尽管美元目前仍是最主要的国际货币，但是改变单一货币为主导的国际货币体系，提升包括人民币和欧元在内的非美元主权货币的作用，已经成为国际货币体系多元化的重要推手。人民币国际化在这一多元化进程中起决定性作用。未来人民币要在未来成为真正的国际货币，这既取决于中国国内开放和改革进程，也取决于国际社会对人民币的接受程度，更主要是要有市场需求为基础。作为第二大国际货币，欧元还主要是区域货币。欧元区全方位推进一体化，增强货币当局的公信力，实现欧元区财政统一，解决区内国家之间的内部失衡问题，以及大幅度发展欧元区资本市场，提高金融市场的流动性和深度，这将有助于欧元国际货币地位的稳固。

然而，国际货币体系多元化是一个漫长的进程。这一进程是否平稳发展是对全球金融稳定和国际货币合作提出的新要求。伴随新货币进入国际金融市场，其对国际投资组合调整、跨境资本流动和外汇市场的变化都会产生重要的影响。各国货币政策的彼此溢出更加显著。从各国的角度，实行对跨境资本流动的宏观审慎监管是遏制投机性资本流动的主要手段。中国已经开始采用宏观审慎政策对资本流动进行管理，并在必要时期采取外汇管制。从全球层面看，建设高效和覆盖范围广泛的全球金融安全网（GFSN）已经在G20峰会以及国际货币基金组织等国际金融机构之间达成共识。这一安全网包含了本国的外汇储备，也包括了货币当局签署的双边货币互换，同时也包括了区域性的货币安排，比如亚洲地区的清迈倡议多边化机制，以及包括国际货币基金组织等国际金融机构提供的全球性救助贷款。

目前，在美国、欧元区和中国之间并没有形成有效的货币政策合作机制，其结果是这三大经济体的货币当局在决定各自货币政策调整的同时必须考虑其可能产生的溢出效应和同时产生的溢入效应。比如，中国人民银行在调整货币政策时需要考虑美联储政策动向和其可能带来的影响；美联储在确定其国内通胀、就业目标的同时也需要考虑中国和欧元区可能采取的应对性调整，以及通过汇率和资本流动等渠道对美国产生的溢入性影响。这一变化是对中央银行传统的货币政策框架的根本性挑战，即金融稳定是否需要成为央行的政策目标；也是对主要国家货币当局是否需要为共同维护金融稳定而采取具有约束力的国际合作提出新的要求。尤其是，各国货币当局之间在稳定外汇市场和抑制过度的、具有破坏性的资本流动方面，仍缺乏有效的、具有约束力的合作机制。比如，针对短期资本流动征收"托宾税"这一动议曾经引起过各界的讨论，但最后束之高阁。再比如，汇率本来是货币之间的相对价格，任何单方的稳定行动的效力都将会十分有限，集体行动才可能形成稳定市场的合力。在这一方面，中国人民银行稳定人民币汇率所做的努力实际上是承担了远大于其该承担的责任。因此，如何在国际货币多元化进程中确保金融稳定是包括 G20 峰会在内的国际合作平台需要考虑的重要议题。

## 四、小结

经过多年的发展，人民币国际化进入了新常态。人民币汇率制度改革不断增加人民币灵活性，汇率双向波动加大，人民币更具有资产和负债的双重属性。中国资本项目开放注重国内市场与国际市场连接，这为人民币扩展金融交易功能创造了新的条件。与此同时，在全球经济下行和贸易争端等多重因素作用下国际货币多元化趋势加速，这为人民币发挥国际货币使用带来新的外部需求。

人民币国际化下一步将倚重市场的力量，这需要充分把握国内新动能和国际新契机。资本项目自由化和金融开放节奏仍将决定人民币国际化的进程。而国内资本市场市场建设对人民币的交易功能具有决定作用。同时中国增长模式的转换有助于人民币的贸易和投资计价功能的提升。从国际环境看，美元作为主导的国际货币正面临多重困境。而美国作为曾经的全球公共产品的主要提供者却从多边体系的中心地位偏离。这些变化为非美元货币带来发展契机。比如欧洲重提欧元国际货币地位；多国央行积极探索数字主权货币；私人货币也开始挑战主权货币职能。国际货币体系正经历一场深刻的变革。

总之，中国坚持对外开放和与世界经济的深度融合，这不仅持续为人民币在跨境贸易、投资中发挥结算、计价功能提供政策条件、真实需求和市场基础，也是中国保持在全球经济中的规模和地位的重要保障。而后者是决定人民币成为货币国际地位的重要经济基础。

第四章

# 区域一体化与亚洲金融合作

1997～1998年亚洲金融危机催生了亚洲金融合作。危机期间，出现严重流动性紧缺的亚洲危机国家向国际货币基金组织寻求援助。然而，这些国家在获得国际货币基金组织支持的同时，不得不接受诸多苛刻条件。对国际货币基金组织救助的不满是亚洲国家建立区域性金融合作机制的重要起因。清迈倡议多边机制的设立成为亚洲区域制度化的区域金融安排，成为搭建单个国家外汇储备防御能力与全球多边金融机构救助机制之间的重要桥梁。新时期深化亚洲区域金融合作有其充分的必要性。通过对危机救助职能的有效补充，以及推动国际储备货币多元化的平稳发展，使得区域合作成为国际金融体系重建的重要组成部分。强化亚洲金融合作也同时顺应了亚洲经济一体化的需要，有助于抵御金融风险，确保区域金融稳定。本章系统阐述亚洲区域金融合作的历程、动因以及理论支持，分析亚洲金融合作如何顺应区域一体化的需要以及在应对金融风险和维护金融稳定方面如何发挥作用，重点阐述清迈倡议多边机制在全球金融安全网中的重要地位，以及中国在参与区域金融合作中所发挥的作用。

## 第一节　亚洲金融合作历程

2000年东盟与中国、日本和韩国发起了清迈倡议，在13个国家之间建立起了危机救助机制，作为防止危机扩散，为成员方提供必要的资金救助的区域流动性安排。2007 年爆发的全球金融危机更是为亚洲金融合作提供了契机。尽管亚洲并非危机的发源地，亚洲国家金融体系和金融机构也没有受到严重的破坏，但在危机来临之时，亚洲国家经济的脆弱性却暴露无遗。一方面，由于亚洲国家最终出口依赖区外市场，美欧国家的经济衰退对亚洲实体经济的影响十分严重；另一方面，由于亚洲国家的资本主要在区外循环，金融危机带来全球风险重估，造成全球资本流动的高度易变。与此同时，作为亚洲金融合作的参照系，欧元区对危机的应对为亚洲提供了实时课堂。这其中，救助资金来源的多渠道特征尤为突出。除了国际金融机构的资源和众多双边的互换安排，区域性机制救助如同一道区域防火墙，在危机救助中作用尤显突出。在这一背景下，中国与亚洲其他国家一道积极采取行动。2010 年 5 月，清迈倡议多边机制（CMIM）正式启动，基金总额达 1200 亿美元，并于 2012 年扩容至 2400 亿美元。在制度建设上，2011 年成立的"东盟 + 3"宏观经济研究办公室（AMRO）成为亚洲区域政策对话和经济监控的重要实体。

应对金融风险和保证金融稳定是区域金融合作的目的。亚洲金融危机之后全球流动性剧烈波动，亚洲国家面临诸多的金融风险。例如，超长期宽松货币条件对国际资本风险偏好产生影响，造成跨境资本流动的剧烈波动。这种流动性风险具有很强的跨境、跨部门和跨市场的传递效应，会对那些本国金融市场不完善、金融部门不具有竞争力国家的宏观经济和金融体系造成严重的冲击，并会在有相同金融脆弱性的国家之间传递危机。在新的形势下，如何理解亚洲金融合作的必要性，如何评价现有区域金融合作效果，如何制定未来合作的路径，尤其是中国在区域金融合作中发挥什么作用，是中国和亚洲其他国家决策者们所面临的重要课题。

## 一、亚洲区域一体化和金融合作的动因

亚洲金融合作顺应区域经济一体化，是抵御金融风险、促进区域

金融稳定的重要保障。从全球角度看，区域金融机制建设是国际金融构架的重要组成部分，也对国际储备货币多元化的平稳发展有重要的促进作用。具体看，区域合作的必要性表现为如下几方面。

首先，区域金融合作是亚洲经济一体化发展的需要。在相当长时期里亚洲经济体实行出口导向战略，这使得区域的经济增长和就业依赖区外市场。对贸易的过度依赖使得亚洲各经济体较容易受到外部需求变化的冲击。伴随中国经济进一步与亚洲区域的融合，区内贸易和投资大幅度增加，区内产业链不断形成。从区内贸易一体化程度看，除去日本、澳大利亚和新西兰之外，亚洲发展中国家的区内贸易比重从 2001 年的 53% 提高至 2018 年的58.%；区内 FDI 比重从 2001 年的 41% 上升至 2018 年的 48%；区内股权持有从 2001 年的 12% 升至 2018 年的 18%；区内债券持有从 2001 年的 8% 升至 2018 年的 17%（ADB，2019）。上述一体化程度的提高归功于区内产业链驱动，也是区内国家不断进行的经济调整和坚持金融开放的结果。更重要的是，区域经济一体化程度的提高，意味着各国对政策协调和危机救助有新的要求。

深化亚洲区域金融合作有助于提升区内储备转化为区内投资。国际金融危机根本原因是长期全球的收支失衡，而亚洲国家在这一失衡版图中，一方面是世界市场商品的提供者，另一方面是发达市场的贷款人。换言之，亚洲国家普遍具有较高的储蓄率（见图 4-1）。然而，亚洲国家较高的储蓄没有有效形成区内投资（Azis，2012）。其表现是资本在区内的流动规模较低（见图 4-2）。其结果是，尽管亚洲国家金融一体化程度有所提高，但总体看亚洲金融市场与美国和欧洲市场有着更为密切的关联。

其次，区域金融合作有助于抵抗金融风险。在资本流动方面，近年来全球充裕的流动性造成外汇市场较低的波动率，以及新兴市场与发达国家之间存在一定的息差，这使得新兴市场国家的货币成为外汇套息交易中的主要目

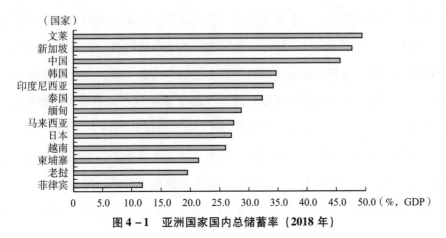

**图 4-1　亚洲国家国内总储蓄率（2018 年）**

资料来源：CEIC 数据库。

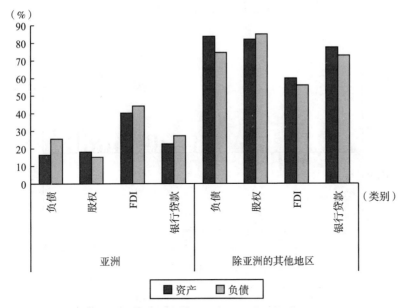

**图 4-2　亚洲区内金融一体化（占总流动比重）**

资料来源：ADB（2019），"Asian Economic Integration Report AEIR 2019/2020"，Asia Regional Integration Center Tracking Asian Integration.

标货币。从统计数据看，全球主要新兴市场负债证券资本流动与美元币值波动密切相关（见图4-3）。从过去多年的资本流动结构看，亚洲国家的直接投资流动的波动性相对稳定，而证券资本流动却大起大落。与直接投资不同的是，证券资本流动具有顺周期特点，尤其是短期资本具有极强的投机性，对金融稳定形成较大的威胁。比如从2017年下半年至2018年上半年，伴随美联储货币政策收紧以及美元升值，阿根廷和土耳其等新兴市场国家出现大规模的资本外流和本币贬值。亚洲新兴市场国家外部经济状况普遍健康，但部分国家也出现了资本外流，印度尼西亚和菲律宾的货币还在2018年1～8月出现了较大幅度的贬值。针对资本流动所产生的风险，一个国家健康的外部收支状况、充足的国际储备是主要的自保资源。与此同时，联合救助可以抵御跨境资本流动冲击，防止金融危机的传染性。

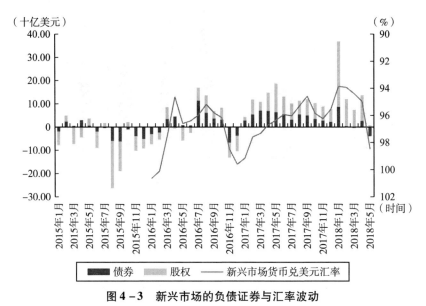

**图4-3 新兴市场的负债证券与汇率波动**

注：左轴显示新兴市场的债务和股权；右轴显示新兴市场货币兑美元汇率。

资料来源：国际清算银行数据库。

亚洲国家一直在寻求具有价值稳定功能的货币锚，而在相当长时期内美元始终是亚洲国家货币锚的首选。比如，亚洲一些国家在名义上采取管理浮动汇率制度，但在事实上却在篮子货币中给予美元以较高的权重。由于多数亚洲国家采取类似的汇率安排，这就形成了一种区域的、非合作形式的钉住美元的汇率安排。这种制度，一方面，确保各国名义汇率的稳定，达到锁定汇率风险的目的，因为美元仍然是亚洲国家使用的最主要的贸易结算和投资计价货币，是跨境金融资产的重要货币（见图 4-4）。另一方面，在这种相对固定的汇率安排下，亚洲各国的货币当局不得不受制于美联储，其货币政策也深受美国货币政策走向的影响，这是因为在理论上，钉住汇率放大了美国对美元钉住国货币政策的溢出效应。而在实践中，对于那些需要保证本国货币政策独立性的国家，由于这种钉住汇率，其资本项目开放的步伐也受到了制约，即所谓的在资本自由流动、中央银行货币政策独立性与汇率固定三项政策之间存在的三元悖论。从这一意义上讲，强化区域金融合作，探索新的区域性汇率锚，对亚洲国家调整合适的汇率安排、有效处理资本开放与货

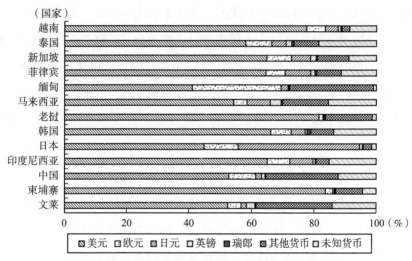

图 4-4　本国居民跨境银行信贷的货币结构

（2019 年第 1 季度，占总跨境银行信贷的比重）

资料来源：BIS 数据库。

币政策独立性之间的关系，从而确保亚洲各国的金融稳定，具有重要的意义。此外，亚洲国家大量的外汇储备以美元资产持有。储备货币多元化趋势给亚洲国家提供更多的选择。但是，在多元格局没有形成之前，寻求比美元更安全的货币资产是一个动荡的过程。因此，减少对美元的依赖，有效地管理外汇储备，平稳地推进储备资产投资多元化进程，是亚洲国家的共同需求。具有国际储备货币潜力的亚洲国家的货币成为本区域储备货币多元化的新的投资组合选项。

再次，深化亚洲区域金融合作是国际金融体系重建的重要组成部分。1973 年布雷顿森林体系崩溃以来，国际金融体系表现为以发达国家为中心，以发展中国家和新兴市场国家为外围的全球金融格局。其具体存在形式，是由包括国际货币基金组织、国际清算银行等在内的国际金融机构，以及由美元为主导的国际储备货币这两个重要支柱组成的国际金融体系，或所谓的"后布雷顿森林"体系。其中，国际金融组织的作用是扮演国际金融规则的执行者和监督者、全球范围内政策对话和经济监控机构，以及主要由国际货币基金组织来行使的全球最后贷款人。国际金融体系的另一个重要支柱是以美元为主导的国际储备货币，在现实中，表现为美元在储备、结算和计价等方面行使主要的国际货币职能，或者说美元具有国际货币体系的霸权地位。全球金融危机的爆发揭示了国际金融体系的脆弱性。一方面，全球金融监管远远滞后于金融全球化和金融创新的飞速发展，造成系统性风险的不断累积；另一方面，以保证国际金融稳定性为目标的国际金融机构在预防、应对和危机救助中功能基本丧失，使得危机不断蔓延和深化。与此同时，国际金融体系赖以运转的以美元为主导的国际货币安排在危机形成中起到重要的催化作用。针对上述风险，国际金融体系在危机后面临重大的调整和改革，而加强亚洲区域金融合作成为国际金融框架重组的重要组成部分。

更为重要的是，亚洲区域金融合作是国际金融机构危机救助职能的有效补充。金融危机使得国际金融机构职能和全球金融监管力度加强，国际的、多边的、区域的，以及双边的各种层次的合作同时推进。作为全球最重要的金融稳定机构，国际货币基金组织的改革也得到20国集团伦敦峰会的支持。国际货币基金组织改革主要围绕四个方面展开：一是，国际货币基金组织理事会在2010年的第14次份额评估达成决议，决定将总份额增加一倍至4768亿特别提款权，从而扩大了基金可支配资源；二是，国际货币基金组织对其苛刻的贷款条件性进行调整，放宽贷款条件，增大贷款期限的灵活性，以适应受援国的可接受程度；三是，在强化经济监控职能方面，国际货币基金组织从侧重双边监控转向为加大全球监控，从侧重对受援国监控转向为对受援国和施援国双方同时进行监控，减低成员方监控中存在的非对称性；四是，国际货币基金组织对机构的治理结构调整提出了方案，决定提高新兴市场国家在国际货币基金组织中的份额和投票权，使之与新兴市场国家在全球经济中的地位相符。这些改革，意味着基金组织在实施保证全球金融稳定中作用正在强化。然而与危机爆发时期危机国家对救助资金的潜在需求相比，国际货币基金组织这一单一的资金来源所能提供的救助力度仍然有限，在必要时仍需要其他区域的、多边的和双边协议的支持。欧元区对希腊、爱尔兰等危机国的救助在流动性救助方面提供了很有价值的经验：互补性融资在危机救助中的作用越来越重要。在这种形势下，提高亚洲现有的区域的救助能力，特别是强化清迈倡议多边机制，使之成为国际、多边和双边的救助资源的有效补充，对确保区域和全球金融稳定性具有重要的意义。

最后，亚洲区域货币合作是国际货币体系多元化平稳发展的需要。多年来在国际货币体系中美元是最主要的国际储备、计价和交易货币，即所谓的美元本位。美元本位造成国际货币体系的不稳定、不平等性，而后者在全球金融危机形成和深化中起主要作用。首先，以美国国家信誉为担保的美元本位具有不可持续性。单一主权货币行使储备货币职能本身就存在着内在缺陷（周小川，2009）。在布雷顿森林体系下，美元与黄金挂钩，作为储备货币美元的发行国，美国需要不断通过经常项目逆差向世界提供流动性。美国耶鲁大学教授特里芬发现，依靠美国的美元负债满足世界超额的储备需求，在黄金供给有限的情况下，美元黄金平价的约束力大打折扣。美元币值稳定性因此受到冲击，其结果对国际货币体系的正常运转产生破坏作用（特里芬，1961）。这便是所谓的特里芬难题：储备货币发行国无法在运行经常项目逆差的同时保证汇率的稳定①。其次，在浮动汇率下，国际储备货币的内在缺陷对储备货币发行国和非储备货币国家的影响是不对称的。由于美国不再承诺保持美元汇率的稳定，美国尽可以运行逆差，释放流动性，只要顺差国愿意接受并持有美元，流出美国的美元就可以以美元债务的形式流回美国。这正是过去多年来所发生的：美国一方面成为最大的贸易逆差国，另一方面也成为世界最大的债务国。但是，对那些包括亚洲发展中国家在内的实行钉住美元汇率制度的国家来说，却面临新的两难：贸易顺差和保持汇率稳定的结果，是外汇市场干预过后美元储备的大规模累积，从而落入"美元陷阱"（Krugman，2009）。在过去几十年间，亚洲发展中国家在出口导向经济战略支持下成为美元储备资产主要需求方，同时这些国家也是美元本位的支持者。如何走出这一陷阱，同时又不会为国际货币体系带来巨大的破坏性冲击，是评估亚洲金融合作意义一个重要因素。国际储备货币多元化是后危机时期的发展趋势。伴随着投资组合的调整和变动，资本流动也出现高度的易变，国际外汇市场也将持续动荡，这给亚洲国家造成了风险，同时也带来了机遇。强化亚洲金融合作，建设以本币为交易主体的区域金融市场，扩大本地区货币在本区域贸易结算和金融资本交易计价等功能，这有助于国际储备货币多元化进程的平稳发展。

## 二、亚洲金融合作的重要里程碑

1997～1998年亚洲金融危机爆发以来，亚洲金融合作主要在以下三个

---

① ［美］罗伯特·特里芬著，陈尚霖、雷达译：《黄金与美元危机——自由兑换的未来》，商务印书馆1997年版。

方面展开：建立区域流动性机制，开展区域政策对话和经济监控，以及发展区域金融市场。在保证亚洲区域金融稳定性方面，区域金融合作机制有极大的改善空间①。

　　流动性救助机制建设是区域金融合作的核心。2000 年，由东盟、中日韩 13 国财政部长们联合签署的清迈倡议成为亚洲地区金融合作的重要平台。2010 年启动的 CMIM 是亚洲区域唯一的流动性救助机制。这一机制与单边、双边和国家的各项救助渠道并存，在规模和条件方面互为补充。回顾 CMIM 发展历程，这一机制由初期的有限资金、双边协商，发展到目前的多边机制、共同储备库，有若干里程碑意义的决策和共识（见表 4 - 1）。

表 4 - 1　　　　　　　　清迈倡议里程碑（截至 2021 年 3 月）

| 时间 | 里程碑内容 |
| --- | --- |
| 2000 年 5 月 | 清迈倡议建立（CMI） |
| 2002 年 5 月 | 经济评估与政策对话机制（ERPD） |
| 2004 年 5 月 | 评估期 |
| 2005 年 5 月 | 贷款与国际货币基金组织条件性挂钩比例从 90% 降至 80% |
| 2008 年 5 月 | 建立储备库资金为 800 亿美元 |
| 2010 年 5 月 | 建立 CMIM，救助能力为 1200 亿美元 |
| 2011 年 4 月 | AMRO 运转，实现 CMIM 机构化 |
| 2014 年 7 月 | CMIM 救助能力扩容至 2400 亿美元；<br>增加了预防性贷款类别（PL）；<br>进一步减低与国际货币基金组织条件性挂钩比例至 70% |

---

　　① 对清迈倡议的早期跟踪得益于高海红主持的中国社会科学院 2004～2007 年重大项目"国际金融学科建设"的研究。

续表

| 时间 | 里程碑内容 |
|------|-----------|
| 2021 年 3 月 | CMIM 成员方修订《清迈倡议多边机制协议》；<br>降低与国际货币基金组织条件性挂钩比率至 6.%；<br>以自愿和需求互动为基础，成员方可使用除美元外的本国货币作为 CMIM 的融资货币 |

资料来源：笔者根据公开公告整理。

### （一）清迈协议初期

#### 1. 东盟货币安排互换（ASA）

1997 年 8 月，东盟五国（印度尼西亚、马来西亚、菲律宾、新加坡、泰国）的中央银行行长签署了一份有关东盟货币安排互换（ASA）的谅解备忘录，目的是对成员方在出现收支问题和面临临时性流动性短缺时提供短期的互换支持。当时 ASA 的总金额为 1 亿美元，每个成员各国出资 2000 万美元。到 1998 年，ASA 总额扩展到 2 亿美元，每个国家出资 4000 万美元。2000 年 3 月，东盟各国财长决定将东盟成员方扩大到包括文莱、柬埔寨、老挝、缅甸和越南。同年 11 月，东盟 10 国签署备忘录，将 ASA 成员方扩大到所有的 10 个国家，同时将其总金额扩大到 10 亿美元。除了原有 5 个东盟创始国和文莱各出资 1.5 亿美元之外，其他国家各出资从 6000 万美元到 500 万美元不等。在 ASA 框架下，成员方可以用本国货币与主要货币（美元、日元和欧元）进行互换，互换额度可以两倍于出资额度，期限最长为 6 个月[①]。事实上 ASA 具有多边化的特点，当成员方出现危机时，居于主导地位的中央银行能起到协调作用，将国际流动性提供给危机国家。

---

① Kuroda, Haruhiko and Masahiro Kawai (2002), "Strengthening Regional Financial Cooperation in East Asia", Pacific Economic Papers No. 332, October, pp. 1 – 35.

2. 尼拉框架组（MFG）

亚洲金融危机之后，日本率先提出亚洲货币基金（AMF）构想，以此作为对国际货币基金组织在危机防范和处理功能的补充。但是美国和国际货币基金组织都以可能带来道德风险以及与国际货币基金组织功能重复为由反对这一设想。在亚洲货币基金构想失败之后，1997 年 11 月，亚洲部分经济体，加上美国、加拿大、澳大利亚和新西兰达成协议，建立马尼拉框架组（MFG），其目的是为恢复和加强区域金融稳定建立协议框架，具体包括：建立一个新的区域监督机制以对国际货币基金组织的全球性监督进行补充；增强经济与技术合作，尤其是要加强国内金融体系和管理能力；加强国际货币基金组织对金融危机反映的能力；发展区域性金融合作安排以对国际货币基金组织资源进行补充。

3. 清迈倡议（CMI）

2000 年 5 月 6 日，在泰国清迈举行的"ASEAN + 3"（东盟和中日韩）财长会上，各参会国签署公告，提出 ASEAN + 3 框架下 CMI 金融合作的主要内容。主要包括：

（1）扩展原有的 ASA 总额规模。将 1977 年东盟 5 个主要国家之间建立起来的 2000 万美元的互换安排扩展到东盟全部 10 国，总额扩大到 10 亿美元①。互换方式为以本币为抵押，对方提供国际上的 3 种主要货币中的任一种可兑换货币，利率为 LIBOR 平价，最大互换额度为出资额的两倍，期限半年，展期不超过 1 年，目的是提供国际收支的供短流动性支持。

（2）建立东盟成员与中日韩之间的双边货币互换网络（BSA）。这是 CMI 的核心，最初由日本和韩国提出在中日韩三方财金合作框架下建立，最后在中国的引导下推广到 10 + 3 框架下实施。BSA 与 ASA 的共同目标都是

---

① ASA 自 1977 年建立以来，由于数额有限，仅启动过四次。1997～1998 年的亚洲金融危机期间，也由于数额太小并未申请起动。

提供国际收支的短期流动性支持。不同之处在于最大提款额将由双方逐一磋商，共同出资确定。在提出提款申请后，一个提供贷款方将负责协调各双边磋商和集体行动事宜。提款额的 10% 可以自动拨付，而其余90%的提款额必须有国际货币基金组织的宏观经济和结构调整监督规划才能启动。此外，期限为 90 天，可展期 7 次，利率为 LIBOR 加 150 个基本点，每展期两次增加 50 点，最高不超过 LIBOR + 300 点[①]。

（3）建立双边国债回购协议网络（Repo）。这一项主要由韩国推动而成，其目的是以美国国债或签约方政府债券为抵押，增加短期流动性来源。

2001 年 6 月在北京召开的 10 + 3 财长副手会上，各方就实施细则中主要条款达成一致后，互换协议的双边磋商各自展开。截至 2004 年 2 月，中日韩与东盟主要 5 国（印度尼西亚、菲律宾、马来西亚、泰国和新加坡）之间已经签署了 15 份双边货币互换协议，总规模为 265 亿美元。还有一份双边货币互换协议正在谈判中。全部互换总额达到 275 亿美元（其中不包括日本与韩国、日本与马来西亚在宫泽计划下分别建立的 50 亿和 25 亿美元互换安排）（见表 4 - 2）。

表 4 - 2　　　东盟 10 + 3 货币互换磋商进展（截至 2004 年 2 月 4 日）

|  | 互换双方 | 互换币种 | 签约日期 | 签约数额（美元） |
|---|---|---|---|---|
| 1 | 日本 - 韩国 | 美元/韩元 | 2001 年 7 月 4 日 | 20 亿 |
| 2 | 日本 - 泰国 | 美元/泰铢 | 2001 年 7 月 30 日 | 30 亿 |
| 3 | 日本 - 菲律宾 | 美元/比索 | 2001 年 8 月 27 日 | 30 亿 |
| 4 | 日本 - 马来西亚 | 美元/林吉特 | 2001 年 10 月 5 日 | 10 亿 |
| 5 | 中国 - 泰国 | 美元/泰铢 | 2001 年 12 月 6 日 | 20 亿 |

①　高海红：《从清迈倡议到亚洲债券基金》，载《国际经济评论》2004 年第 5 ~ 6 期，第 21 ~ 26 页。

续表

|  | 互换双方 | 互换币种 | 签约日期 | 签约数额（美元） |
|---|---|---|---|---|
| 6 | 中国－日本 | 人民币/日元 | 2002 年 3 月 28 日 | 30 亿等值 |
| 7 | 中国－韩国 | 人民币/韩元 | 2002 年 6 月 23 日 | 20 亿等值 |
| 8 | 韩国－泰国 | 美元/泰铢 | 2002 年 6 月 25 日 | 10 亿 |
| 9 | 中国－马来西亚 | 美元/林吉特 | 2002 年 10 月 9 日 | 15 亿 |
| 10 | 韩国－马来西亚 | 美元/林吉特 | 2002 年 7 月 26 日 | 10 亿 |
| 11 | 韩国－菲律宾 | 韩元/比索 | 2002 年 8 月 9 日 | 10 亿等值 |
| 12 | 日本－印尼 | 美元/印尼卢比 | 2003 年 1 月 | 30 亿 |
| 13 | 中国－菲律宾 | 人民币/比索 | 2003 年 8 月 | 10 亿等值 |
| 14 | 日本－新加坡 | 美元/新元 | 2003 年 11 月 | 10 亿 |
| 15 | 中国－印尼 | 美元/印尼卢比 | 2003 年 12 月 30 日 | 10 亿 |
| 16 | 韩国－印尼 | 谈判中 | 谈判中 | （估计 10 亿） |

资料来源：笔者根据各国公开数据整理。

### （二）清迈倡议评估期

CMI 成员方从 2004 年 5 月开始对 CMI 进行评估。评估包括救援资金数额、形式以及于国际货币基金组织贷款条件性的关联问题。其中，与国际货币基金组织贷款条件性的关联届时减弱，有效的监督机制的建立势在必行。同时，一些超越 CMI 的步骤也提到议时日程上来。

在评估期之前，成员方在清迈倡议框架下的合作主要在四个领域展开：双边货币互换、资本流动监测机制、政策对话和经济监控，以及人员培训。由于危机已过，亚洲国家似乎失去了应对危机的紧迫感，因此，在清迈倡议进入评估期时，成员方面临的重大抉择是放弃这一机制，还是将其发展壮大。评估的重点是清迈倡议存在的必要性，其运行的效率，与国际货币基金组织的关系，进一步发展的短期和中期目标，以及推进长期亚洲金融合作的路线图。中国的积极参与为成员方达成最后的共识发挥了重要的作用。2005

年5月，第8次东盟和中日韩财长会议发表了声明，申明共同强化清迈倡议的决心，并决定将原有的基金额度扩大1倍，将基金启动与国际货币基金组织的贷款条件挂钩比例从90%减到80%。同时改革了早期双边决策和启动机制为多边共同决策和共同启动机制。随后，2007年5月，成员方决定设立自主管理储备库机制，将本国外汇储备的一部分列入定向资金，在需要时作为救助资金启动。这一共同储备库，与共同的决策、启动机制一道，为清迈倡议的多边化建设奠定了基础。2008年5月，东盟和中日韩财长会议在清迈倡议框架下又推出800亿美元的共同储备基金，中国、日本和韩国出资额为总额的80%，其余的20%由东盟10国出资。这是清迈倡议再度扩充额度的重要举措。具体来看，对CMI评估主要涉及如下几个方面的问题。

一是清迈倡议得以推动的动力。概括来讲，CMI得以推动的主要动力在于，亚洲地区在受到金融危机沉重打击后，对国际货币基金组织等国际社会快速救助反应机制丧失了希望，危机国家迫切需要的紧急融资需求。日本积极推动CMI的动因主要为解决国内经济问题寻找国际出路上找到了与推动区域金融合作的现实起点CMI的结合点。同时，本地区主要国家，中日韩之间在增加本地区货币使用上达成了默契。

二是清迈倡议的下的货币互换安排的本质。CMI的创立具有明显的象征意义（Eichengreen，2002）。货币互换安排在本质只是一种试图防范危机的临时应急机制，给投机者展示一个亚洲地区加强官方联合救助的信号。亚洲金融危机以后，许多亚洲合作的提议不乏仓促应急成分。即便是已经达成了多项货币互换安排，都依然带有浓重的临时性应急特征。与国际金融市场大规模投机基金相比，双边互换网络下的可用资金依然微小。以泰国为例，在CMI下可自动拨付的可用资金仅为6亿美元，尚且不说获得资金拨付的时效难以保障（需要多边分别磋商，集体行动拨款）。

三是各方对CMI所怀有的不同意图。尽管成员方对建立CMI存在共识，但各成员方对CMI的支持源自不同的目的。其中东盟支持主要是为了可以由此获得救援资金；韩国希望从中国和日本中获得资金，甚至与东盟某些国家建立双向互换安排，尽管最后其对东盟而言成了出资国；日本希望建立和强化日元在本地区的地位。由于各成员方支持 CMI 的动机不同，这在一定程度上增加了对如何进一步推动 CMI 达成共识的难度。

四是清迈倡议的后续问题。CMI 的发展已经走到了一个关键路口：随着各国外汇储备的较快提高，金融危机压力的减弱，是否将 CMI 货币互换网络停留在某种程度上仅具象征意义的合作？甚至任其随着合作动力的减弱而逐渐消逝？或者寻求新的发展动力，使其走向更加成熟、更加实用的流动性支持机制？对后者的选择意味着必须解决 CMI 货币互换安排的后续问题，这些后续问题集中在三个方面：第一，互换安排下及时可用的救援资金数额偏小，需要考虑是否扩大数额，各方成员是否出资形成基金，并将基金规模扩大到足够满足危机紧急救援需求的程度问题。第二，需要重新考虑与国际货币基金组织贷款条件性的挂钩比例问题。第三，需要解决实际操作中如何做到及时有效地运作的问题，如，考虑建立快速决策方式和成立提、还款协调管理机构，以及建立为避免借款国经常性借款，滥用借款，避免道德风险的资金运用监督管理机构。

围绕 CMI 的实施问题，各方讨论关注的焦点是下一阶段如何完善该融资支持机制；强化经济评估与政策对话；监控资本流动和建立危机的早期预警体系等问题。CMI 下双边货币互换网络基本建成后，一些东盟国家对货币互换规模小、并且互换规模的 90% 与国际货币基金组织贷款规划挂钩感到不满，因此在不同的场合提出需要完善融资支持机制。东盟在其研究报告《区域自助与支持机制：超越清迈倡议》中，集中表达了这些想法，其要点包括：一是要在货币互换方面，扩大货币互换规模，取消与国际货币基金组织贷款规划挂钩；二是 AEASN + 3 国家应将一定比例的外汇储备存在其他成员方中央银行，用于干预外汇市场、遏制短期资本流动对亚洲国家汇率的冲击，进而建立亚洲集中管理的外汇资金库。日本也提出推动 CMI 的下一阶段方案以及超越 CMI 的设想，包括建立中央银行参与 ASEAN + 3 机制、建立区域性的紧急信贷防线、设立 ASEAN + 3 秘书处、邀请国际货币基金组织和亚洲开发银行以及世界银行等国际金融机构参加 ASEAN + 3、鼓励私人部门参与，以及建立区域指定功能安排（earmarking arrangement）等。总之，如果各成员方对上述后续问题的解决达成共识，并形成协议，这就意味着 CMI 向传统的货币基金模式更迈进了一步。

五是日本对强化和超越清迈倡议的建议。亚洲金融危机爆发使日本进一步推动地区货币合作，从而间接强化日元在本地区的主要货币功能。亚洲货币危机以后日本提出了多种地区合作动议。其中，亚洲货币基金方案已经放弃；货币合作机制的一篮子方案存在很大分歧；只有发展区域金融市场的主张得到相对积极的回应。除了日本官方的积极态度之外，日本学术界在对亚洲金融合作框架设计和汇率合作安排问题的研究也相当活跃。由日本国际通货研究所（IIMA）牵头组织日本学界资深的国际金融学者联合提出一项建立新的区域金融合作框架的设想。这一设想主要包括三个方面：强化 ASEAN + 3 机制；建立区域融资安排；推动区域汇率政策协调（IIMA，2004）。

六是强化 ASEAN + 3 机制。根据日本国际通货研究所的建议，包括：（1）中央银行参与 ASEAN + 3 机制。早期 ASEAN + 3 机制主要有各国财长参与，各国中央银行并没有正式参与机制的合作。但事实上各国中央银行在提供流动性方面起着很大的作用，特别是在一些成员方中，汇率政策和外汇储备管理不是财政部的职能，而是中央银行的职能，而在另一些成员方中的情形相反，因此，中央银行参与 ASEAN + 3 机制能够使这一机制更加完善。作为一个过渡形式，各国中央银行行长作为非选举权代表（non-voting guests）参加 ASEAN + 3 财长会议。然后进一步发展成为正式具有选举权的成员代表。（2）加强区域监督。一个有效的区域监督机制要更注重技术分析和为成员方坦率的政策辩论创造良好的环境。同时，提供充分的激励使成员方愿意参加这一监督机制。为实现这一点，需要建立区域性的紧急信贷防线（CCL），对于那些具有良好经济状况的成员方在发生危机时有资格获得流动性支持。(3) 设立监督与融资秘书处。为了提高监管效率和有效地在危机发生后提供适时的流动性支持，有必要成立 ASEAN + 3 秘书处。这一秘书处将为 ASEAN + 3 财长和中央银行行长提供高质量和有深度的经济评论和估计，及时发现对区域经济具有影响的新问题和出现金融体系的脆弱性，并能提供有效的政策建议。这一秘书处应建立在一个政治经济稳定、社会设施良好，并对国际专家具有较大吸引力的国家。在初期，这一秘书处可以不采取官僚机构的形式，随后根据需要可以演变为一个正式的机构。因此，作为过渡阶段，日本、中国、韩国可以建立一个秘书处。(4) 邀请国际金融机构和私人部门参与。比如，邀请国际货币基金组织和亚洲开发银行以及世界银行等国际金融机构参加 ASEAN + 3 机制的重要性，特别在初期对 CMI 机制的有效运转十分有利。同时，私人部门的参与，比如借鉴 OECD 的商业与工业顾问委员会（BIAC）成立 ASEAN + 3 的私人部门顾问委员会（PSAC），进一步推动私人部门在区域经济活动中的作用。

七是建立区域融资安排：指定功能安排。为了扩大 CMI 流动性，并将 CMI 进一步多边化，需要建立一个中期金融支持机制，在这一机制下，每个成员方当局必须明确承诺在危机发生时，在 CMI 现有条款之外共同提供一定数量的流动性。这一定数量的流动性是以外汇储备形式、以指定功能形式存在的一种中期流动性支持。这种以承诺形式存在的指定功能安排是形成正式的储备汇集安排（reserve pooling arrangement）的前期形式。在这一安排下，ASEAN + 3 秘书处将最终演变为一个更为正式的机构，提供监督报告的起草融资条件性报告。如果能够做到这一点，可以考虑与国际货币基金组织条件性脱钩问题。当然，如何减少道德风险仍然是这一机制能否有效运转的重要前提。

### （三）区域汇率政策协调的尝试

汇率政策协调是区域货币合作的核心。在亚洲金融危机后，学界对亚洲区域能否以及如何开展汇率政策合作进行了积极的探讨。伊藤、小川和佐佐木（Ito, Ogawa and Sasaki, 1998）建议，作为区域汇率合作的一个过渡形式，可以在本区域采用 G－3 篮子汇率安排。根据这一安排，亚洲国家可以共同钉住由美元、日元和欧元组成的货币篮子。采用这一安排主要有两个好处：其一，与目前大多数国家采用的事实上钉住美元的汇率制度相比，钉住 G－3 货币篮子汇率安排可以稳定亚洲国家的实际汇率。如果亚洲国家采用钉住 G－3 货币篮子汇率制度，并采用最优钉住权数，亚洲国家的实际有效汇率能够更加稳定，从而避免对贸易平衡带来的大幅度冲击，保持贸易竞争力。其二，与事实上钉住美元的汇率制度相比，采用钉住 G－3 货币篮子制度可以避免资本过度流动（Ogawa and Sun, 2001）。

在采用 G－3 篮子货币汇率安排的同时，伊藤、小川和佐佐木（Ito, Ogawa and Sasaki, 1998）还建议设立地区共同的计价单位——亚洲货币单位（Asian Monetary Unit, AMU）。AMU 将由 ASEAN＋3 成员方的 13 种货币组成。正如 1979～1998 年在欧洲货币体系（EMS）之下的欧洲货币单位（ECU）一样，每种货币在 AMU 中的权数应反映成员方的相对经济规模和经济业绩。AMU 可以用来衡量成员方汇率与地区平均水平的偏离程度，同时亚洲各国应公布本国货币与 AMU 之间的汇率，并将 AMU 作为调整汇率政策的参照。由于各国在稳定地区间汇率波动时将本国货币与 AMU 之间的汇率作为参考，这就使得各国的汇率目标具有更大的波动区间。这样一种安排同样会避免区内竞争性贬值，有利于区内汇率的稳定。除了官方用途之外，AMU 也可以通过作为贸易投资的计价货币，以及包括股票和债券等金融资产的交易货币在私人部门广泛应用。

总之，日本在推动区域金融框架建设和区域汇率合作方面相当积极。这在一定程度上反映了日本积极争取在推动区域金融合作中的主动权。在中国还处于种种制度约束、金融市场仍欠发达，以及人民币资本项目不可兑换等限制条件下不可能在区域合作中起主导性作用之时，日本积极推动汇率合作，这将极大地推动日元在本地区的使用。以亚洲货币作为汇兑工具，初衷是在整体上削弱对美元的过高需求。但从日本提出的设想看，通过创造日元为主要成分之一的篮子货币，主张亚洲经济体应该在基础贸易和储备管理和汇率政策协调中，将日元调整到与对日贸易权重相当的水平。同时，由于这一篮子货币中不包含任何其他亚洲国家货币，而篮子货币又作为亚洲汇率政策协调等问题的讨论基础和政策对话的重要组成部分，其结果很可能是增加日元的钉住货币功能。而对于那些资本项目未开放，或今后开放初期的流动性缺陷的国家的货币，在亚洲汇率合作中将不会发挥主要作用。其结果可能是，美元在亚洲地区的地位将部分被日元取代。

事实上，上述建议在亚洲国家之间并没有达成共识。对汇率合作的建议，尤其是 G-3 篮子货币的汇率安排建议，具有更大的争议。其中的核心问题是对于那些在事实上采用钉住美元的汇率制度的国家是否有必要放弃单一钉住美元制度改用一项共同的钉住汇率安排。对于发展水平和金融市场发育程度等存在较大差距的国家来说，尤其对于仍然存在资本管制的国家来说，采用这一区域共同的汇率安排则存在更大的障碍。

（四）政策对话和经济监控机制

建立地区内各国的政策对话和经济监控机制是区域金融合作的一个重要组成部分。与此同时，经济监控不仅包括成员方宏观经济金融条件和政策分析，还包括对经济中存在的种种脆弱性的辨别，以及如何提出适当的对策。亚洲金融危机后建成的政策对话和监控机制包括 8 个区域性财政部部长和中央银行行长论坛（见表 4-3）。

表 4 – 3　　　　　　　　　主要区域性财政部和中央银行论坛

| 国家与地区 | 财政部和/或中央银行 | | | | 中央银行 | | | |
|---|---|---|---|---|---|---|---|---|
| | ASEAN 10 | ASEAN +3 13 | MFG 14 | APEC 21 | ASEM 25 | SEANZA 20 | SEACEN 11 | EMEAP 11 |
| | 1996 年 | 1999 年 | 1997 年 | 1994 年 | 1997 年 | 1956 年 | 1966 年 | 1991 年 |
| 中国 | | ■ | ■ | ■ | ■ | ■ | | ■ |
| 日本 | | ■ | ■ | ■ | ■ | ■ | | ■ |
| 韩国 | | ■ | ■ | ■ | ■ | ■ | ■ | ■ |
| 新加坡 | ■ | ■ | ■ | ■ | | ■ | ■ | ■ |
| 文莱 | ■ | ■ | ■ | ■ | ■ | | | |
| 柬埔寨 | ■ | | | | | | | |
| 印度尼西亚 | ■ | ■ | ■ | ■ | ■ | ■ | ■ | ■ |
| 老挝 | ■ | | | | | | | |
| 马来西亚 | ■ | ■ | ■ | ■ | ■ | ■ | ■ | ■ |
| 缅甸 | ■ | ■ | | | | | ■ | |
| 菲律宾 | ■ | ■ | ■ | ■ | ■ | ■ | ■ | ■ |
| 泰国 | ■ | ■ | ■ | ■ | ■ | ■ | ■ | ■ |
| 越南 | ■ | ■ | | ■ | ■ | | | |
| 蒙古国 | | | | | | ■ | ■ | |
| 巴布亚新几内亚 | | | | ■ | | ■ | | |
| 澳大利亚、新西兰 | | | ■ | ■ | | ■ | | ■ |
| 尼泊尔、斯里兰卡 | | | | | | ■ | ■ | |
| 印度、伊朗、巴基斯坦、孟加拉国 | | | | | | ■ | | |
| 美国、加拿大 | | | ■ | ■ | | | | |
| 智利、墨西哥、秘鲁 | | | | ■ | | | | |
| 俄罗斯 | | | | ■ | | | | |
| 欧盟 – 15 | | | | | ■ | | | |

注：ASEM：亚欧会议；SEANZA：东南亚、新西兰和澳大利亚；SEACEN：东南亚国家协会；MFG 于 2004 年正式解散；■表示参与论坛年份。

资料来源：Kurod, Haruhiko and Masahiro Kawai（2002），"Strengthening Regional Financial Cooperation in East Asia"，Pacific Economic Papers No. 332，October，pp. 1 – 35.

ASEAN 监控机制建立于 1998 年 10 月。这一机制的建立第一次实现了在一个区域内由发展中国家组织建立起信息交换、政策对话和对可能出现的不利于成员国家经济的变动和事件提供政策建议。根据这一机制安排，ASEAN 财长每年就政策协调会晤两次，财政部和中央银行副手会为其做准备工作。这一机制包括两个组成部分：一个是对主要经济与金融指标出现的各种非正常变动提供早期探测的监控机制；另一个是提供应对政策建议的互相检查机制。ASEAN 监督协调单位（ASCU）对成员方最近的经济和金融形式进行分析，并出版 ASEAN 监督报告（ASEAN Surveillance Report）。与此同时，亚洲开发银行通过出版 ASEAN 经济展望（ASEAN Economic Outlook）和专题研究报告，以及提供技术支援来协助 ASEAN 监控程序的运行。

马尼拉框架组（MFG）是在国际货币基金组织、世界银行、亚洲开发银行和国际清算银行的共同支持下的一个具有高层次监督对话机制的区域性合作论坛，主要由财政部和中央银行副手参与。尽管 MFG 为区域高层次政策提供了平台，但没有任何常设秘书处和自身资金来源，自 2003 年以后，会谈的频率从一年两次减少到一次。2004 年，MFG 正式解散。

中央银行论坛（EMEAP）建立于 1991 年，由日本银行和澳大利亚储备银行统领建立。论坛的主要目的是促进区域监控和信息交换，以及促进金融市场的发展。它的主要活动包括中央银行行长的年会，副行长的半年会，以及三个工作组。由于没有常设秘书处，论坛的组织运作由成员中央银行轮流执行。自 1997 年后，EMEAP 中央银行政策对话演变为 ASEAN 中央银行论坛（ASEAN Central Bank Forum）。

ASEAN +3 经济评估和政策对话机制（ASEAN +3 Economic Review and Policy Dialogue—ERPD）成立于 1997 年 12 月。ASEAN 10 国和中国、日本、韩国召开第一次会谈，共同商讨地区的和平、稳定和安全问题。1999 年 4 月，ASEAN +3 财长达成共识，即通过 ASEAN +3 框架来加强亚洲地区的自助机制，并推动 2000 年 5 月建立 ASEAN +3 经济评估和政策对话。在这一机制下，ASEAN +3 财长举行年会，讨论政策问题和互换信息，财政部和中央银行副手为年会做准备。ASEAN +3 的 ERPD 机制关注的重点问题包括在亚洲地区协调宏观经济风险的管理、监测区域资本流动、增强银行业和金融体系、改革国际金融框架，以及提高自助机制。与 ASEAN 监控机制相似，由于没有独立的、专门的组织形式来为分析和评估工作做准备，ASEAN +3 的 ERDP 的运作缺乏效率。总之，各种政策对话机制普遍比较松散。而对于 ASEAN +3 框架下的监控机制改进方面的最大挑战可能在于如何提高运作效率。如何强化政策对话机制，是否需要制度化安排来实现更有效率和更具有约束力的对话平台，在亚洲地区没有一个被普遍接受的方案，直到 ASEAN +3 宏观经济研究办公室的建立。

（五）亚洲债券市场动议

亚洲各国提出建立亚洲债券市场的倡议，表明地区金融合作已经从建立象征性和临时性危机防范应急安排，发展到了更根本性的、旨在建立长远区域金融合作市场基础的本源上来。在推动区域债券市场的动力方面，亚洲主要国家在如下几个方面达成共识。（1）快速发展的区内贸易和投资需要一个深度的、一体化的区域金融市场，以及良好的金融基础设施。（2）1997 年爆发的亚洲金融危机充分表现出亚洲国家国内金融体系的脆弱性：对银行体系的过度依赖，以及大规模的以外币计值的短期外债。发展区域债券市场在一定程度上可以解决这些国家对外债务中存在的期限配错和币种配错的问题，同时可以帮助国内部门减少对银行业的过度依赖。（3）发展区域债券市场有助于在本区域内吸收各经济体大规模的外汇储备，这是因为本区域大量的外汇储备投向美国和欧洲市场，而回流到本地区的储备往往以股票等风险资产形式投到本地区市场。（4）发展区域债券市场可以作为鼓励在本地区贸易和金融交易中使用本地区货币的第一步。事实上，没有本地区货币参与的金融市场不是真正意义上的本地区市场。发展地区债券市场的主要障碍是本地区大多数国家国内的债券市场不发达，而且在一些低收入国家普遍存在资本管制。因此，发展地区债券市场的路径实际上应该包括两条：一条是发展国内的债券市场；另一条是发展区域债券市场。两者之间的关系是互相促进的，特别对于那些国内金融市场处于初期发展阶段的国家来说，要将一个有序的发展国内市场的计划纳入参与区域市场发展之中。

从各种货币合作倡议的纷纷提出和相继消亡后，发展亚洲债券市场成为亚洲金融合作的热点，各种倡议层出不穷（Park，2003；Oh and Park，2003）。例如，在2003年2月东京"AEASN+3加强亚洲债券市场"非正式副手会上，日本、韩国、泰国和新加坡提出了加强亚洲债券市场的具体建议。其中日本提出建立"ASEAN+3"工作组，提出加强亚洲债券市场建议的具体内容：（1）亚洲各国应提高其国家债券市场的流动性；（2）鼓励跨国公司和国际金融机构到本国发行本币债券；（3）推动资产担保证券；（4）在亚洲发行一篮子货币计值的债券；（5）建立"亚洲区域担保便利"，为各国以资产为抵押的债券打包后发行的亚洲债券提供担保、货币掉期等便利。同时，积极利用亚洲开发银行和日本已有的担保机制，为亚洲债券提供信用担保。（6）推动清算、结算、会计、信息披露等债券基础设施建设。在初期，日本、泰国、新加坡、韩国在亚洲债券市场合作中十分活跃。其中泰国的表现最突出，不仅在10+3范围内提出发展亚洲债券市场的主张，还借助中国香港地区在亚洲及太平洋中央银行行长会议（EMEAP）框架下推出亚洲债券基金（ABF）。此外，泰国还利用其倡导的亚洲合作对话机制（Asian Cooperation Dialogue，ACD）及利用多个国际合作机制，从不同的方面推动亚洲债券市场合作倡议，并于2003年6月通过ACD外长会议发表了关于发展亚洲债券市场的《清迈宣言》。尽管对上述建议的讨论十分热烈，但绝大部分建议尚缺乏可操作性。起初只有中国香港地区提出的ABF进入了实施阶段。中国香港地区金融管理局推动建立第二阶段的ABF（ABF2），主要设想是筹资各方外汇储备资金建立母基金，与私人资本一道购买子基金的份额，将各国子基金分别投资于单个亚洲国家的本币债。亚洲开发银行提出研究建立某种形式的统一的亚洲支付结算体系（AsiaClear），建立统一的支付结算体系，或实现各国支付结算体系互连。

除了亚洲债券基金 I 期（ABF1）和亚洲债券基金 II 期（ABF2），2003 年 2 月日本提出的建立"亚洲债券市场倡议（ABMI）"得到了广泛的关注。2010 年 5 月 2 日的 10 + 3 财长会议公告，再度提出发展 ABMI，特别强调发展本币计价的债券市场（local currency-denominated bond markets）在促进区域储蓄转化为本地区投资，确保区域经济增长的可持续性的重要性。探索如何发展亚洲区域本币债券市场将是推进亚洲金融合作的一项核心内容。

2003 年 6 月 2 日，亚洲及太平洋地区中央银行行长会议组织（EMEAP）宣布与国际清算银行合作建立亚洲债券基金（Asian Bond Fund）。该基金初始规模为 10 亿美元，由国际清算银行按特定基准进行被动式管理。该基金由 EMEAP 各经济体从其官方储备中出资建立，投资于 EMEAP 成员（除日本、澳大利亚和新西兰以外）8 个经济体发行的一篮子主权和准主权美元债券。

建立 ABF 的目的主要是通过两个机制提高金融的稳定性。一个机制是政策层面上的，是一个具有象征性意义的机制，即亚洲地区各中央银行通过设立共同参与投资的基金，表明他们进一步推动和加强地区金融合作的决心。因为亚洲金融危机的教训之一是在亚洲地区缺乏防范和应付危机的合作机制，而在接受来自国际货币基金组织等国际金融机构援助的同时，其在相当程度上受到这些机构以进一步自由化为原则的所谓"华盛顿共识"的制约。因此，在危机后，出现了各种亚洲货币合作的构想和建议，比如日本于 1997 年提出了"亚洲货币基金构想"，但因为遭到美国和国际货币基金组织的反对而搁浅了。2000 年 5 月由东盟 10 国与中国、日本和韩国签署的"清迈动议"，随后在东盟 10 国、中国、日本和韩国之间开始签署一系列双边互换协议。这一合作形式成为目前亚洲货币合作的制度基础。亚洲债券基金的推出，应该说将这一地区的金融合作又向前推动了一步。这种加强合作的决心，有利于提高这一地区的金融稳定性。

另一个机制是经济层面上，通过推动亚洲地区债券市场的发展，减少亚洲地区对银行体系过度依赖所带来的金融体系的脆弱性。亚洲金融危机的一个教训是，许多国家金融体系的弱点之一是对银行体系的过度依赖。这表现为国内信贷占 GDP 比重较高。亚洲大部分国家都具有这种特征。比如，1996 年，泰国、韩国和新加坡的国内信贷与 GDP 的分别高达 157%、134% 和 114%，中国的数字是 96%，远远高于拉丁美洲的智利、墨西哥、巴西和阿根廷，以及除了英国以外的主要发达国家，如美国、法国和意大利等（Gao，2000）。由于对银行的过分倚重，容易产生银行体系的系统性低息贷款，从而刺激信贷的过度增长。这种信贷过度增长会因在一个开放的资本项目环境下被进一步放大，从而使信贷质量很难得以保障。同时，由于资本市场相对落后，银行业并没有在一个充分竞争的环境中发展，国内银行往往缺乏竞争力。一旦本国银行业对外开放，外国银行进入本国市场时，脆弱的本国银行业很容易被击垮。这种脆弱性在金融危机中表现得相当明显。由于亚洲债券基金立足于扶持本地区债券市场的发展，发展直接融资，可以改变这一地区对银行业过度依赖的状况，有利于金融体系的稳定性。

由于前期的种种约束，亚洲债券基金的设立到底能在多大程度上稳定地区金融具有不确定性（高海红，2004）。这其中的主要原因，一是亚洲债券基金以美元计价，而不是以本地货币计价，这仅仅有助于亚洲美元债券市场的发展，而且其规模有限。成立之初亚洲债券基金资金规模只有 10 亿美元，相比之下，在亚洲金融危机爆发后，包括国际货币基金组织、其他多边和双边援助的资金就达 666 亿美元，其中，304 亿美元提供给韩国，219 亿美元提供为印度尼西亚，143 亿美元给了马来西亚[1]。因此，亚洲债券基金对稳定金融的实际作用有多大很难判断。二是通过发展直接融资减少金融体系对

---

① IMF Staff（2000），"Recovery from the Asian Crisis and the Role of the IMF"，International Monetary Fund，June.

银行的过度依赖，这只是一个间接的渠道。除非银行业改革同时进行，否则不能从根本上解决银行体系问题。从国际清算银行参与对基金发展的意义来看，该机构为各成员方中央银行的中央银行，是投资组合消极管理者，即多年以来管理着各中央银行的固定收入债券。在亚洲地区的作用，主要是通过1998年建立的亚洲部来促进这一地区中央银行之间的合作，提供对中央银行的银行业服务。亚洲债券基金的推出，使得国际清算银行进一步扩大了在亚太地区的活动空间，为其扩大在亚洲金融事务中的作用提供了契机。对于国际清算银行参与的意义，目前看，其会积极促成亚洲本地区的进一步货币合作。

亚洲区域债券市场发展缓慢的根本原因，是亚洲国家普遍缺乏推动区域债券市场的真实动力。比如，亚洲大部分发展中国家的国内金融市场不发达，在一些低收入国家还普遍存在资本管制。要在克服国内市场发展水平和资本管制约束同时建设区域市场，这注定是个长期过程。而现实中亚洲大规模的储备必须寻求投资市场，其中大部分外汇储备将首先投资于发达市场。事实是，亚洲国家的资本流动长期以来具有很弱的"本土倾向"（home-biased）。如此看来，本地区金融市场的缺乏，是亚洲国家无法将这一地区积累的大量外汇储备留存在本区域使用的根本原因，同时，由于缺乏一个有深度的、一体化的区域金融市场，以及良好的金融基础设施，微观市场基础与区内贸易投资的正向反馈作用也受到制约。

## 三、小结

金融合作源于发生在20世纪90年代的亚洲金融危机。在当时缺乏自身的区域性救助能力的情况下，出现危机的国家在寻求国际货币基金组织救援时受到挫折。此外探索亚洲金融合作的动因，其中最重要的，一是亚洲经济一体化进程与金融合作存在互动关系。二是亚洲区域较高的储蓄率与深化亚洲区域金融合作的关系。在相当长时期亚洲较高的储蓄率使其在全球失衡版图中一方面是世界市场商品的提供者，另一方面是发达市场的贷款人。然而由于缺乏区内发达的金融市场以及存在程度不等的资本流动限制，亚洲国家较高的储蓄没有有效形成区内投资。增强区域金融合作有助于将储蓄有效转化为本区域投资。三是从过去多年的资本流动结构看，亚洲国家的直接投资流动的波动性相对稳定，而证券资本流动却大起大落。与直接投资不同的是，证券资本流动具有顺周期特点，尤其是短期资本具有极强的投机性，对金融稳定形成较大的威胁。区域联合救助可以抵御跨境资本流动冲击，防止金融危机的传染性。四是亚洲区域金融合作，是对国际、多边和双边的救助资源的有效补充，是全球金融安全网的重要环节。为区域和全球金融稳定性提供保证。

亚洲金融合作经历了长足的发展，其流动性机制从双边互换演变为共同储备库；区域政策对话和经济监控的层次也渐次提升；区域性的汇率协调和汇率安排也有诸多尝试。尤其是这对区域汇率安排的讨论为亚洲货币合作路线的制定具有积极的意义。但是，亚洲金融合作仍存在诸多瓶颈，合作层次停留在危机救助。欧元区债务危机的爆发以及区内条件的变化更是延缓了区域货币合作的进程。

## 第二节　清迈倡议多边机制

2009 年 2 月，在全球金融危机越演越烈的背景下，东盟 10 国、中日韩财长在泰国普吉召开的特别会议上联合公布了《亚洲经济金融稳定行动计划》，申明保证亚洲区域金融稳定的立场。中日韩三国随后又对区域外汇储备库出资份额达成共识，中国承诺出资 384 亿美元，日本出资 384 亿美元，韩国出资 192 亿美元，分别占储备库总额的 32%、32% 和 16%（见表 4 - 4）。同时，成员方也确定了相应的借款乘数，用以确定各国可以获得的救助额度。2010年 5 月，清迈倡议多边机制（CMIM）正式启动，基金总额为 1200 亿美元，并于 2012 年扩容至 2400 亿美元①。CMIM 框架下的重要机构——东盟 + 3 宏观经济研究办公室（AMRO）也于 2011 年正式运转。AMRO 的运转成为亚洲区域金融合作制度化建设的重要步骤。2014 年，针对危机救助流动性工具设施，CMIM 在原有的常备救助设施（SF）基础之上，增设了预防性设施（PL），旨在对那些出现危机征兆，但宏观经济总体健康的成员方提供救助，防止这些国家真正陷入危机（高海红，2011）。通过这些推进措施，CMIM 在救助能力、救助方式、制度和治理结构确立等方面，获得了极大的改善。

表 4 – 4　　东盟 10 国、中日韩（东盟 + 3）CMIM 份额结构和借款乘数

| 国家 | 份额 | | | | 借款乘数 |
|---|---|---|---|---|---|
| | 美元（十亿） | | 比重（%） | | |
| 中国（不含港澳台地区） | 38.40 | 中国（不含中国香港地区）34.20 | 32.00 | 28.50 | 0.50 |
| | | 中国香港地区 4.20 | | 3.50 | 2.50 |
| 日本 | 38.40 | | 32.00 | | 0.50 |
| 韩国 | 19.20 | | 16.00 | | 1.00 |
| 东盟 + 3 | 96.00 | | 80.00 | | – |
| 印度尼西亚 | 4.77 | | 3.97 | | 2.50 |
| 泰国 | 4.77 | | 3.97 | | 2.50 |
| 马来西亚 | 4.77 | | 3.97 | | 2.50 |
| 新加坡 | 4.77 | | 3.97 | | 2.50 |
| 菲律宾 | 3.68 | | 3.07 | | 2.50 |
| 越南 | 1.00 | | 0.83 | | 5.00 |
| 柬埔寨 | 0.12 | | 0.10 | | 5.00 |
| 缅甸 | 0.06 | | 0.05 | | 5.00 |
| 文莱 | 0.03 | | 0.02 | | 5.00 |

---

①　资料来源：ASEAN + 3 Macroeconomic Research Office – AMRO 网站。

续表

| 国家 | 份额 | | | | 借款乘数 |
|---|---|---|---|---|---|
| | 美元（十亿） | | 比重（%） | | |
| 中国（不含港澳台地区） | 38.40 | 中国（不含中国香港地区）34.20 | 32.00 | 28.50 | 0.50 |
| | | 中国香港地区 4.20 | | 3.50 | 2.50 |
| 老挝 | 0.03 | | 0.02 | | 5.00 |
| 东盟 | 24.00 | | 20.00 | | － |
| 总计 | 120.00 | | 100.00 | | － |

资料来源：笔者根据 AMRO 网站数据整理。

## 一、清迈倡议多边机制评价

亚洲国际金融结构的特点，对金融衍生品市场参与程度普遍较低，这种相对滞后的金融发展程度，以及亚洲一些发展中国家仍然采用较为严格的资本管制，成为亚洲金融机构免于 2008 年全球金融危机重大损失的"护身符"。然而就个体国家而言，例如韩国，其金融外部脆弱性大于其他国家。比如，相比其他亚洲国家，韩国持有较为大量的短期对外债务，对美国长期证券的持有也有较高比例的风险资产，而且其海外证券投资流入总规模较大，这使得韩国成为受危机冲击最大的亚洲经济体。2008 年秋季，韩国的银行业出现了严重的流动性危机。然而，韩国作为 CMIM 重要的发起人和推进者，并没有寻求 CMIM 流动性机制的帮助，而是向美国、中国和日本寻求双边救援[1]。其原因是在当时 CMIM 的启动资金中仍有 80% 与国际货币基金组织的贷款条件性挂钩，同时，CMIM 共同决策和启动机制的效率的高低从来没有得到过测试，这些在相当程度上降低了 CMIM 危机救助的吸引力。这

---

[1]　Kyungsoo Kim（2009），Global Financial Crisis and the Korea Economy，Conference Volume：Asia Economic Policy Conference on Asia and the Global Financial Crisis（October 19 – 20），The Federal Reserve Bank of San Francisco.

也反映出 CMIM 存在仍然以象征意义为主的问题。

（一）流动性援助的规模问题

在 CMIM 建立之前，清迈倡议下成员方互换协议主要包括三个组成部分：东盟 10 国之间的多边协议（ASA），东盟 10 国与中日韩之间的双边协议（BSAs），以及东盟 10 国与中日韩之间的回购协议（Repo）。这些协议所涉及的资金非常有限，而且双边协议启动的歧视性原则增加了协议启动的不确定性，提高了启动成本。针对紧急危机救助基金的规模，缺乏理论和经验依据确定其最佳规模。在实践中，作为一种常设性机制安排，在资金额度上要做到尽可能充足，至少是在发生市场恐慌时，成员方政府有能力向市场发出救援信号，这种信号功能对稳定市场信心十分有效。

就流动性援助而言，相比其他形式，区域合作机制有其优越性。例如在发生危机时，成员方可调用的官方救助有四个来源：国家自身的外汇储备；与其他国家签署的双边货币互换；国际货币基金组织的紧急贷款；CMIM 下的共同储备库资金。这其中，区域性救助安排在救助力度上优越于一个国家自身的外汇储备，特别是在危机具有区域传染性的情况下，单个国家的外汇储备对缓解危机更是杯水车薪。区域性救援也是对国际货币基金组织的贷款的重要补充，这一点对亚洲国家尤其重要，这是因为，国际货币基金组织救助的及时性和所附加的条款一直以来成为亚洲国家寻求国际货币基金组织紧急救助的主要制约。值得关注的是，近年来国家之间的双边货币互换有在危机救助中颇具吸引力，在危机发生时成为多数国家寻求救助的首选来源。这是因为双边互换协议具有更灵活，更有效和更及时的特征。尽管如此，因各种救助来源有不同的优势和劣势，彼此之间并非竞争关系，而是相互补充。从欧元区危机救助实践看，多渠道救助同时介入成为流动性救助的主要范式。例如希腊在 2010 年获得的 1100 亿欧元的救助中，不仅包括了国际货币基金组织资金，还包括欧盟委员会安排的 15 项双边互换协议；

拉脱维亚在 2008 年获得的 75 亿欧元救助中，包括来自国际货币基金组织、世界银行、欧盟和欧洲其他一些中央银行的资源。韩国在 2008 年获得的 660 亿美元来自美国、中国和日本三个国家中央银行的互换资金①。这种多渠道同时提供援助，已经成为紧急危机救援的有效模式。

（二）提升区域政策对话和经济监控机制

有效的政策对话和经济监控是区域金融合作的重要组成部分。由于金融危机往往具有区域传染性，有效的政策对话和经济监控对危机传染性的早期发现和预警，以及协调经济政策起到重要的作用。具体来看，第一，有效的政策对话和经济监控能预防危机的发生。政策对话和经济监控有多重形式，例如采用交换信息方式有助于在危机发生早期发现问题，进而及时采取防御措施，而集体性的危机早期预警系统则更能有效提供及时紧密的监控，识别各国的金融脆弱性。第二，有效的经济监控能保证储备库的救助基金启动的及时性。第三，有效的政策对话和监控机制有利于协调各国的经济政策，特别是应对来自区外的外部冲击时，有效的监控能促成各国采取及时的联合行动。第四，经济监控机制可以通过同级压力的形式推行统一信息披露和信用评级等制度标准建设。第五，有效的经济监控通过对储备基金库借款人进行日常跟踪性监控，确保借款者的借款信用。

在经济监控和政策对话方面，亚太经济合作组织（APEC）已经成为泛亚太地区国家高层的经济交流和政策对话论坛。这是一个参与范围广、没有制度性约束的较为松散机制。一些国际组织，如国际货币基金组织、世界银行和亚洲开发银行也通过提供有关问题的背景文件参与了这一论坛。正是由于其广泛而复杂的成员构成以及其典型的论坛性质，APEC 无法在区域层面进行富有成效的政策对话和经济监督。在东盟 10 国、中日韩 CMIM 框架下，AMRO 在事实上对 13 个成员方行使政策对话和经济监控功能。然而由于财

---

① 资料来源：笔者根据欧洲稳定机制网站数据整理。

力投入、人员专业与监控系统和职能等方面的局限性，AMRO 经济监控职能的有效性存在制约。

（三）区域机制与国际货币基金组织的关系

CMIM 建立的动力之一是亚洲国家对国际货币基金组织在 1997～1998 年金融危机救助中的失望和不满，亚洲国家希望通过建立自身的救助机制补充国际机构的不足。但在实施中，救助基金的启动不得不与国际货币基金组织的贷款条件在一定比例上挂钩，这将把 CMIM 推向尴尬境地：一方面，储备基金的启动不得不在相当程度上依赖于国际货币基金组织，这是因为在成员方之间的监控机制仍不完善，无法保证资金运用的有效性和合理性；另一方面，对国际货币基金组织的过度依赖有悖于 CMIM 的初衷，不能充分体现区域性融资安排的特性，影响危机援助的及时性。事实上，逐步减少 CMIM 的启动资金与国际货币基金组织条件性的挂钩比率，已经在成员方之间达成了共识。2005 年 5 月，成员方财长会议首次将清迈倡议下互换资金的启动与国际货币基金组织贷款条件性的联系比率由原来的 90% 减少到 80%①。随后逐步降低。值得一提的是，贷款的条件性并非是危机救助的"万恶之源"。贷款条件性是防止贷款使用中道德风险的有效手段，也是对出资国权益的基本保障。对于亚洲区域来说，与国际货币基金组织贷款条件性脱钩不等于完全放弃任何条件。问题的关键是亚洲国家能否建立符合成员方经济现状和特点的贷款条件，这是减少对国际货币基金组织依赖的核心步骤。

（四）区域性金融市场处于起步阶段

在 1997～1998 年亚洲金融危机之后，亚洲各国就认识到发展本区域债券市场的重要性。在实践中，东亚及太平洋地区中央银行行长会议分别于 2003 年和 2005 年推出了亚洲债券基金 1 期和亚洲债券基金 2 期。2003 年在

---

① The Joint Ministerial Statement of the 8th ASEAN + 3 Finance Ministers' Meeting 4 May 2005, Istanbul, Turkey.

东京召开的"ASEAN+3加强亚洲债券市场"非正式副手会上，日本提出了建立亚洲债券市场的综合方案"亚洲债券市场倡议"；韩国提出使用证券化和信贷担保的建议；泰国建议创造一种抵押债券工具，并建立一个亚洲信贷担保组织；新加坡提议建立一个亚洲信贷评级部门。

然而令人遗憾的是，针对区域性金融市场建设，尽管对各种建议的讨论十分热烈，但绝大部分建议尚缺乏可操作性。在现实中，受制于国内金融市场不发达，在一些低收入国家还普遍存在资本管制等因素，亚洲金融市场建设是一个长期过程。需要指出的是，中国资本项目开放和人民币国际化战略为区域金融市场发展注入了新的动力。自2009年，人民币点心债发展迅速带动了亚洲区域本币债券市场。而中国的一系列资本开放措施为亚洲金融市场发展释放新的动能。

## 二、发展路径

亚洲区域金融合作应以保证亚洲金融稳定为目标。从历史经验看，实现这一目标需要三个要素的支持：区域金融合作机构、区域金融市场和区域汇率协调。在短期，利用储备库增资和清迈倡议多边化契机，进一步强化AMRO的机构建设；并在可行的范围内展开区域金融基础设施建设；鼓励在区内贸易、投资和金融救助中的使用本币。在中期需要探讨建立区域货币基金的可能性。从长期看，将区域联动汇率机制建设设定为一个开放性的目标，同时以动态方式补充其他的可选方案（高海红，2017）。

### （一）强化合作的建议

第一，强化AMRO职能。亚洲国家拥有充足的外汇储备，CMIM继续增资不存在太多障碍。但是，基金规模大小不等于基金使用效率高低。当危机真正来临能否做到及时有效地提供救助，在相当程度上取决于AMRO职能的强弱。根据治理框架，AMRO有三个重要组成部分。一是设立了执行委员会，其下设顾问小组（advisory panel）和AMRO主任（AMRO director）。二是制定决策，根据内容不同，决策程也有所不同。比如对于基本面方面的问题，以达成共识的作为决策依据；针对执行层次的问题，需要有2/3多数投票表决通过。三是决定成员方的资金配额和投票份额。上述治理构架是否有效运转，需要较多的财力投入，需要建立强大的专业人员队伍，需要设立完善的危机预警系统和经济监控指标。

在实施经济监控上，成员方需要根据可行性确定经济监控的层次。根据监控程度和功能的不同，经济监控可以分为信息交换、同级评议和政策建议这3个不同层次的监控方式。第一个层次是信息交换是初级形式。信息交换不需要各国的政策协调，只需要各国及时交换各自经济形势信息，采用标准的统计方式，提供必要的经济数据。在这方面，亚洲区域需要建立自身的危机预警系统，用以甄别问题国家和问题市场，这是经济监控实施环节中的重要技术平台。第二个层次是同级评议。同级评议是比信息交换高一层次的监控，是成员方之间系统性的检查和评估，其目的是帮助被评议国改善其政策决策，采用最好的实施模式，与标准和准则保持一致。同级评议主要是建立在国与国之间相互信任的基础上的，不要求提供政策建议，不要求政策协调，但需要常设机构对每一个成员方进行有效的经济、金融形势和政策评估。经过一段时期的努力，AMRO已经开始了对成员方政策的定期评估，成为国际货币基金组织从全球多边角度对成员方展开的评估的一个重要的补充。第三个层次是政策建议。政策建议是较高级的经济监控形式，其需要有诸多的先决条件，比如完善的监控指标、贷款的条件性、有效的监控实体等。这一层次的监控职能可以作为AMRO的中期建设目标。

第二，建立亚洲货币基金。在贷款职能上，CMIM下设立了应急救助设施和预防性救助设施，这极大提高了危机救助的范围，强化了危机预防功能。同时，考虑与其他资金来源配合，比如成员方之间的双边货币互换和国际货币基金组织的救助设施，在发生危机之时，同时启动多重救援机制，在短期尽可能遏制危机的蔓延。建设亚洲区域货币基金需要具备一定的条件。

比如，首先，AMRO 在治理、贷款启动、经济监控和专业能力方面的职能需要得到极大的提高；其次，CMIM 贷款启动与国际货币基金组织脱钩，同时设立自身的贷款条件性，以危机救助为目的，将应急需要和中长期结构调整相结合，充分考虑亚洲国家经济结构、经济制度和发展水平的特点，考虑各国之间存在的差异性，使得贷款条件性既成为对借款国行为的约束，也成为款项有效使用的保证，同时又具有一定的适应性和灵活性，让借款国不致因为条件的不当或苛刻而失去了寻求援助的愿望。最后，可以借鉴 2012 年 9 月欧元区成立的欧洲稳定机制（EMS）这一永久性的区域危机救助机制的经验，除了政府之间承诺出资设立的储备库之外，引入私人金融机构参与，在金融市场上进行融资，这将极大扩充危机的救助能力。区域金融合作所能提供的救助具有其不可替代的优势，在上述条件成熟之时，建立亚洲区域货币基金便应该水到渠成。

第三，鼓励本币用于区内贸易、投资和危机救助。在短期内发展区域资本市场的可行步骤，首先要鼓励亚洲国家采用本币作为区内贸易结算货币。这其中，人民币在跨境贸易结算、投资计价和价值储藏方面的职能不断增强，这样除了传统的美元、欧元以及较小比重的日元，人民币也加入了跨境交易使用的行列，这为亚洲国家的跨境交易提供了新的币种选项。其次，鼓励跨国公司和国际金融机构到亚洲国家本国发行本币债券，同时鼓励亚洲国家的政府和私人部门在本区域市场发行本币债券。最后，随着亚洲国家的储备货币多元化，其他币种在储备结构中的比重将有所增加，这为 CMIM 资金的币种多元化提供基础，尤其为使用本地区货币准备了条件。上述措施不仅推动本币在亚洲区域贸易、投资和金融交易中的需求，也从根本上减少本区域对美元的依赖，推动区域性本币金融市场的发展，提高区域金融一体化的程度。而后者将进一步强化区域金融合作的需求，推动区域金融合作向更高层次发展。

第四，探讨区域汇率合作的可能性。关于亚洲区域货币安排，现阶段在亚洲国家之间，并没有形成共识。早在 2005 年就有威廉姆森教授就提出了亚洲国家应该采取共同钉住汇率制度，或成为 BBC 制度，按平均权重钉住包括美元、欧元和日元在内的一篮子货币（Williamson，2005）。但是这一方案忽略了亚洲本国货币的作用，并非真正意义上的区域性汇率机制。另外一项颇具影响的汇率合作方案是日本的经济学家提出的 G-3 货币篮子建议（Ogawa and Ito，2002）。与威廉姆森方案不同的是，这一建议要求亚洲货币以不同权重钉住美元、欧元和日元。但是同样由忽视亚洲本地货币的作用，这一提案没有得到其他国家的认同。最具有建设性的动议是 2005 年由亚洲开发银行提出的亚洲货币单位（ACU），以及类似的由日本教授小川英治等人提出的亚洲货币单位（AMU）（Ogawa and Shimizu，2005）。这一动议效仿了欧洲的欧洲货币单位（ECU），将亚洲版本的货币单位作为监控各国汇率稳定性的指数。由于存在技术困难，特别是以什么标准制定篮子中每种货币的权重，在参加国之间达不成共识。亚洲开发银行将原定 2006 年 5 月启动 ACU 的计划无限期推迟。较为可行的选择是将亚洲汇率合作设定为一个开放性的目标。这一开放性的目标，是结合本币在本地区贸易结算和金融交易推广的程度，重新估计汇率变动带来的风险，以稳定区域内货币币值为核心，进行必要的汇率协调行动。这种汇率政策的协调，可以纳入 CMIM 框架下进行。这一合作之所以是开放的，是各方不必要设定共同的汇率制度安排，各国在汇率制度选择上有完全的自主性。在中长期，亚洲汇率合作选择存在多重性。选择之一是建立周小川提议的一个超主权储备货币。这是一项长期目标，是国际货币制度设计的理想状态。选择之二是发展区域货币，形成对美元国际货币地位的竞争。尽管欧元区问题重重，欧元作为国际货币的地位却有所增加，成为国际货币体系中一个平衡因素。欧元的发展为亚洲提供了参考。如果亚洲国家能够建立区域单一货币，将大大改变国际货币体系的格局。选择之三是人民币成为区域主导货币。作为世界第三大经济区的亚洲却缺少自己的主导货币。随着人民币国际化战略的不断推进，同时中国在亚洲区域贸易、投资和金融一体化的程度不断加深，人民币成为区域的主导货币不是不可能的。

（二）与其他金融稳定机制的合作

全球金融危机爆发以来，国际货币基金组织和世界银行等国际金融机构不断寻求改革。同时，新的金融机构，如亚洲基础设施投资银行（AIIB）和金砖国家开发银行（BRICS-NDB）也相继建立。这一变化要求亚洲区域与时俱进，一方面，加强与其他机构和机制之间的合作，保证亚洲区域的合作机制建设与全球多边机制并行和互补；另一方面，对现有的合作机制进行改革。

首先，在全球金融安全网（GFSN）建设中，CMIM 成为国际货币基金组织的重要补充。同时 CMIM 也与国际货币基金组织密切合作，与国际货币基金组织进行定期的联合救助测试，以确保救助行动的统一和协调。此外，CMIM 与其他一些区域金融合作机制展开合作，比如与欧洲稳定机制（ESM）和拉美储备基金（FLAR）进行高级别联合研究，促进跨区域合作，联手构建全球多层级的金融安全网。清迈倡议多边化机制如同亚洲金融防火墙，是全球金融安全网建设的重要环节。20 国集团针对全球金融安全网建设已有共识。一个有效的全球金融安全网包括国家、区域和国际多层次危机应对机制。清迈倡议多边化机制应该是连接国家应对政策和全球多边机制之间的桥梁。

其次，AMRO 是本区域重要的经济监控实体，其机构能力的建设是确保区域经济监控有效性和适用性的重要环节。当危机真正来临，亚洲国家能否通过 CMIM 采取行动，提供及时和有效的救助，在相当程度上取决于 AMRO 职能的强弱，取决于其定期评估成员方的经济和金融的健康程度的准确性。未来 AMRO 与 CMIM 之间的合作将进一步加强，与 CMIM 在治理结构上进一步整合，为提升亚洲金融合作机制准备条件。此外，AMRO 与亚洲开发银行也在加强合作，以推动区域机构之间协调，顺应区域一体化发展。

再次，CMIM 在贷款工具、资金来源、贷款条件性以及本币使用等领域都有改善的空间。在贷款工具方面，CMIM 不仅包括应急救助设施，还包括预防性救助设施，这强化了 CMIM 对危机的预防功能。在资金来源方面，CMIM 的资金来源全部为外汇储备。CMIM 可以借鉴欧元区的欧洲稳定机制（ESM）的经验，除了 CMIM 成员方政府之间承诺出资设立的储备库之外，适时引入私人金融机构参与，在金融市场上进行融资，这将极大扩充危机的救助能力，也有助于区域金融市场发展。在贷款条件性方面，CMIM 启动资金的绝大部分比例与国际货币基金组织贷款条件性挂钩，这一挂钩有助于降低受援国救助行动中出现道德风险，但同时也降低了成员方使用 CMIM 资金的积极性。为了提高 CMIM 的适用性，成员方对《清迈倡议多边机制协议》（CMIM Agreement）进行评估。2021 年 3 月，修订的《CMIM 协议》正式生效，新协议的一项重要内容是将 CMIM 贷款与国际货币基金组织的挂钩比例从之前的 70% 降至 60%。减低 CMIM 对国际货币基金组织的挂钩比重为最终设立符合本区域特点的贷款条件性奠定基础。

最后，CMIM 下储备基金库资金主要采用的是美元。随着亚洲国家的储备货币多元化，其他币种在储备结构中的比重将有所增加，这将为 CMIM 资金的币种多元化提供基础，尤其为提高对本地区货币的使用准备了条件。2019 年 5 月，第 22 届东盟国家、中国、日本和韩国财长和央行行长会议发表公告，明确 CMIM 未来发展方向，支持《CMIM 本币出资总体指引》，为将本币纳入 CMIM 互换准备条件。2021 年 3 月，CMIM 修正协议正式生效。根据新协议，成员方发行的本币正式成为除了美元之外的融资货币。上述措施不仅推动了本币在亚洲区域贸易、投资和金融交易中的需求，也将促进区域性金融市场的发展，提高金融一体化的程度。而后者将进一步强化区域金融合作的需求，推动区域金融合作向更高层次发展。

### 三、小结

亚洲的金融稳定是区域金融合作的根本目标。实现这一目标需要有三个要素的支持：区域金融合作机构、区域金融市场和区域汇率协调。如何培育这三个要素，需要制定一个可操作性和前瞻性相互结合的路径方案。比如在短期内，亚洲国家在 CMIM 框架下强化 AMRO 的机构建设，在可行的范围内展开区域金融基础设施建设区内贸易和金融交易使用本币；在中期，亚洲国家需积极探讨建立区域货币基金的可能性；在长期，亚洲国家需要探讨区域汇率合作的可行性，将区域联动汇率机制建设设定为一个开放性的目标，同时以动态方式补充其他的可选方案。

在亚洲金融合作的各种路径选择中，中国的战略选择起到决定性作用。如果建立区域货币联盟，人民币将协同其他亚洲货币成为单一货币的合成部分，这意味着建立亚洲版的欧元，从而在亚洲实现区域金融合作的最高目标；如果人民币最终成为与美元、欧元并驾齐驱的国际货币，亚洲金融合作将以更为开放的形态出现，届时人民币将成为事实上的区域储备货币、锚货币，以及贸易和投资交易中的结算和计价货币。1997～1998 年亚洲金融危机的爆发迫使中国和亚洲其他经济体开始以一种非常积极的方式推进亚洲区域金融合作。对于中国来说，亚洲金融危机只是外部因素，中国从 1978 年以来经济改革与开放是中国积极参与亚洲区域金融合作的内在驱动力（高海红，2009）。中国在亚洲的影响力最终取决于中国经济发展的潜力。随着中国经济规模的不断增加，中国将向其他亚洲经济体提供一个巨大的国内市场。中国正逐步开放资本项目，同时金融国内金融市场化改革深入推进，中国跨境资本流动在亚洲区域将不断增加，人民币在亚洲区域的使用持续扩大，这些将使中国的经济走势和国内宏观经济政策具有不断增加的溢出效应。这意味着，中国在成为全球系统性重要国家的同时，在亚洲也将在区域金融稳定中扮演越来越重要的角色。

## 第三节　亚洲最优货币区的潜力

20 世纪 90 年代亚洲货币危机爆发，使亚洲各国开始积极寻求货币合作。日本首先提出了"亚洲货币基金构想"，计划在亚洲地区建立广泛的多边货币互换协议以防御货币危机，并主张将这种地区性的货币互换网在未来发展为亚洲货币。时任马来西亚总理的马哈蒂尔也提出了建立"东亚货币基金"的倡议。2000 年 5 月由东盟 10 国与中国、日本和韩国签署了"清迈动议"，决定逐步扩大有东盟 10 国组成的双边互换协议参加国的范围。然而在当时一系列互换协议只是货币合作的一种初级形式，能否发展为货币联盟，甚至形成亚洲货币，取决于多种经济的和政治的考虑。基于上述实践和政策需要，理论上需要回答的问题是，亚洲国家是否具有形成最优货币区的潜力？[①]

蒙代尔（Mundell，1961）的早期研究创立了最优货币区的基本理论框架。他对决定汇率稳定性的经济变量分析奠定了最优货币区的理论基础。随后，麦金农（McKinnon，1963）和凯南（Kenen，1969）都采用 Mundell 提供的分析框架。多年来，由于宏观经济理论的发展，最优货币区理论也随之不断修正和扩展，研究的问题主要围绕两个方面：如德格劳威（De Grauwe，1997）和杜帕斯基耶和雅各布（Dupasquier and Jacob，1997）分析货币联盟的成本收益分析；伊石亚马（Ishiyama，1975）和塔夫拉斯（Tavlas，1993）等分析参加货币联盟国家需要有哪些经济特征。20 世纪 90 年代以后学术界开始研究最优货币区的内生性问题，如弗兰克尔和罗斯（Frankel and Rose，1996）、艾肯格林（Eichengreen，1992）、克鲁格曼（Krugman，1993）、彭－奥兹坎、索伦森和余（Kalemli－Ozcan，Sørensen and Yosha，2003）等都具有代表

---

① 针对最优货币的早期研究可参见：高海红：《最优货币区：对东亚国家的检验》，载《世界经济》2007 年第 7 期。

性。在经验研究方面，现有的货币联盟，如欧元区、东加勒比货币区、中非经济货币共同体和西非经济货币共同体等的存在，为这一课题研究提供了丰富的数据来源。在经验研究方面，早期的经验研究文献主要集中在通过对长期汇率变动性和最优货币区各项理论指标的回归分析，检验各项指标的显著性，从而检验理论的适用性。随后，恩德斯和赫恩（Enders and Hurn，1994）、奇龙戈（Tjirongo，1995）、伯格曼（Bergman，1999）、德格劳威和万哈弗贝克（De Grauwe and Vanhaverbeke，1993）、霍瓦特和格拉博夫斯基（Horvarth and Grabowski，1997）、詹金斯和托马斯（Jenkins and Thomas，1997）等的经验研究集中在对一个国家加入货币联盟成本收益的比较测量和加入货币联盟的标准的检验。

在亚洲地区货币区的经验检验方面，梁（Liang，1999）对中国香港地区和中国内陆货币汇率关系的研究。这一研究运用一般购买力平价模型（G－PPP）检验中国香港地区与内陆是否存在最优货币区。尽管其研究的结论是否定的，但在方法论上对亚洲最优货币区的研究提供学术参考。此外，艾肯格林和巴约米（Eichengreen and Bayoumi，1996）利用 VAR 模型检验亚洲经济在冲击过后产出和价格调整的灵活性，从加入最优货币区的标准考察亚洲构成最优货币区的潜力地。坤（Kwan，2001）对政策目标的相似性进行研究，结果发现，从政策目标一致性上判断，亚洲经济基本和欧盟国家在相同的水平上。

本章节采用恩德斯和赫恩（Enders and Hurn，1994）的一般购买力平价（G－PPP）模型对东盟 10 国和中国、日本、韩国的货币合作程度进行经验研究。对东盟国家、中国、日本和韩国的货币合作一体化程度进行经验研究，以此考察在亚洲区域或者次区域是否存在形成最后货币区的潜力。检验结果表明，除了一组实际汇率关系不存在 G－PPP，其他 5 组关系之间的 G－PPP 都成立。相对乐观的结论在一定程度上可以推演出这样的判断，即在这一地区存在的非制度性货币合作形式低估了这一地区实际存在联系的紧密程度。本章节的结论是对其他一些对亚洲地区次区域的最优货币区的经验研究结论的补充。

## 一、一般购买力评价理论模型

购买力平价（PPP）理论认为，以同一货币标值的实际汇率在任何时候都应该等于 1。然而，对这一命题的经验研究却有很大的分歧。大量文献发现，实际汇率的中值收敛速度相当缓慢。因此，许多研究开始对价格和实际汇率之间关系进行重新解释。其中，恩德斯和赫恩（Enders and Hurn，1994）的一般购买力评价理论通过解释观测到的实际汇率具有非平稳性（non-stationarity）特征，说明为什么 PPP 无法解释价格和实际汇率之间的关系。他们的主要发现是，由于决定实际汇率的宏观经济变量存在非平稳性，使得双边实际汇率具有非平稳性。这一发现的重要意义是将对宏观经济变量、实际汇率和 PPP 关系有机地结合起来，从而形成 G - PPP 的概念。

G - PPP 模型的基础理论模型是由艾德华兹（Edwards，1994）提出的。他的理论模型将实际汇率与一组外生的基本经济变量联系起来，用这组经济变量解释实际汇率行为。具体来看，假设存在 n + 1 个国家，对于每一个国家 i，它的实际汇率（基础国家为 1）与基本经济变量之间的关系可以定义为：

$$q = x_{i,t}\beta_i + \varepsilon_{i,t} \quad i = 1, \cdots, n \qquad (4-1)$$

其中 $x_{i,t}$ 为基本经济变量的向量，$\beta_i$ 为系数向量，$\varepsilon_{i,t}$ 为具有平稳性的误差项。在 n + 1 个国家之间存在着 n 个独立的实际汇率。$x_{i,t}$ 代表包括如生产力冲击和实际利率等一组宏观经济变量。如果全部的经济变量是平稳的，实际汇率也将是平稳的，这时 PPP 成立。如果 $x_{i,t}$ 中有一个数据生成过程是非平稳的（$\beta_i$ 不等于 1），PPP 便不成立。

G - PPP 模型考察 n 个 $x_{i,t}$ 之间的相互关系，假设，$x_{i,t}$ 的每一个向量都包含同样的 m 个基本经济变量，并将 n 个独立的实际汇率 $q_{1i,t}$ 同时考虑，得出下面的关系式：

$$
\begin{vmatrix} q_{11,t} \\ q_{12,t} \\ \vdots \\ q_{1n,t} \end{vmatrix} = \begin{vmatrix} \beta_{11} & \beta_{12} & \cdots & \beta_{1m} \\ \beta_{21} & \beta_{22} & \cdots & \beta_{2m} \\ \vdots & \vdots & \cdots & \vdots \\ \beta_{n1} & \beta_{n2} & \cdots & \beta_{nm} \end{vmatrix} \begin{vmatrix} x_{1,t} \\ x_{2,t} \\ \vdots \\ x_{m,t} \end{vmatrix} + \begin{vmatrix} \varepsilon_{1,t} \\ \varepsilon_{2,t} \\ \vdots \\ \beta_{n,t} \end{vmatrix} \qquad (4-2)
$$

尽管在矩阵 $x_{i,t}$ 的每一个因素可能是非平稳的，但系数 β 矩阵的秩能说明货币区宏观经济变量行为。如果系数 β 矩阵的秩为零，表明系数 β 矩阵中的每一个因素都是零，这样，在货币区内的每一组实际汇率之间都存在 PPP 关系；如果系数 β 矩阵的秩为整秩，表明所考察的货币区内的所有 n + 1 个国家之间不存在任何 PPP 关系；如果系数 β 矩阵的秩为单位 1，表明 n + 1 个国家的实际汇率具有共同的趋势（Liang, 1999）。在恩德斯和赫恩（Enders and Hurn, 1994）看来，只要系数 β 矩阵的秩小于或等于 n - 1，就存在一组实际汇率的线性组合具有平稳性。当一组国家之间的实际汇率具有协整关系，就表明这些国家之间的宏观经济变量具有充分的相关性，这时，G - PPP 成立，这组国家满足形成一个现在最优货币区的必要条件。

总之，G - PPP 被赋予最优货币区的含义，主要是因为，在只考虑两个国家的情形下，如果这两个国家具备最优货币区的潜质，他们一定具有宏观经济变量对称性冲击的特征，他们的基本经济变量从平均水平上看具有互动的特征。因此，在 G - PPP 看来，如果两个国家构成最优货币区，这两个国家的实际汇率之间存在协整关系（Enders, 1995），或者说两个国家实际汇率存在平稳性关系。在考虑多个国家的情形下，如果这些国家的经济变量之间存在着足够相关性，这些国家基本经济变量的变动会带动实际汇率的变动具有共同的随机趋势（stochastic trends），那么这些国家的实际汇率就应该具有共同的变动趋势。这样，对一个潜在的最优货币区的分析，期望在选择的这组国家的实际汇率之间，至少存在一组实际汇率的线性组合具有平稳性，换言之，至少一组实际汇率具有协整关系。

根据 G‑PPP，假设有 n 个国家组成一个潜在的最优货币区，那么在这 n 个国家之间的 n‑1 组双边汇率之间存在这样的长期均衡关系（对数公式）：

$$q_{12,t} = \alpha_{13}q_{13,t} + \alpha_{14}q_{14,t} + \cdots + \alpha_{1n}q_{1n,t} + \varepsilon_t \qquad (4-3)$$

其中，$\alpha_{1t}$ 为协整矩阵向量，组成 β 矩阵，代表这些经济体之间的经济联系，如贸易联系、技术转移、移民和金融资本流动等。$q_{1i,t}$ 为国家 i 对国家 1（基准国）在 t 期的双边实际汇率，$\varepsilon_t$ 为平稳的随即扰动项。这里 i=1, 2, …, n‑1，即共有 n‑1 组实际汇率。当所有的 $\alpha_{1t}=0$ 时，上述公式就变成熟悉的 PPP 关系。

总结来看，G‑PPP 模型认为，如果决定一组国家货币实际汇率的基本面因素的一体化程度足够高的话，这组货币的长期实际汇率之间便存在 G‑PPP 关系，那么这组货币便构成最优货币区。将美国加入样本国家的目的，一是在可观测的现实中美国与东盟和中日韩之间紧密的经济关系，以及美元在这一地区的载体作用；二是对两种情形下的检验有所发现：有美国参与和没有美国的参与。在计量方法上，本章节运用 Johenson 的多变量协整分析方法，样本期间将采用 1994~2003 年的月度数据，分别对 6 组实际汇率的关系进行检验。

## 二、东盟 10 国、中国、日本和韩国的历史数据检验

G‑PPP 模型基本逻辑假设国家之间宏观基本指标具有足够高的一体化程度，则这些国家之间的实际汇率存在多变量协整关系；如果这些国家之间的实际汇率不存在多变量协整，则这些国家宏观基本面因素的一体化程度不足以高到使这些国家形成最优货币区。因此，运用 G‑PPP 模型时不考虑具体哪些宏观经济基本面因素在决定最优货币区时是显著的还是非显著的。

（一）方法论

本章节运用约翰逊（Johansen，1995）协整方法对 G‑PPP 模型中实际

汇率之间长期平稳关系进行检验。约翰逊以最大似然法为基础。最大似然法理论对潜在求整的随机变量系统的基本假设是，随机变量求整于一阶，I（1），或者数据生成过程是一个具有有限的阶数 p 的高斯向量自回归模型，或 VAR（p）。如果 $X_t$ 代表有 n 个内生变量、有 p 个滞后期、和为 I（1）的纵向量，$X_t$ 的 VAR 模型为：

$$X_t = A_1x_{t-1} + A_2x_{t-2} + \cdots + A_px_{t-p} + \varepsilon_t \qquad (4-4)$$

其中 $X_t$ 为（n×1）向量矩阵（$X_{1t}$, $X_{2t}$, …, $X_{nt}$），每个 A 都是（n×n）矩阵，误差向量 $\varepsilon_t$ 为（n×1）、中项向量为零，而且为跨时独立多重正态分布。根据约翰逊（Johansen，1995），VAR（p）模型可以用向量误差修正模型（vector error-correction model，VECM）来表示：

$$\Delta X_{i,t} = \alpha_0 + \alpha_1 t + \sum_{j=1}^{p-1} \pi_j \Delta X_{i,t-j} + \pi X_{i,t-1} + \varepsilon_t \qquad (4-5)$$

上述公式同时包含了 $X_t$ 的短期和长期调整因素。其中，$\pi$ 和 $\pi_j$ 为（n×n）系数矩阵。$\alpha_0$ 和 $\alpha_1$ 分别为（n×1）常数系数向量和趋势系数向量。对 VECM 公式的检验，其核心部分是确定 $\pi$ 的秩 r 和特征根，这里的 $\pi$ 为长期撞击矩阵（impact matrix），这一矩阵如下表示：

$$\pi = \alpha\beta' \qquad (4-6)$$

其中，$\alpha$ 和 $\beta$ 分别是整秩的（n×r）矩阵（matrices of full rank：有 n = r 个线性独立纵组合），r 为矩阵的秩（协整向量个数，或平稳线性组合的个数）；$\beta$ 代表协整参量（cointegrating parameters）矩阵；$\alpha$ 代表每一个协整参量在 VAR 模型 n 个方程中的权数矩阵，也可以将 $\alpha$ 理解为参量调整速度矩阵[1]。

一旦确定了 $\alpha$ 和 $\beta$，就可以直接检验各种对 $\alpha$ 的 $\beta$ 限制，因为只存在 r

---

[1] 由于公式交叉的限制，运用最小二乘法（OLS）估计 $\alpha$ 和 $\beta$ 是不可能的。然而，运用最大似然法：（1）可以估计上述 VECM；（2）可以决定 $\pi$ 的秩 r；（3）运用 r 个最显著协整向量构造 $\beta$；（4）选择 $\alpha$，使得 $\pi = \alpha\beta$。

个协整向量，只有这 r 个变量的线性组合是平稳的。本书检验实际上对协整项量个数的纳假设的检验。对特征根数量的检验通过如下两个统计进行：

$$\lambda_{trace}(r) = -T\sum_{i=r+1}^{n}\ln(1-\hat{\lambda}_i)\lambda_{max}(r,r+1) = -T\ln(1-\hat{\lambda}_{r+1}) \quad (4-7)$$

其中，$\hat{\lambda}_I$ 为从 π 矩阵得出的特征根估计值。T 为观察值的数量。统计式（4-7）检验的纳假设是：协整向量的数量小于或等于 r（对应于假设：协整向量的数量大于 r）。约翰森和尤塞利乌斯（Johansen and Juselius，1990）提供了统计临界值。

根据上述方法，本章节对东盟十国、中国、日本和韩国的 G - PPP 进行检验，目的是检验这些国家的实际汇率之间是否存在协整关系，通过计算 $\lambda_{trace}$ 和 $\lambda_{max}$ 值，比较相应的统计临界值，看是否拒绝相应的纳假设，从而判定东盟国家、中国日本和韩国国家之间是否存在潜在的最优货币区。

本章节所采用的数据是 1994～2003 年的月度数据[1]。样本包括 12 个国家：日本（JP）、缅甸（MY）、柬埔寨（CA）、印度尼西亚（IN）、韩国（KO）、老挝（LA）、马来西亚（MA）、菲律宾（PH）、新加坡（SI）、泰国（TH）、越南（VI）和中国（CH）[2]。本章节分别将美国（US）和日本作为基准国，这是因为：（1）将美元作为基准货币主要是由于美国在这一地区的特殊作用，一方面，美国与东盟 10 国、中日韩之间有紧密的贸易和投资关系。同时，美元实际上是亚洲地区的主要载体货币（vehicle currency）[3]；另一方面，本研究试图对两种情形下的检验有所发现：有美国参与和没有美国的参与情况下的亚洲地区形成最优货币区的潜质。（2）将日元作为基准货币是因为日元是亚洲地区目前唯一的完全可兑换的货币。同时日本是亚洲地区主要的贸易投资国，日元又是具有区域货币潜质的主要

---

① 资料来源：IFS 和 Datastream 网站。

② 由于数据可获性问题忽略了东盟成员方文莱。这一忽略不会影响检验结果。

③ 载体货币（Vehicle Currency）是货币交易的中介，计值单位、储备货币和支付工具，是金融市场上货币的货币（Krugman，1980）。

货币之一。

实际汇率是以 CPI 指数为基础，运用传统的购买力平价公式计算得出，运用 CPI 指数计算出的实际汇率更符合原始购买力评价观念。全部变量均转换为对数。本章节选择 4 作为 VECM 中一阶差分变量的最优滞后期长度①。

(二) 单位根和多重变量协整检验

单位根检验是 Johansen 检验的第一步。通过对单个实际汇率系列平稳性进行单位根检验。本章节采用 ADF（Augmented Dickey Fuller）检验：

$$\Delta x = \alpha + \mu t + \beta x_{t-1} \sum_{i=1}^{n} \gamma_i \Delta x_{t-1} + \varepsilon_t \qquad (4-8)$$

其中，$x_t$ 为实际汇率系列，$\alpha$ 为常数项，$ut$ 为趋势项，$\varepsilon$ 为白噪音。ADF 检验值以 $t$ 统计表示。纳假设为：$H_0: \beta = 0$ 或 $\beta + 1 = 1$，或 $H_0$: 存在单位根。这一假设意味着 $x_t$ 为 $I(0)$，即实际汇率系列 $x_t$. 是非平稳的。当 $\beta$ 值显著为零，或 $t-ADF$ 的绝对值小于 $t-ADF$ 临界值，接受纳假设，实际汇率时间系列 $x_t$ 具有非平稳性；当 $\beta$ 值显著不为零，或 $t-ADF$ 的绝对值大于 $t-ADF$ 临界值，拒绝纳假设，实际汇率时间系列具有平稳性。

从表 4-5 中可以看到，全部实际汇率系列的 ADF 检验都无法拒绝单位根假设，换言之，每一个实际汇率系列在样本期都是非平稳的。同时，全部的 ADF 值的 $t$ 统计的绝对值都小于 ADF 的临界值的绝对值；全部的滞后项系数 $\beta$ 都是非常接近零，$\beta + 1$ 接近 1。这正是所希望的结果。这一结果表明，无论以美国为基准国，还是以日本为基准国，在东盟 10 国、中国、日本和韩国之间，各组双边实际汇率的观测值都具有非平稳性特征，这种非平

---

① 对最优滞后期的选择可以通过多种通经：用 Schwarz Bayesian Criteria（SBC）、Akaike Information Criteria（AIC），或 LM 方法检验残差项系列相关性。在这里采用的是月度数据，根据直觉可以选择选择最优滞后期长度为 12，但这一长度受到特定的样本期和给定了样本数量和变量数量的限制。观察值数量所允许的最大滞后期长度为 5。同时用 AIC 判断最优滞后期长度，发现 AR（4）：AIC. T = -435.45207；AR（5）：AIC. T = -433.497222。显然 AIC 越小，增加滞后长度所带来的自由度损失越小。因此决定采用滞后期长度为 4 作为最优滞后期长度。

稳性，可能是由于两国之间宏观经济变量的非平稳性决定的，这又进一步说明传统的 PPP 无法解释两个国家之间价格和实际汇率之间的关系。但是，双边实际汇率不存在协整关系并不等于在多个国家之间的实际汇率不存在协整关系。在这种情况下，在东盟 10 国、中国、日本和韩国之间组成多国样本组，检验他们的实际汇率是否存在协整关系，运用 G – PPP 模型就非常有效了。由于 G – PPP 模型将实际汇率与一组外生的基本经济变量联系起来，如果这组经济变量存在相关性，通过多重变量协整检验，发现这些国家的实际汇率至少存在一组协整关系。

表 4 – 5　实际汇率时间系列特征（单位根检验，样本：1994. 6 ~ 2003. 1）

| 临界值（t – ADF – CV）：5% = – 2. 889；1% = – 3. 494 | | | | |
|---|---|---|---|---|
| | 美国为基准国家 | | 日本为基准国家 | |
| 实际汇率 | t – ADF | + 1 | t – ADF | + 1 |
| JP | – 1. 1663 | 0. 97819 | | |
| MY | – 0. 13426 | 0. 99924 | – 0. 026846 | 0. 99986 |
| CA | – 0. 69995 | 0. 98752 | – 2. 189600 | 0. 91812 |
| IN | – 1. 59950 | 0. 95570 | – 1. 799400 | 0. 93280 |
| KR | – 1. 47670 | 0. 97046 | – 2. 192000 | 0. 91429 |
| LA | – 1. 41960 | 0. 96389 | – 2. 281800 | 0. 89569 |
| MA | – 1. 14540 | 0. 98141 | – 1. 939300 | 0. 94089 |
| PH | – 0. 69449 | 0. 98985 | – 1. 882900 | 0. 94289 |
| SI | – 0. 15712 | 0. 99813 | – 1. 773800 | 0. 95148 |
| TH | – 1. 10440 | 0. 98012 | – 2. 267800 | 0. 92474 |
| VI | 0. 49732 | 1. 00660 | – 1. 878800 | 0. 94605 |
| CH | 0. 59777 | 1. 01340 | – 2. 521300 | 0. 89181 |

　　运用 Johansen 的最大似然法对多重协整向量进行检验，要求计算 $\lambda_{max}$ 和 $\lambda_{trace}$ 值，比较相应的统计临界值，看是否拒绝相应的纳假设。同时，在协整

检验存在多重秩结果的情况下，要进行秩的识别，通过进行限制性协整检验，对 α 和 β 分别进行限制，看限制性检验对哪个协整向量的秩能够做出识别，从而确定协整向量的唯一性。本章节对六组关系进行检验：东盟10国、中国、日本和韩国之间实际汇率关系（美国为基准国）；东盟10国、中国、日本和韩国之间实际汇率关系（日本为基准国）；中国、日本和韩国之间的实际汇率的关系（美国为基准国）；中国、日本和韩国之间的实际汇率的关系（日本为基准国）；东盟10国、日本和韩国实际汇率关系（美国为基准国）；东盟10国、日本和韩国实际汇率的关系（日本为基准国）。检验结果和主要发现如表4-6所示。

表4-6　　东盟10国、中国、日本和韩国（美国为基准国）之间
实际汇率多重协整检验结果（1994.5～2003.1）

| $\lambda_{max}$ | | | $\lambda_{trace}$ | | |
|---|---|---|---|---|---|
| $H_0: r = p$（秩） | $H_1: r = p + 1$ | $\lambda_{max}$值 | $H_0: r \leq p$ | $H_1: r > p$ | $\lambda_{trace}$值 |
| r = 0 | r = 1 | 149.00 | r = 0 | r > 0 | 799.90 |
| r = 1 | r = 2 | 130.60 ** | r ≤ 1 | r > 1 | 651.00 ** |
| r = 2 | r = 3 | 98.84 ** | r ≤ 2 | r > 2 | 520.40 ** |
| r = 3 | r = 4 | 92.04 ** | r ≤ 3 | r > 3 | 421.50 ** |
| r = 4 | r = 5 | 81.13 ** | r ≤ 4 | r > 4 | 329.50 ** |
| r = 5 | r = 6 | 58.54 ** | r ≤ 5 | r > 5 | 248.30 ** |
| r = 6 | r = 7 | 52.86 ** | r ≤ 6 | r > 6 | 189.80 ** |
| r = 7 | r = 8 | 43.57 * | r ≤ 7 | r > 7 | 136.90 ** |
| r = 8 | r = 9 | 34.20 * | r ≤ 8 | r > 8 | 93.37 ** |
| r = 9 | r = 10 | 22.61 | r ≤ 9 | r > 9 | 59.18 ** |

注：**指99%的置信水平上拒绝纳假设；*指95%的置信水平上拒绝纳假设。

在五组实际汇率中，平稳性关系最显著的是以美国为基准国情况下的东盟 10 国、中国、日本和韩国之间的实际汇率。从表 4 - 6 可以看出，存在多个 $\lambda_{max}$ 和 $\lambda_{trace}$ 拒绝无协整关系的纳假设，而且与临界值相比，大部分的 $\lambda_{max}$ 和 $\lambda_{trace}$ 都在 99% 的置信水平上拒绝纳假设。这在一定程度上表明检验所判定的平稳关系具有较强的显著性。通过对 $\alpha$ 和 $\beta$ 进行限制发现只有当 $\rho = 1$ 被识别。这表明，东盟 10 国、中国、日本和韩国的实际汇率之间实际上存在一组，而非多组协整关系。即便如此，这样结论也足够支持这样一种判断：如果将美国考虑在内，东盟 10 国、中国、日本和韩国之间存在 G - PPP 关系，即存在形成最优货币区的潜力。这一点似乎在直觉上不难理解，因为东盟 10 国、中国、日本和韩国作为一个整体与美国在贸易、投资、金融市场等基本经济变量存在一定程度相关性，尽管这种相关性在这些国家之间分布并不均匀。

在排除美国的情况下，东盟 10 国、中国、日本和韩国之间（日本为基准国）同样存在长期平稳关系。在以日本为基准国的情况下，对东盟 10 国、中国、日本和韩国的检验结果（见表 4 - 7）同样存在多个可能的协整关系，进一步的限制性协整检验可以识别 $r = 1$。这一发现有两个含义。一是，目前的"东盟 + 3"框架中成员方之间的经济联系程度已经具备实现更高层次货币合作的可能性；二是，就货币合作而言，在亚洲地区存在理论经验结果与现实安排之间存在的巨大反差，因为仅存的"东盟 + 3"框架，在制度安排上仅仅是由财长和中央银行行长峰会、非制度性的政策对话和经济监控机制，以及"清迈倡议"下多个双边货币互换机制（BSAs）构成的危机救助机制，而不存在实质性的汇率合作。

**表 4 – 7　　　　　东盟、中国、日本（基准国）和韩国之间实际**

**汇率多重协整检验结果（1994. 5 ~ 2003. 1）**

| $\lambda_{max}$ | | | $\lambda_{trace}$ | | |
|---|---|---|---|---|---|
| $H_0: r = p$（秩） | $H_1: r = p + 1$ | $\lambda_{max}$值 | $H_0: r \leqslant p$ | $H_1: r > p$ | $\lambda_{trace}$值 |
| r = 0 | r = 1 | 99. 09 | r = 0 | r > 0 | 559. 20 |
| r = 1 | r = 2 | 85. 06 ** | r ≤ 1 | r > 1 | 460. 10 ** |
| r = 2 | r = 3 | 83. 16 ** | r ≤ 2 | r > 2 | 375. 00 ** |
| r = 3 | r = 4 | 65. 71 ** | r ≤ 3 | r > 3 | 291. 90 ** |
| r = 4 | r = 5 | 56. 40 * | r ≤ 4 | r > 4 | 226. 10 ** |
| r = 5 | r = 6 | 44. 47 | r ≤ 5 | r > 5 | 169. 70 ** |

注：** 指 99% 的置信水平拒绝纳假设；* 指 95% 的置信水平上拒绝纳假设。

在六组国家中，唯一不存实际汇率的协整关系的是以美国为基准国情况下的中国、日本和韩国。表 4 – 8 给出了中国、日本和韩国（美国为基准国）之间的实际汇率的关系检验结果。从表中可以看到，不存在任何一组实际汇率有协整关系。使全部的 $\lambda_{max}$ 和 $\lambda_{trace}$ 的计算值都小于 95% 置信水平上的临界值，并完全接受不存在协整关系的纳假设。这表明，从统计学意义上讲，如果考虑美国在内，中国、日本和韩国之间便不存在最优货币区。

**表 4 – 8　　　　中国、日本和韩国（美国为基准国）之间实际汇率**

**多重协整检验结果（1994. 5 ~ 2003. 1）**

| $\lambda_{max}$ | | | | $\lambda_{trace}$ | | | |
|---|---|---|---|---|---|---|---|
| $H_0: r = p$（秩） | $H_1: r = p + 1$ | $\lambda_{max}$值 | 95% 的置信水平 | $H_0: r \leqslant p$ | $H_1: r > p$ | $\lambda_{trace}$值 | 95% 的置信水平 |
| r = 0 | r = 1 | 12. 61 | 21. 0 | r = 0 | r > 0 | 20. 84 | 29. 7 |
| r = 1 | r = 2 | 7. 951 | 14. 1 | r ≤ 1 | r > 1 | 8. 231 | 15. 4 |
| r = 2 | r = 3 | 0. 2801 | 3. 8 | r ≤ 2 | r > 2 | 0. 2481 | 3. 8 |

通过对中国、日本和韩国的检验发现，如果将日本作为基准国，中国、日本和韩国之间存在最优货币区。检验结果如表 4 - 9 所示。从表中我们可以看到，当 $r = 1$ 时，$\lambda_{max}$ 和 $\lambda_{trace}$ 值都在 95% 的置信水平上拒绝纳假设，这表明有一组关系式存在协整关系。对 $\beta$ 和 $\alpha$ 的限制性检验确定协整向量的唯一性。

表 4 - 9　　　　中国、日本（基准国）和韩国之间实际汇率

多重协整检验结果（1994. 5 ~ 2003. 1）

| $\lambda_{max}$ | | | $\lambda_{trace}$ | | |
|---|---|---|---|---|---|
| $H_0 : r = p$（秩） | $H_1 : r = p + 1$ | $\lambda_{max}$ 值 | $H_0 : r \leqslant p$ | $H_1 : r > p$ | $\lambda_{trace}$ 值 |
| $r = 0$ | $r = 1$ | 10. 31 | $r = 0$ | $r > 0$ | 16. 08 * |
| $r = 1$ | $r = 2$ | 5. 768 * | $r \leqslant 1$ | $r > 1$ | 5. 768 * |

注：* 指 95% 的置信水平上拒绝纳假设。

在排除中国的两组检验中发现，不论以美国为基准国，还是以日本为基准国，对包括东盟 10 国、日本和韩国在内的次区域的检验结果都表明存在最优货币区。以美国为基准国的检验结果表明，存在多组关系式存在具有可能的协整关系，通过限制性检验发现 $r = 1$ 被识别（见表 4 - 10）。以日本为基准国的检验发现相似的结果如表 4 - 11 所示。换言之，即便中国不加入，东盟 10 国与日本和韩国之间仍有形成最优货币区的潜力。这一发现带来的困惑是如何估计中国在亚洲地区货币合作的作用。近年来中国不断加深与日本、韩国以及东盟的贸易和投资联系，但中国与这一地区的一体化程度似乎对本地区最优货币区条件的影响并不显著。

表 4 – 10　　　东盟 10 国、日本和韩国（美国为基准国）之间实际汇率

多重协整检验结果（1994.5 ~ 2003.1）

| $\lambda_{max}$ | | | $\lambda_{trace}$ | | |
|---|---|---|---|---|---|
| $H_0 : r = p$（秩） | $H_1 : r = p + 1$ | $\lambda_{max}$ 值 | $H_0 : r \leqslant p$ | $H_1 : r > p$ | $\lambda_{trace}$ 值 |
| r = 1 | r = 2 | 103.10 ** | r = 1 | r > 1 | 462.50 ** |
| r = 2 | r = 3 | 75.75 ** | r ⩽ 2 | r > 2 | 359.40 ** |
| r = 3 | r = 4 | 60.29 * | R ⩽ 3 | r > 3 | 283.70 ** |

注：** 指 99% 的置信水平上拒绝纳假设；* 指 95% 的置信水平上拒绝纳假设。

表 4 – 11　　　东盟 10 国、日本（基准国）和韩国之间实际汇率

多重协整检验结果（1994.5 ~ 2003.1）

| $\lambda_{max}$ | | | $\lambda_{trace}$ | | |
|---|---|---|---|---|---|
| $H_0 : r = p$（秩） | $H_1 : r = p + 1$ | $\lambda_{max}$ 值 | $H_0 : r \leqslant p$ | $H_1 : r > p$ | $\lambda_{trace}$ 值 |
| r = 0 | r = 1 | 93.99 ** | r = 0 | r > 0 | 429.70 ** |
| r = 1 | r = 2 | 78.76 ** | r ⩽ 1 | r > 1 | 335.70 ** |
| r = 2 | r = 3 | 56.58 | r ⩽ 2 | r > 2 | 256.90 ** |

注：** 指 99% 的置信水平拒绝纳假设。

## 三、小结

亚洲金融合作需要理论支持。本章节采用一般购买力平价（G – PPP）模型对东盟 10 国、中国、日本和韩国的货币合作程度进行经验研究。在计量方法上，本章节运用 Johansen 的多变量协整分析方法，样本期间采用 1994 ~ 2003 年的月度数据，分别对 6 组实际汇率的关系进行检验。检验结果表明，除了一组实际汇率关系不存在 G – PPP，其他 5 组关系之间的 G – PPP 都成立，这表明，样本国家基本具有形成最优货币区的潜力。这一结论的延伸判断是，目前在这一地区存在的非制度性货币合作形式在事实上低估

了这一地区实际存在经济联系的紧密程度。

在只考虑两个国家的情形下，如果这两个国家具备最优货币区的潜质，他们一定具有宏观经济变量对称性冲击的特征，他们的基本经济变量从平均水平看具有互动的特征。因此，在 G - PPP 看来，如果两个国家构成最优货币区，这两个国家实际汇率存在平稳性关系。在多个国家的情形下，如果这些国家的经济变量之间存在着足够相关性，这些国家基本经济变量的变动会带动实际汇率的变动具有共同的随机趋势，那么这些国家的实际汇率就应该具有共同的变动趋势。因此，如果东盟 10 国、中国、日本和韩国之间存在潜在的最优货币区，在这组国家的实际汇率之间至少存在一组实际汇率的线性组合具有长期平稳关系。采用 1994 ~ 2003 年的月度数据，分别对六组关系进行检验，检验的结果归纳如表 4 - 12 所示。

表 4 - 12　　　　　　　　　　协整检验结果总结

| 样本 | OCA |
| --- | --- |
| 东盟 10 国、中国、日本和韩国之间实际汇率关系（美国为基准国） | 存在 |
| 东盟 10 国、中国、日本和韩国之间实际汇率关系（日本为基准国） | 存在 |
| 中国、日本和韩国之间的实际汇率的关系（美国为基准国） | 不存在 |
| 中国、日本和韩国之间的实际汇率的关系（日本为基准国） | 存在 |
| 东盟 10 国、日本和韩国实际汇率关系（美国为基准国） | 存在 |
| 东盟 10 国、日本和韩国实际汇率的关系（日本为基准国） | 存在 |

在样本中，除了 1 组实际汇率关系不存在 G - PPP，其他 5 组关系之间的 G - PPP 都成立。这一发现相当乐观，从总体上，在亚洲地区存在最优货币区的潜力。东盟 10 + 3 本身具有形成最优货币区的潜力。这一结果表明，目前的东盟 10 + 3 框架中成员方之间的经济联系程度已经具备实现更高层次货币合作的可能性。这一结论是对近年来其他对亚洲地区不同次区域的最优

货币区的主要经验研究结论的一项补充（见表4-13）。

表4-13　　　　亚洲货币联盟候选名单：近年来选择的经验研究结果

| 研究者 | 次区域候选成员名单 |
|---|---|
| 巴约米和艾肯格林<br>（Bayoumi and Eichengreen，1994） | 中国香港地区、印度尼西亚、马来西亚、新加坡和泰国 |
| | 日本、韩国和中国台湾地区 |
| | 中国香港地区、印度尼西亚、马来西亚和新加坡 |
| 巴约米和毛罗<br>（Bayoumi and Mauro，1999） | 中国香港地区、新加坡、印度尼西亚和马来西亚 |
| 约恩（Yuen，2000） | 新加坡和马来西亚 |
| | 日本和韩国 |
| | 中国台湾地区和中国香港地区 |
| 特里维斯瓦特（Trivisvavet，2001） | 泰国、新加坡、马来西亚、印度尼西亚、菲律宾和韩国 |
| 白和宋（Baek and Song，2002） | 日本、韩国、中国香港地区、印度尼西亚、马来西亚和泰国 |
| 张等（Zhang et al.，2003） | 新加坡、马来西亚、印度尼西亚和泰国 |
| | 日本、韩国、中国台湾地区、中国香港地区 |
| 高海红（2007） | 中国、日本、韩国和东盟10国 |
| | 中国、日本和韩国 |
| | 东盟10国、日本和韩国 |

资料来源：覃东海根据相关研究总结所得。

本章节研究引发了这样的思考：一方面，理论和经验研究的发现是如此乐观，多项经验研究都发现了在亚洲地区存在多个次区域性的最优货币区；另一方面，现实却是另一幅图景，亚洲地区到目前为止还不存在真正意义上的货币合作制度性安排。现实中，在亚洲地区唯一的具有准机构性的金融合作机制——清迈倡议，无论在合作内容和形式还是在制度安排上都远远滞后于成员方之间已经存在的经济联系的紧密程度所提供的更高层次合作的可能性。从这个意义上讲，就货币合作而言，在成员方之间缺少政治意愿的情况下，即便经济上已经具备高层次货币合作的可能性，这种可能性也很可能在相当长的时间内仅仅是一种潜力。各种理论和经验的分析，也只不过是为货币一体化的实现提供一个理想化的菜单。因此，从相当程度上讲，与经济学家们的分析相比，要在实质上推动亚洲地区货币合作，政治家们的决心更为关键。

# 参 考 文 献

［1］高海红、余永定：《人民币国际化的含义与条件》，载《国际经济评论》2010年第1～2期，第46～64页。

［2］高海红：《IMF份额改革评析》，载《中国金融》2019年第6期。

［3］高海红：《布雷顿森林遗产与国际货币体系重建》，载《世界经济与政治》2015年第3～4期，第4～29页。

［4］高海红：《从东亚货币危机看汇率制度选择》，载《管理世界》1988年第6期。

［5］高海红：《从清迈倡议到亚洲货币基金》，载《国际经济评论》2004年第5～6期，第21～26页。

［6］高海红：《后危机时期亚洲货币合作》，载《国际经济评论》2011年第5～6期。

［7］高海红：《汇率与经济增长：对亚洲经济体的检验》，载《世界经济》2005年第10期，第3～17页。

［8］高海红：《全球流动性风险和对策》，载《国际经济评论》2012年第2～3期。

［9］高海红：《人民币成为国际货币的前景》，载《世界经济与政治》2010年第9期，第149～154页。

［10］高海红：《人民币成为区域货币的潜力》，载《国际经济评论》2011年第1～2期，第80～88页。

［11］高海红：《人民币国际化的新常态》，载《中国金融》2020 年第 3 期。

［12］高海红：《实际汇率与经济增长：运用边限检验方法检验巴拉萨——萨缪尔森假说》，载《世界经济》2003 年第 7 期，第 3 ~ 14 页。

［13］高海红：《透视国际货币基金组织份额改革》，载《清华金融研究》2016 年第 3 期，第 101 ~ 104 页。

［14］高海红：《亚洲区域金融合作：挑战和未来发展方向》，载《国际经济评论》2017 年第 3 期，第 78 ~ 90 页。

［15］高海红：《中国在亚洲区域金融合作中的作用》，载《国际经济评论》2009 年第 3 期，第 25 ~ 33 页。

［16］高海红：《资本项目自由化：模式、条件和泰国经验》，载《世界经济》1999 年第 11 期，第 3 ~ 11 页。

［17］高海红：《资本项目自由化：模式、条件和泰国经验》，载《世界经济》2005 年第 1 期。

［18］高海红：《最优货币区：对亚洲国家的检验》，载《世界经济》2007 年第 7 期，第 3 ~ 12 页。

［19］广西金融学会：《2020 年人民币东盟国家使用情况报告》，中国金融出版社 2020 年版。

［20］何东、马骏：《评对人民币国际化的几个误解》，载《中国经济观察》，2011 年第 7 期。

［21］胡祖六：《银行问题和亚洲金融危机》，清华大学中国经济研究中心学位论文，1998 年 4 月。

［22］黄海洲：《全球货币体系第三次寻锚》，载《国际经济评论》2016 年第 4 期。

［23］［美］罗伯特·特里芬著，陈尚霖、雷达译：《黄金与美元危机——自由兑换的未来》，商务印书馆 1997 年版。

［24］［英］巴里·艾肯格著，彭兴韵译：《资本全球化：国际货币体系史》，上海人民出版社 2009 年版。

［25］余永定、路爱国、高海红：《全球化与中国：理论与发展趋势》，经济管理出版社 2010 年版。

［26］余永定、肖立晟：《完成 811 汇改：人民币汇率形成机制改革方向分析》，载《国际经济评论》2017 年第 1～2 期。

［27］余永定：《国际货币体系与改革》，中国社会科学院世界经济与政治研究所青年论坛演讲稿，2010 年 4 月 29 日。

［28］余永定：《人民币国际化还是资本项目自由化》，财经网，2018 年 8 月 19 日。

［29］余永定：《人民币国际化路线图再思考》，中国社会科学院世界经济与政治研究所国际金融中心，2011 年。

［30］余永定：《中国巨额外储投资困局求解》，中国社会科学院，2014 年 5 月 14 日。

［31］张斌：《次序颠倒的人民币国际化进程》，载《第一财经日报》，2011 年 6 月 28 日。

［32］张明、何帆：《人民币国际化进程中在岸离岸套利现象研究》，载《国际金融研究》2012 年第 10 期。

［33］赵玲华：《对中国违规资本流动的透视》，载《国际经济评论》1999 年第 3～4 期。

［34］中国人民银行：《2017 年人民币国际化报告》，中国金融出版社 2017 年版。

［35］中国人民银行：《2019 年人民币国际化报告》，中国金融出版社 2019 年版。

［36］中国人民银行调查统计司课题组：《我国加速开放资本账户开放条件基本成熟》，载《中国证券报》，2012 年 2 月 23 日。

［37］周小川：《关于国际货币体系改革的思考》，中国人民银行官网，2009 年 3 月 23 日。

［38］ADB（2019），Asian Economic Integration Report，2019/2020，Asian Development Bank.

［39］Aldasoro, Inaki, Torsten Ehlers, Patrick McGuire and Goetz von Peter（2020），"Global banks'dollar funding needs and central bank swap lines" BIS Bulletin, No. 27, July.

［40］Asea, Patrick K. and Kerique G. Mendoza（1994），"The Balassa – Samuelson Model: A General – Equilibrium Appraisal," Review of International Economics, Dec. 1994, 2（3），pp. 244 – 67.

［41］Asea, Patrick K. and W. Max Corden（1994），"The Balassa – Samuelson Model: An Overview," Review of International Economics, Vol. 2, No. 3, pp. 191 – 200.

［42］Azis, Iwan（2012），"Regional Financial Safety Nets and Financial Stability", Presented at the conference on Achieving Financial Stability – Lessons from the Eurozone Crisis for Macroeconomic and Financial Stability, MOF（PRI）– ADBI joint conference, March 14. Tokyo.

［43］Baek, Seung Gwan and Chi Yong Song（2002），"Is Currency Union a Feasible Option in East Asian?" In Han Gwang Choo and Yunjong Wang, eds. Currency Union in East Asian, Korea Institute for International Economic Policy, pp. 107 – 145.

［44］Balassa, Bela（1964），"The Purchasing – Power Doctrine: A Reappraisal," Journal of Political Economy, Vol. 72, pp. 584 – 596.

［45］Bayoumi, Tamim and Barry Eichengreen（1994），"One Money or Many? Analyzing the Prospects for Monetary Unification in Various Parts of the World", Princeton Studies in International Finance, No. 76.

［46］Bayoumi, Tamim Paolo Mauro (1999), "The Suitability of ASEAN for a Regional Currency Arrangement", IMF Working Papers, No. 99/162.

［47］Bénassy Quéré, Agnès and Jean Pisani Ferry (2011), "What international monetary system for a fast-changing world economy?" Prepared for AEEF Conference, Paris, 10 – 11 January.

［48］Bergman, U. Michael (1999), "Do Monetary Unions Make Economic Sense? Evidence from the Scandinavian Currency Union, 1873 – 1913", Scandinavian Journal of Economics, 101 (3), 363 – 377.

［49］Bhagwati, Jadish N. (1984), "Why are Services Cheaper in the Poor Countries?" Economic Journal, Vol. 94, pp. 1037 – 1044.

［50］BIS (2011), "Global Liquidity – Concept, Measurement and Policy Implications", CGFS Papers, No 45, November.

［51］Bruno, Valentina and Hyun Song Shin (2019), "Dollar Exchange Rate as a Credit Supply Factor – Evidence from Firm Level Exports", BIS Working Paper, No. 819, October.

［52］B. Eichengreen and Hausmann R. (1999), "Exchange Rates and Financial Fragility", NBER Working Paper No. 7418. November, pp. 3.

［53］B. Eichengreen and Mussa, Michael (1998), "Capital Account Liberalization—Theoretical and Practical Aspects", IMF Occasional Paper, No. 172.

［54］B. Eichengreen and Tamim Bayoumi (1996), "Is Asia an Optimum Currency Area? Can It Become One? Regional, Global and Historical Perspectives on Asian Monetary Relations." Center for International and Development Economics Research (CIDER) Working Paper, No. C96 – 081, December.

［55］B. Eichengreen (1992), "Should the Maastricht Treaty Be Saved?" Princeton Studies in International Finance, No. 74, International Finance Section, Princeton University, December.

[56] B. Eichengreen (2002), "What to Do with the Chiang Mai Initiative", prepared for the Asian Economic Panel Meeting in Tokyo, May.

[57] B. Eichengreen (2011), "It's May Be Our Currency, But It's Your Problem", Text of the Butlin Lecture delivered to the joint meeting of the Economic History Society of Australia – New Zealand and the All – UC Group in Economic History, Berkeley, February 18, pp. 1.

[58] B. Eichengreen (2011), Exorbitant Privilege: The Rise and fall of the Dollar and the Future of the International Monetary System, Oxford University Press.

[59] B. Eichengreen (2019), "Two Views of the International Monetary System", Intereconomics, Volume 54, July/August, No. 4, pp. 233 –236.

[60] B. Eichengreen, Livia Chitu and Arnaud Mehl (2017), How Global Currencies Work: Past, Present, and Future, Princeton University Press, November.

[61] Caballero, Ricardo and Emmanuel Farhi (2014), "The Safety Trap", NBER Working Paper No. 19927, Issue Date February.

[62] Calvo, Guillermo A. Carmen M. Reinhart (2002), "Fear of Floating", Quarterly Journal of Economics, Vol. 117, pp. 379 –408.

[63] Cheung, Yin – Wong and Kon S. Lai (2000), "On the Purchasing Power Parity Puzzle", Journal of International Economics 52 : 321 –330.

[64] Chinn, Menzie and Jeffrey Frankel (2005), "Will the Euro Eventually Surpass the Dollar as Leading International Reserve Currency?" NBER Working Paper. No. 11510.

[65] Chinn, Menzie (1997), "The Usual Suspects? Productivity and Demand Shocks and Asia – Pacific Real Exchange Rates", NBER Working Paper 5676.

[66] De Grauwe, Paul and Wim Vanhaverbeke (1993), "Is Europe an

optimum currency area?: Evidence from regional data", Policy issues in the operation of currency unions, Paul Masson and Mark Taylor (eds.), Cambridge University Press, Cambridge, pp. 111 – 129.

[67] De Grauwe, Paul (1997), The Economics of Monetary Integration, Oxford University Press.

[68] De Gregorio, Jose, Alberto Giovannini and Holger C. Wolf (1994), "International Evidence on Tradables and Nontradables Inflation", European Economic Review, Vol. 38, No. 6, pp. 1225 – 1244.

[69] Dupasquier, Chantal and Jocelyn Jacob (1997), "European Economic and Monetary Union: Background and Implications", Bank of Canada Review, Autumn.

[70] Edison H. and J. T. Klovan (1987), "A Quantitative Reassessment of the Purchasing Power Parity Hypothesis: Evidence from Norway and the United Kingdom", Journal of Applied Econometrics 2, pp. 309 – 333.

[71] Edwards, Sebastian (1994), "Real and Monetary Determinations of Real Exchange Behavior: Theoty and Evidence from Developing Countries", in Est – Omating Equilibrium Exchange Rate, ed. By Hohn Williamson, Washington: Institute of International Economics.

[72] Enders, Walter and Stan Hurn (1994), "Generalized Purchasing Power Parity: Theory and Tests for the Pacific Rim", Review of International Economics, Vol. 2, No. 2, pp. 179 – 190.

[73] Enders, Walter (1995), Applied Econometric Time Series, John Wily & Sons, Inc.

[74] Eren, Egemn, Andreas Schrimpf and Vladyslav Sushko (2020), "US Dollar Funding Markets during the COVID – 19 Crisis-the International Dimension," BIS Bulletin, No. 15. 12 May.

［75］ Faria, Joao Richard and Miguel Leon Ledesma（2003）, "Testing the Balassa – Samuelson Effect: Implications for Growth and PPP", Journal of Macroeconomics, Volume 25, Issue 2, June 2003, pp. 241 – 253.

［76］ Fischer, Stanley（1997）, "Capital – Account Liberalization and the Role of the IMF", IMF Survey, Vol. 26, No. 19, October 20.

［77］ Frankel, Jeffrey and Andrew Rose（1996）, "The Endogeneity of the Optimum Currency Area Criteria", NBER Working Paper, No. 5700, August.

［78］ Frankel, Jeffrey（1979）, "On the Mark: A Theory of Floating Exchange Rates Based on Real Interest Differentials", American Economic Review, 69, pp. 610 – 622.

［79］ Frankel, J. Marcus（1999）, "No Single Currency Regime Is Right for All Countries or at All Times", NBER Working Paper Series 7338. September, pp. 7.

［80］ Froot, Kenneth A. and Kenneth Rogoff（1991a）, "The EMS, The EMU, and the Transition to a Common Currency" In S. Fisher and O. Blanchard. Eds., National Bureau of Economic Research Macroeconomics Annual, MIT Press, pp. 269 – 317.

［81］ Froot, Kenneth A. and Kenneth Rogoff（1991b）, "Government Consumption and the Real Exchange Rate: The Empirical Evidence", Mimeo, Harvard Business School.

［82］ Gao Haihong and Yongding Yu（2012）, "Internationalization of the Renminbi" in "Currency Internationalization: Lessons from the Global Financial Crisis and Prospects for the Future in Asia and the Pacific", BIS paper No. 61. pp. 105 – 124.

［83］ Gao Haihong（2010）, "Internationalization of the Renminbi and Its Implications for Monetary Policy", In Chang Shu and Wensheng Peng（Eds.）

Currency Internationalization: International Experiences and Implications for the Renminbi, Palgrave Macmillan, pp. 209 – 220.

[84] Gao Haihong (2018), "RMB Internationalisation", The New Palgrave Dictionary of Economics. Palgrave Macmillan, London. 2018. First online: September 2016.

[85] Gao Haihong (2000), "Liberalising China's Capital Account: Lessons Drawn from Thailand's Experience", ISEAS Working Papers by Visiting Researchers, No. 6.

[86] Harris Richard (1995), Using Cointegration Analysis in Econometric Modelling, Financial Times Prentice Hall.

[87] Hofmann Boris, Ilhyock Shim and Hyun Song Shin (2020), "Emerging market economy exchange rates and local currency bond markets amid the Covid – 19 pandemic'" BIS Bulletin, No 5.

[88] Horvath Julius and Richard Grabowski (1997), "Prospects of African Integration in Light of the Theory of Optimum Currency Areas", Journal of Economic Integration, Vol. 12, No. 1, pp. 1 – 25.

[89] Hsieh, David A. (1982), "The Determination of the Real Exchange Rate: The Productivity Approach", Journal of International Economics, Vol. 12, No. 3 – 4, pp. 355 – 362.

[90] IIMA (2004), "Towards a Regional Financial Architecture for East Asia", Institute of International Monetary Affairs presented at The ASEAN + 3 Research Group Workshop and Meeting, 16 – 17. Manila, Philippines.

[91] IMF (1997), "World Economic Outlook", International Monetary Fund, November.

[92] IMF (2011), "Analytics of Systematic Crisis and the Role of Global Financial Safety Nets," Prepared by the Strategy, Policy, and Review Depart-

ment, in consulting with other departments, Approved by Reza Moghadam, March 31.

[93] IMF (2019), Global Financial Stability Report, October.

[94] Ishiyama, Yoshihide (1975), "The Theory of Optima Establishment um Currency Areas: A Survey", IMF Staff Paper, Vol. 22, No. 2, pp. 344 – 383.

[95] Ito Takatoshi (2011), "internationalization of the RMB: Opportunities and Pitfalls", Prepared for Symposium The Future of the International Monetary System and the Role of the Renminbi, Organized by the Council on Foreign Relations and China Development Research Foundation. November.

[96] Ito Takatoshi, Eiji Ogawa and Yuri Sasaki (1999), " of the East Asian Fund", Institute for International Monetary Affairs (ed.), Stabilisation of Currencies and Financial Systems in East Asia and International Financial Cooperation, Tokyo.

[97] Ito Takatoshi, Peter Isard and Steven Symansky (1997), "Economic Growth and Real Exchange Rate: an Overview of the Balassa – Samuelson Hypothesis in Asia", IMF Working Paper 5979.

[98] Jenkins Carolyn and Lynne Thomas (1997), "Is Southern Africa Ready for Regional Monetary Integration?" CSAE Working Paper Series, WPS/97 – 3.

[99] Johansen Soren and Katerina Juselius (1990), "Maximum Likelihood Estimation and Inference on Cointegration with Application to the Demand for Money", Oxford Bulletin of Economics and Statistics 52, pp. 169 – 209.

[100] Johansen Soren (1995), Likelihood Based Inference in Cointegrated Vector Autoregressive Models, Oxford: Oxford University Press.

[101] Johnston, R. Botry and Darbar, Salim M. and Echeverria, Claudia (1997), "Sequencing Capital Account Liberalization: lessons from the Experi-

ences in Chile, Indonesia, Korea and Thailand", IMF Working Paper, No. 157, November.

[102] Kalemli Ozcan, Sebnem, Bent E. Sørensen, and Oved Yosha (2003), "Risk Sharing and Industrial Specialization : Regional and International Evidence", American Economic Review, Vol. 93, No. 3, pp. 903 - 918.

[103] Kawai Masahiro and Shinji Takagi. (2011), "The RMB as a Key International Currency? Lessons from the Japanese Experience", Notes Prepared for the Asia - Europe Economic Forum, January 10 - 11.

[104] Kawai Masahiro and Victor Pontines (2014), "The Renminbi and Exchange Rate Regimes in East Asia", ADBI Working Paper No. 484.

[105] Kawai Masahiro (2002), "Toward a New Regional Financial Architecture in East Asia", Hanyang Journal of Economic Studies, Vol. X X Ⅲ, No. 2, November.

[106] Kenen Pete (2010), "An SDR Based Reserve System", Journal of Globalization and Development, Vol. 1, Issue 2, pp. 1 - 14.

[107] Kenen Peter (1969), "The Theory of Optimum Currency Area: An Electic View", In Mundell eds. Monetary Problems of the International Economy, Chicago Press.

[108] Kenen Peter (1983), "The Role of the Dollar as an International Currency", Occasional Papers 13, Group of Thirty New York, USA.

[109] Kenen Peter (2012), "Currency Internationalization: An Overview" in "Currency Internationalization: Lessons from the Global Financial Crisis and Prospects for the Future in Asia and the Pacific", BIS Papers No 61. pp. 9 - 18.

[110] Koedijk, Kees G. , Peter C. Schotman and Mathijs A. Van Dijk (1998), "The Re-Emergence of PPP in the 1990s", Journal of International

Money and Finance, Vol. 17, No. 1, pp. 51 – 61.

[111] Kravis, Irving B. and Robert E. Lipsey (1988), "National Price Levels and the Prices of Tradables and Nontradables", American Economic Review, Vol. 78, No. 2, pp. 474.

[112] Krugman Paul (1993), "Lessons of Massachusetts for EMU", In F. Giavazzi and F. Torres eds. The Transition to Economic and Monetary Union in Europe, Cambridge University Press, New York, pp. 241 – 261.

[113] Krugman Paul (2009), "China's Dollar Trap," New York Times, April.

[114] Kuroda Haruhiko and Masahiro Kawai (2002), "Strengthening Regional Financial Cooperation in East Asia", Pacific Economic Papers No. 332, October, pp. 1 – 35.

[115] Kwan Chin Hung (2001), Yen Bloc: Toward Economic Integration in Asia, Brookings Institution Press, July.

[116] Lal Deepak (1987), "The Political Economy of Economic Liberalization", The World Bank Economic Review, Vol. 1, January.

[117] Liang Hong (1999), "Do Hong Kong SAR and China Constitute An Optimal Currency Area? An Empirical Test of the Generalized Purchasing Power Parity Hypothesis", IMF Working Paper, WP/99/79, June.

[118] Marston, Richard C. (1987), "Real Exchange Rates and Productivity Growth in the United States and Japan", In S. Arndt and J. D. Richardson (Eds.), Real Financial Linkages among Open Economies, Cambridge, MA: MIT Press, pp. 71 – 96.

[119] Mathieson, Donald J. and Rojas Suarez, Liliana (1993), "Liberalization of the Capital Account—Experiences and Issues" Occasional paper, 103, IMF, March.

[120] McCauley Robert (2011), "Renminbi Internationalization and China's Financial Development", BIS Quarterly Review, December, pp. 41 –56.

[121] McKinnon Ronald and Gunther Schnabl (2004), "The Return to Soft Dollar Pegging in East Asia: Mitigating Conflicted Virtue", International Finance, 7: 2. pp. 169 –201.

[122] McKinnon (1963), "Optimum Currency Area", American Economic Review, Vol. 53, pp. 717 –725.

[123] McKinnon, Ronald I. (1991), The Order of Economic Liberalization—Financial Control in the Transition to a Market Economy, The John Hopkins University Press, Baltimore and London, 1991.

[124] McKinsey Global Institute (2019), China and the World: Inside the Dynamics of a Changing Relationship, July.

[125] Mundell Robert (1961), "The Theory of Optimum Currency Area", American Economic Review, Vol. 51, pp. 657 –665.

[126] Nelson Rebecca and Martine Weiss (2015), "IMF Reforms: Issues for Congress", Congressional Research Service 7 –5700, R42844, April 9.

[127] Obstfeld Maurice (2011), "The International Monetary System: Living with Asymmetry", NBER Working Paper Series 17641. 2011. 8 –13.

[128] Officer Lawrence (1976), "The Productivity Bias in Purchasing Power Parity: An Econometric Investigation," IMF Staff Papers 10, pp. 545 –579.

[129] Ogawa Eiji and Junko Shimizu (2005), "AMU Deviation Indicator for Coordinated Exchange Rate Policies in East Asia", RIETI Discussion Paper, 05 – E –017.

[130] Ogawa Eiji and Lijian Sun (2001), "How were Capital Inflows Stimulated under the Dollar Peg System?" in Takatoshi Ito and Anne. O. Krueger

eds. Regional and Global Capital Flows: Macroeconomic Causes and Conse-
quences, University of Chicago Press.

[131] Ogawa Eiji and Taiyo Yoshimib (2008), "Widening Deviation
among East Asian Currencies", RIETI Discussion Paper Series 2008 - E - 010.

[132] Ogawa Eiji and Takatoshi Ito (2002), "On the Desirability of a
Regional Basket Currency Arrangement", Journal of the Japanese and Internation-
al Economies, 16.

[133] Oh Gyutaeg and Jae - Ha Park (2003), "Fostering Asian Bond Mar-
kets using Securitization and Credit Guarantee".

[134] Oh Keun - Yeob (1996), "Purchasing Power Parity and Unit Root
Tests Using Panel Data", Journal of International Money and Finance, Vol. 15,
No. 3, pp. 405 - 418.

[135] Ostry, Jonathan D. , Atish R. Ghosh, Karl Habermeier, Luc Lae-
ven, Marcos Chamon, Mahvash S. Qureshi, and Annamaria Kokenyne (2011),
"Managing Capital Flow: What Tools to Use?" IMF Discussion Note. April.

[136] Palais Royal Initiative (2011), "Reform of the International Mone-
tary System: A Cooperative Approach for the 20th Century", A group convened
by Michel Camdessus et al.

[137] Panos Michael, Robert A. Nobay and David A. Peel (1997),
"Transactions Costs and Non-linear Adjustment in Real Exchange Rates: An Em-
pirical Investigation", Journal of Political Economy, Vol. 105, No. 4, pp. 862 -
879.

[138] Papell, David H. (1997), "Searching for Stationarity: Purchasing
Power Parity under the Current Float", Journal of International Economics, Vol. 43,
No. 3 -4, pp. 313 -332.

[139] Papell, David H. and Hristos Theodoridis (1998), " Increasing

Evidence of Purchasing Power Parity Over the Current Float", Journal of International Money and Finance, Vol. 17, No. 1, pp. 41 – 50.

[140] Park Jae Ha (2003), "Prospects for Regional Financial Cooperation in East Asia", presentation at the Government of Japan/ABAC Japan symposium on "Regional Cooperation in East Asia", 16 May, Tokyo, Japan.

[141] Pesaran Hashem, Yongcheol Shin and Richard J. Smith (1999), "Bounds Testing Approaches to the Analysis of Long Run Relationships", DAE Working Paper No. 9907, University of Cambridge.

[142] Poirson, Hélène (2001), "How Do Countries Choose Their Exchange Rate Regime", IMF Working Paper, WP/01/46. pp. 21.

[143] Prasad Eswar and Lei Ye (2012), "The Renminbi's Role in the Global Monetary System", IZA Discussion Paper No. 6335.

[144] Prasad Eswar (2017), Gaining Currency: The Rise of the Renminbi, New York: Oxford University Press.

[145] Rogers John H. and Michael Jenkins (1995), "Haircuts of Hysteresis? Sources of Movements in Real Exchange Rates", Journal of International Economics, Vol. 38, No. 2, pp. 339 – 360.

[146] Samuelson, Paul A. (1964), "Theoretical Notes on Trade Problems", Review of Economics and Statistics, Vol. 46, No. 1, pp. 145 – 154.

[147] Shu Chang, Dong He and Xin Cheng (2015), "One Currency, Two Markets: The Renminbi's Growing Influence in Asia – Pacific", China Economic Review, 33, pp. 163 – 178.

[148] Smith Colby and Robin Wigglesworth (2020), "US Treasuries: the lessons from March's market meltdown," Financial Times, July 29.

[149] Subacchi Paola and HelenHuang (2012), "The Connecting Dots of China's Renminbi Strategy: Londonand Hong Kong", Chatham House Briefing

Paper, September.

[150] Summers Robert and Alan Heston (1991), "The Penn World Table (Mark 5): An Expanded Set of International Comparisons, 1950 – 88", Quarterly Journal of Economics 106, pp. 327 – 368.

[151] Takagi Shinji (2012), "Internationalizing the Yen, 1984 – 2003: Unfinished Agenda or Mission impossible?" BIS paper No. 61. 75 – 92.

[152] Tavlas George (1993), "The 'New' Theory of Optimum Currency Areas", The World Economy, Vol. 16, issue 6, pp. 663 – 685.

[153] Taylor Alan M. (2000a), "A Century of Purchasing – Power Parity", NBER Working Paper No. 8012 Issued in November.

[154] Taylor, Alan M. (2000b) "Potential Pitfalls for the Purchasing Power Parity Puzzle? Sampling and Specification Biases in Mean – Reversion Tests of the Law of One Price", NBER Working Paper No. 7577 Issued in March.

[155] Tjirongo, Meshack Tunee (1995), "Short – Term Stabilisation Versus Long – Term Price Stability: Evaluating Namibia's Membership of the Common Monetary Area", Working Paper Series: 95 – 18, Centre for the Study of African Economies. The University of Oxford.

[156] Trivisvavet Thanawat (2001), "Does East Asian Countries Constitute an Optimum Currency Area?" Duke University, January.

[157] Williamson John (2005), "A currency Basket for East Asia", Policy Briefs in International Economics, Institute for International Economics, July, Number PB05 – 1.

[158] Wyplosz Charles (2014), "Forgotten Lessons from Bretton Woods", Paper presented at the conference on "Rethinking the International Monetary System", Shanghai, June 17 – 18, pp. 1 – 2.

[159] Yuen Hazel (2000), "Is Asia an Optimum Currency Area? 'Shock-

ing' Aspects of output fluctuations in East Asia", Department of Economics, National University of Singapore, August.

[160] Zhang, Zhaoyong, Kiyotaka Sato and Michael McAleer (2003), "Asian Monetary Integration: A Structural VAR Approach", University of Tokyo, CIRJE F – Series from CIRJE, No CIRJE – F –212, 2003.

[161] Zussman Asaf (2001), "A Purchasing Power Parity Paradox", SIEPR Discussion Paper No. 00 – 25, Stanford Institute for Economic Policy Research, January.